浙江省普通高校"十三五"新形态教材

中国（杭州）跨境电子商务综合试验区立项资助教材

中国（杭州）跨境电商人才联盟推荐教材

国家电子商务虚拟仿真实验教学中心推荐教材

跨境电子商务新形态立体化教材

U0647875

系统阐述跨境电商理论与实务

全面了解跨境电商运营与管理

CROSS-BORDER E-COMMERCE

THEORY AND PRACTICE

跨境电商理论与实务

蒋长兵 / 主编

李淑芳　包晶冰　鲍福光　李若兰 / 副主编

ZHEJIANG UNIVERSITY PRESS
浙江大学出版社

　　本书得到了浙江省教育厅、中国(杭州)跨境电商综合试验区领导小组办公室、中国(杭州)跨境电商人才联盟的支持,也受到了教育部人文社会科学研究一般项目(19YJA630040)、浙江省高等教育教学改革项目(jg20180131,jg20190760)、浙江省教育科学规划年度研究课题(2017SCG244)的资助,同时获得到了浙江商业职业技术学院李淑芳老师,浙江工商大学鲍福光博士、李若兰硕士,浙江广厦建设职业技术大学包晶冰老师,杭州职业技术学院谢川教授,贵州商学院卜艳桃老师的鼎力支持,在此一并表示衷心的感谢。

"跨境电子商务新形态立体化教材"

丛书编写委员会

编写委员会成员

施黄凯	陈卫菁	柴跃廷	陈德人	章剑林
陈永强	琚春华	华　迎	武长虹	梅雪峰
马述忠	张玉林	张洪胜	方美玉	金贵朝
蒋长兵	吴功兴	赵浩兴	柯丽敏	邹益民
任建华	刘　伟	戴小红	张枝军	林菡密

支持单位

中国(杭州)跨境电子商务综合试验区

阿里巴巴集团

亚马逊全球开店

Wish 电商学院

eBay(中国)

Shopee 东南亚电商平台

中国(杭州)跨境电商人才联盟

国家电子商务虚拟仿真实验教学中心

"跨境电子商务新形态立体化教材"

丛书编写说明

"世界电子商务看中国，中国电子商务看浙江，浙江电子商务看杭州。"浙江是经济强省，也是电子商务大省，杭州是"中国电子商务之都"，浙江专业电子商务网站数量占全国专业电子商务网站数量的1/3，浙江电子商务的发展与应用水平全国领先。浙江电子商务的成就，主要归功于政府开放式创新创业氛围的营造和大量电子商务专业人才的贡献。自2015年3月7日国务院批复同意设立中国（杭州）跨境电子商务综合试验区以来，杭州积极探索，先行先试，跨境电商生态体系不断完善、产业发展势头强劲，以"六体系两平台"为核心的跨境电商杭州经验被复制推广到全国。截至2018年底，杭州累计实现跨境电商进出口总额达324.61亿美元，年均增长48.6%，13个跨境电商产业园区差异化发展，全球知名跨境电商平台集聚杭州，总部位于杭州的跨境电商B2C平台交易额近1700亿元，杭州跨境电商活跃网店数量增加至15000家，杭州外贸实绩企业数量增加至12000家，杭州跨境电商领域直接创造近10万个工作岗位、间接带动上百万人就业。跨境电商正在成为杭州外贸稳增长的新动能、大众创业万众创新的新热土，推动杭州由中国电子商务之都向全球电子商务之都迈进。

对外经济贸易大学国际商务研究中心联合阿里研究院发布的《中国跨境电商人才研究报告》中的数据显示，高达85.9%的企业认为跨境电子商务"严重存在"人才缺口，而各高等院校、培训机构对跨境电子商务人才培养标准不一，所使用的教材、培训资料参差不齐，也严重制约了对跨境电子商务人才的培养。

为提升跨境电子商务人才的培养质量，开展多层次跨境电子商务人才培训，提高跨境电子商务研究水平，加快推进人才建设的战略部署，创建具有中国（杭州）跨境电子商务综合试验区特色的人才服务，浙江省教育厅、中国（杭州）跨境电子商务综合试验区建设领导小组办公室领导，协同浙江大学、浙江工商大学、杭州师范大学、浙江外国语学院、杭州师范大学钱江学院、浙江金融职业学院、浙江经济职业技术学院、浙江商业职业技术学院、阿里巴巴、亚马逊、Wish、谷歌、深圳市海猫跨境科技有限公司、浙江鸟课网络科技有限公司、深圳科极达盛投资有限公司、杭州众智跨境电商人才港有限公司、浙江执御信息技术有限公司、杭州跨境电子商务协会联合编写"跨境电子商务新形态立体化教材"丛书。该丛书的出版发行，必将引起跨境电子商务行业的广泛关注，并将进一步推动我国跨境电子商务产业不断向前发展,也为广大跨境电子商务从业者、跨境电子商务科研工作者、跨境电子商务爱好者学习研究跨境电子商务提供了必要的参考。

  "跨境电子商务新形态立体化教材"丛书的编写,是中国(杭州)跨境电子商务综合试验区的重要工作,也是浙江省教育工作服务浙江经济、培养创新人才的一项重要工程。教材编写整合了浙江省内外高校、知名企业、科研院所的专家资源,突出强调教材的国际化、网络化和立体化,使"跨境电子商务新形态立体化教材"丛书成为推进浙江省乃至全国教材改革的示范。

浙江省教育厅

中国(杭州)跨境电子商务综合试验区

中国(杭州)跨境电商人才联盟

浙江工商大学管理工程与电子商务学院

国家电子商务虚拟仿真实验教学中心

2019 年 1 月

🛒 目录

第一章

跨境电商概述

【学习目标】

掌握跨境电商的概念和模式;可以列举跨境电商平台类型,并能区别跨境电商B2B与跨境零售;能够识别跨境电商的特征,并可以辨析跨境电商与境内电商的区别;能够分析跨境电商发展现存的问题与传统外贸企业面临的机遇和挑战;熟悉跨境电商行业需要的人才类型及其需要掌握的关键能力。

【章节纲要】

截至目前,跨境电商已经经历了3个发展阶段,它与我们日常所熟知的电子商务有所不同。跨境电商由于其全球性、无形性、匿名性、发展速度快等特点,对我国及世界经济与贸易的发展都具有重要意义,本章将对我国跨境电商的发展现状及未来趋势做出详细介绍。

第一节 跨境电商的概念及发展历程

党的二十大报告提出,"推进高水平对外开放","稳步扩大规则、规制、管理、标准等制度型开放","加快建设贸易强国","推动共建'一带一路'高质量发展","维护多元稳定的国际经济格局和经贸关系"。作为一种新兴的商业模式,电子商务正从单一国境或关境内部的交易服务延伸为跨越国境或关境的全球化交易服务,跨境电子商务正成长为全球商品与服务的重要流通方式。这种新商品交易形式的兴起是在经济全球化、贸易一体化的背景下由多种因素的综合作用驱动而形成的。

一、跨境电商的概念

随着互联网的普及和快速发展,全球经济各个领域已经进入了互联网时代,在这样的时代背景下,电子商务的狂潮席卷各行各业。比尔·盖茨曾说:"21世纪要么电子商务,要么无商可务。"近年来中国的电子商务呈现井喷式发展,在"互联网+"的新趋势下,电子商务这一新的发动机将会使中国的经济再一次腾飞,而跨境电商作为电子商务的重要分支,已成为我国各行各业开展国际(地区间)贸易的重要手段,对促进我国当前对外贸易增长具有重要作用。

跨境电商(cross-border electronic commerce,全称跨境电子商务),是电子商务应用中一种较为高级的形式,它是指分属不同关境的交易主体,通过电子商务平台达成交易、进行支付结算,并通过跨境物流送达商品、完成交易的一种国际(地区间)商业活动。从狭义上看,跨境电子商务近似于跨境零售电子商务,主要模式为向中国消费者进口境外商品。但从广

· 1 ·

义上看,跨境电商指的是电子商务在对外贸易中的应用,是传统国际贸易商务流程的电子化、数字化和网络化。

二、我国跨境电商发展历程

跨境电商作为新兴的互联网行业,经历了从无到有、从小到大的发展历程。跨境电商是沿着传统外贸—外贸电商—跨境电商的轨迹而发展的。从 1999 年至今,跨境电商主要经历了 3 个阶段,实现了从信息服务到在线交易再到全产业链服务的重大转型。

(一)跨境电商第一阶段(1999—2003 年)

跨境电商第一个阶段又叫跨境电商 1.0 时代。这一阶段以网上展示、线下交易的外贸信息服务为主要商业模式。在跨境电商第一个阶段里,第三方平台的主要功能是为企业信息及产品提供网络展示平台,在网络上并未涉及任何交易环节,其主要通过向进行信息展示的企业收取会员费(如年服务费)来实现盈利。在第一阶段的发展过程中,衍生出竞价推广、咨询服务等信息增值业务,并逐渐为供应商提供全流程服务。

跨境电商第一阶段的典型代表平台有阿里巴巴国际站、环球资源网等。阿里巴巴成立于 1999 年,主要以网络信息服务为主、线下会议交易为辅,是中国最大的外贸信息黄页平台之一。环球资源网(Global Sources)成立于 1971 年,其前身为 Asian Source,是亚洲较早的贸易市场资讯提供者,并于 2000 年 4 月 17 日在美国纳斯达克证券交易所上市。2003 年,国际电商巨头 eBay(易贝)以并购方式进入中国大陆市场。eBay 沿袭其在其他国家和地区的做法,打破地区与国家界限,以零售方式实现商品的无障碍流通。在这个阶段还出现了中国制造网、韩国 EC21 网、Kelly Search 等大量以供需信息服务为主的跨境电商平台。

在跨境电商第一阶段,我国虽然通过互联网解决了贸易信息面向世界买家的难题,但是依然无法解决在线交易这一难题,仅实现了外贸电商产业链的信息流整合。

(二)跨境电商第二阶段(2004—2012 年)

2004 年,随着敦煌网的上线,跨境电商进入了第二个阶段,也可叫作跨境电商 2.0 时代。在这个阶段,跨境电商平台开始摆脱纯黄页信息展示的方式,开始将线下交易、支付、物流等流程电子化,逐步成为多功能的在线交易平台。

和第一阶段相比,跨境电商第二阶段更能体现电子商务的本质,即借助于电子商务平台,通过服务、资源整合有效打通上下游供应链。电子商务平台包括 B2B(business to business,企业对企业)平台和 B2C(business to customer,企业对消费者)平台两种模式。在跨境电商的第二阶段,B2B 平台模式为跨境电商主流模式,其通过直接对接中小企业商户实现产业链的进一步缩短,提升商品销售利润空间。在这一阶段,第三方平台实现了营收的多元化,同时实现后向收费模式,将"会员收费"改成以收取交易佣金为主,即按成交效果来收取百分点佣金,同时还通过平台进行营销推广,提供支付服务、物流服务等以获得增值收益。

2004 年,王树彤从卓越网离职创办敦煌网,主打小额在线批发业务。2006 年,以 eBay 起家的 DealeXtreme(帝科思,DX)上线,主要销售电子产品。2007 年上线的兰亭集势(Light InTheBox),是中国第一家有风险投资参与、以自营为主的外贸电商平台。2007 年,eBay.cn （eBay 中国）上线，主营 B2C 跨境电商业务。当时跨境电商还只是一个概念，敦煌网、兰亭集势等也刚起步。eBay 希望利用自己在国际市场的先发优势再次吸引中国商家的兴趣。事实也证明，eBay 这次做出了正确的选择。在淘宝网基本夺下境内在线零售市场的同时，eBay 夺取了跨境电商的主要市场，实现了卷土重来。2006—2007 年还出现了依托境外电商平台进行进口商品买卖的活动，被称为"海淘""海外代购"。随后，专门提供境外商品选购的网络平台，如洋码头、跨境通、万国优品等应运而生，境内消费者可通过这些电子商务平台实现足不出户逛遍全球。这些平台的出现，完善了跨境电商的形态，实现零售业的无国界运行。2008 年，全球金融危机全面催生和成就了中国外贸 B2C 行业。那一年，美国最大的 3000 家进口商在中国市场采购中所占的市场份额下降了 10%。同时越来越多的进口商开始尝试以小额度多频次的形式来规避风险。但更深层次的原因在于，互联网减少了信息不对称的状况，加速了世界的扁平化。2010 年，阿里巴巴旗下全球速卖通（以下简称速卖通）成立，它是阿里巴巴面向国际（地区间）市场的在线交易平台。2011 年后，跨境电商开始为大家所熟知，国家也开始重视。至此，跨境电商形态得以完全形成。

（三）跨境电商第三阶段（2013 年至今）

2013 年是跨境电商转型的重要一年，跨境电商全产业链都出现了商业模式的变化。随着跨境电商的转型，跨境电商发展的第三个阶段——跨境电商 3.0 时代来到了。跨境电商第三阶段主要呈现出大型工厂上线、B 类买家成规模、中大额订单比例提升、大型服务商加入和移动用户量爆发等几方面的特征。与此同时，跨境电商 3.0 服务全面升级、平台承载能力更强、全产业链服务在线化也是这一阶段的主要特征。

在这一阶段中，用户群体由草根创业向工厂、外贸公司转变，其具有极强的生产、设计和管理能力，平台销售产品由网商、二手货源向一手货源、优质产品转变。这一阶段的主要卖家群体正处于从传统外贸业务向跨境电商业务艰难转型，生产模式由大规模生产向柔性制造转变，对代运营和产业链配套服务需求较高。同时，这一阶段的主要平台模式也由 C2C（customer to customer，消费者对消费者）、B2C 向 B2B、F2B（factory to business，工厂对采购商）模式转变，批发商买家中大额交易成为跨境电商平台的主要订单。

1. 当代跨境电商的新特点

当前跨境电商开始显现出一些新的特点，主要表现在以下几个方面。

（1）贸易参与主体多元化

在 2012 年以前，跨境电商的参与者主要以小微企业、个体商户及网商为主。2013 年以后，越来越多的人参与到跨境电商中来，传统贸易中的主流参与者如外贸企业、工厂和品牌商家开始进入这个领域，并逐渐走向规模化运作。

（2）产业链日益完善

针对影响跨境电商发展的营销、通关商检、物流、支付等环节的问题，跨境电商企业及服务企业不断向产业链的其他环节延伸，并整合多方资源提供一体化服务，新的服务商不断涌现，整个产业链和生态系统的服务链条越来越清晰和完善。

（3）运营方式品牌化

借助中国制造大国的优势，早期的跨境电商以销售物美价廉的产品及代工商品为主。

近两年来,大部分企业越来越重视品牌,开始考虑走品牌化运营之路,特别是一些较大的企业开始考虑如何实现规模化生产,建立属于自己的平台,把品牌引向境外市场,通过品牌来提升自己在跨境电商中的市场份额。

2.跨境电商快速过渡到3.0时代的原因

跨境电商行业得以快速过渡到3.0时代,得益于以下几个方面。

(1)我国政府高度重视跨境电商的发展

中央及各地方政府相继出台了一些跨境电商行业的规范和优惠政策,如《关于跨境贸易电子商务进出境货物、物品有关监管事宜的公告》(海关总署〔2014〕第56号)、《关于进一步促进电子商务健康快速发展有关工作的通知》(发改办高技〔2013〕894号)、《关于促进电子商务健康快速发展有关工作的通知》(发改办高技〔2012〕226号)、《关于开展国家电子商务示范城市创建工作的指导意见》(发改高技〔2011〕463号)等,在规范跨境电商行业市场的同时,也让跨境电商企业开展跨境电商业务有了法律的保障。特别是2013年8月,国务院发布了《实施支持跨境电子商务零售出口的通知》,2014年2月海关总署发布公告,增列海关监管方式代码9610(全称:跨境贸易电子商务),使得跨境电商在海关得以定性。

(2)在境外市场上,B2B在线采购已占据半壁江山

相关数据表明,美国2013年B2B在线交易额达5590亿美元,是B2C交易额的2.5倍。在采购商方面,59%的采购商以在线采购为主,27%的采购商月平均在线采购5000美元,50%的供货商努力让买家从线下转移到线上,以提升利润和竞争力。

(3)移动电商的快速发展也成就了跨境电商3.0阶段的快速到来

2013年,智能手机用户占全球人口的22%,首次超过PC(个人计算机)用户比例,智能手机达14亿台。同时,亚马逊(Amazon)公布,2014年圣诞购物季使用移动端进行购物的用户占比达50%。美国比价网站Price Grabber的调查显示,2014年感恩节购物季,40%的消费者会在进商场前进行网上比价,50%的消费者在商场会使用智能手机进行网上比价。移动电商的快速发展得益于大屏智能手机的普及和Wi-Fi网络环境的改善,使用户的移动购物体验获得较大提升,用户移动购物习惯逐渐形成。另一方面,电商企业在移动端的积极推广和价格战促销等活动都进一步促进了移动购物市场交易规模的大幅增长。2016年移动购市场交易规模达到7362.4亿元。方便、快捷的移动跨境电商也为传统规模型外贸企业带来了新的商机。

中国跨境电商发展历程如表1-1所示。

表1-1 中国跨境电商发展历程一览表

主要阶段	关键字	主要特征	阶段代表企业
第一阶段(1.0时代)	信息、黄页、产品展示	以黄页形式提供消息,收取会员费用	阿里巴巴国际站 环球资源网
第二阶段(2.0时代)	在线交易、供应链、服务一体化	集信息展示、物流、支付、客户关系管理于一体	敦煌网 速卖通
第三阶段(3.0时代)	大平台、大用户、大订单、移动化	传统规模型外贸企业陆续登场,B类买家规模化,平台服务升级,移动跨境电商逐渐成主流趋势	敦煌网

第二节　跨境电商与境内电商的区别及其特征

一、跨境电商与境内电商的区别

（一）业务环节的区别

境内电商属于境内贸易，而跨境电商实际上是国际（地区间）贸易。相比较于境内电商，跨境电商的业务环节更加复杂，需要经过海关通关、检验检疫、外汇结算、出口退税、进口征税等环节。在货物运输上，跨境电商通过邮政小包、快递方式出境，货物从售出至到达境外消费者手中的时间更长。又因路途遥远，货物容易损坏，且各国（地区）邮政派送的能力相对有限，急剧增长的邮包量也容易引起贸易摩擦。境内电商发生在境内，以快递方式将货物送达消费者，路途近，到货速度快，货物损坏概率低。

（二）交易主体的区别

境内电商的交易主体可以是境内企业对企业、境内企业对消费者或者境内消费者对消费者。而跨境电商交易的主体是在关境之间。可能是境内企业对境外企业、境内企业对境外消费者，也可能是境内消费者对境外消费者。交易主体遍及全球，他们有着不同的消费习惯、文化心理、生活习俗，这要求跨境电商企业对国际化的流量引入、广告推广营销、境外当地品牌认知等有更深入的了解，需要对境外贸易、互联网、分销体系、消费者行为有很深的了解，要有"当地化/本地化"思维，这些运营难度都远远超出了境内电商行业。

（三）交易风险的区别

境内生产企业知识产权意识比较薄弱，再加上跨境 B2C 电商市场上的产品多为科技含量不高或不需要大规模生产的日用消费品，很多企业缺乏产品定位的意识，什么热卖就上什么产品，大量的低附加值、无品牌、质量不高的商品和假货仿品充斥跨境电商市场，侵犯知识产权的事件时有发生。在商业环境和法律体系较为完善的国家（地区），很容易引起知识产权纠纷，后续的司法诉讼和赔偿十分麻烦。而境内电商行为发生在同一个国家（地区），交易双方对商标、品牌等知识产权有统一的认识，侵权引起的纠纷较少，即使产生纠纷，处理时间较短，处理方式也较为简单。

（四）适用规则的区别

跨境电商比一般境内电商需要适应的规则更多、更细、更复杂。首先是平台规则。跨境电商经营借助的平台除了境内的平台，还有境外平台，境内的 B2B 及 B2C 平台已经很多，各个平台均有不同的操作规则，境外各国（地区）的平台及其规则更是令人眼花缭乱。跨境电商需要熟悉境内外不同平台的操作规则，需要具有针对不同需求和业务模式进行多平台运营的技能，而境内电商只需遵循一般的电子商务的规则即可。跨境电商还需要以国际（地区间）通用的系列贸易协定为基础，或者是双边的贸易协定为基础。跨境电商要有很强的政策、规则敏感性，要及时了解国际贸易体系、规则，进出口管制、关税细则，以及政策的变化，对进出口形势也要有更深入的了解和分析能力。

二、跨境电商的特征

跨境电商的信息流、资金流、物流等要素需要紧密结合,任何一部分衔接不够都会影响整个跨境电商活动的完成,其特征与传统电商有相似之处,也有不同。基于网络空间的分析,跨境电商具有全球性、无形性、匿名性、即时性、无纸化、发展速度快等多种特点,使人们下单、付款都能够在更短的时间内完成,同时在出口贸易中省去了很多中间环节,实现了无国界贸易。

(一)全球性

互联网是一个没有边界的媒介,具有全球性及非中心化的特征。跨境电商依附于互联网,因此也具备全球性和非中心化的特征。与传统的交易相比,跨境电商的特点在于它是一种无边界交易,不受时间和空间的约束,互联网用户可以不用考虑国界就把产品,尤其是那些具有高附加值的产品和服务出售到国际市场。

网络的全球性特征让信息能够得到最大程度的共享,但其也带来了一定的消极影响,互联网用户要面临因文化、政治和法律的不同而产生的风险。任何人无论身处何地,只要具备了一定的技术手段,其在任何时候、任何地方都可以让信息进入网络,相互联系进行交易。但在这个过程中其可能会面临一些未知的风险。美国财政部在其财政报告中指出,要对全球电子商务进行课税是非常困难的,因为电子商务是基于虚拟的电脑空间展开的,不受时间和空间的约束,电子商务中的商家很容易隐匿其住所,而消费者对商家的住所并不关心。比如,一个美国很小的电商公司,通过一个可供世界各地的消费者浏览的网站就可以销售其产品,无论是哪个国家(地区)的消费者只要接入互联网上网浏览其产品就可以与其交易,这就很难界定这一交易究竟是在哪个国家(地区)发生的。

这种远程交易的发展,给税收部门制造了很多的麻烦。税收政策只能严格地在一国(地区)范围内实施,网络这一全球性特点为税务机关对超越国界的在线交易行使税收管辖权带来了困难。而且互联网有时扮演了代理中介的角色。在传统交易模式下往往需要一个有形的销售网点的存在,例如,通过书店将书卖给读者,而在线书店可以代替书店这个销售网点直接完成整个交易。而问题是,税务部门往往要依靠这些销售网点获取税收所需要的基本信息,代扣代缴所得税等,没有这些销售网点的存在,税收权力的行使也会发生困难。

(二)无形性

互联网的发展使数字化产品和服务的传输盛行。而数字化传输是通过不同类型的媒介进行的,例如数据、声音和图像在全球化网络环境中是以计算机数据代码的形式出现的,因而是无形的。以一个 Email(电子邮件)信息的传输为例,这一信息首先要被服务器分解为数以百万计的数据包,然后按照 TCP/IP 协议通过不同的网络路径传输到一个目的地服务器并重新组织转发给接收人,整个过程都是在网络中瞬间完成的。电子商务是数字化传输活动的一种特殊形式,其无形性的特征使得税务机关很难控制和检查销售商的交易活动,税务机关面对的交易记录都是体现为数据代码的形式,使得税务核查员无法准确地计算商家的销售所得和利润所得,从而给税收带来困难。

数字化产品和服务基于数字传输活动的特性也必然具有无形性。传统交易以实物交易为主,而在电子商务中,无形产品却可以替代实物成为交易的对象。以书籍为例,传统的纸质书籍,其排版和印刷、销售和购买被看作是产品的生产、售卖环节。然而在电子商务交易中,消费者只要购买网上的数据权便可以使用书中的知识和信息。因此,如何界定该交易的性质、如何监督、如何征税等一系列的问题给税务和法律部门带来了新的课题。

(三)匿名性

由于跨境电商的非中心化和全球性的特性,很难识别电子商务用户的身份和其所处的地理位置。在线交易的消费者往往不显示自己的真实身份和自己的地理位置,重要的是这丝毫不影响交易的进行,网络的匿名性也允许消费者这样做。在网络虚拟社会里,隐匿身份的便利性导致权利与责任的不对称。人们在这里可以享受最大的自由,却只须承担最小的责任,甚至干脆逃避责任。这显然给税务机关制造了麻烦,税务机关无法查明应当纳税的在线交易人的身份和地理位置,也就无法获知纳税人的交易情况和应纳税额,更不要说去审计核实。该部分交易和纳税人在税务机关的视野中隐身了,这对税务机关是致命的。以 eBay 为例。eBay 是美国的一家网上拍卖公司,允许个人和商家拍卖任何物品。到目前为止,eBay 已经拥有 3000 万用户,每天拍卖数以万计的物品,总计营业额超过 50 亿美元。但是,eBay 的大多数用户都没有准确地向税务机关报告他们的所得,存在大量的逃税现象,因为他们知道由于网络的匿名性,美国国家税务局(Internal Revenue Service,IRS)没有办法识别他们。

跨境电商这一匿名性特征导致了逃税避税现象日益严重。随着网络的发展,逃税避税的成本降低,电子商务避税更加容易进行。

电子货币的广泛使用,以及国际互联网所提供的某些避税地联机银行对客户的"完全税收保护",使纳税人可将其源于世界各国的投资所得直接汇入避税地联机银行,规避了应纳所得税。IRS 在其规模最大的一次审计调查中发现,大量的纳税人通过离岸避税地的多种机构隐藏了大量的应税收入。据美国政府估计,大约有 3 万亿美元的资金因受避税地联机银行的"完全税收"保护而被藏匿在避税地。

(四)即时性

对于网络而言,传输的速度和地理距离无关。在传统交易模式下,信息交流方式如信函、电报、传真等,在信息的发送与接收间存在着时间差,而在电子商务中的信息交流,无论实际时空距离远近,一方发送信息与另一方接收信息几乎是同时的,就如同生活中面对面交谈那样。某些数字化产品(如音像制品、软件等)的交易,还可以即时结清,订货、付款、交货都可以在瞬间完成。

电子商务交易的即时性提高了人们交往和交易的效率,免去了传统交易中的中介环节,但也隐藏了法律危机。在税收领域表现为:电子商务交易的即时性往往会导致交易活动的随意性,电子商务主体的交易活动可能随时开始、随时终止、随时变动,这就使得税务机关难以掌握交易双方的具体交易情况,不仅使得税收扣缴的控管手段失灵,而且客观上也促成了纳税人不遵从税法的随意性,加之税收领域现代化征管技术的严重滞后,使依法治税变得苍白。

（五）无纸化

跨境电商主要采取无纸化操作的方式，这是以电子商务形式进行交易的主要特征。在电子商务中，电子计算机通信记录取代了一系列的纸面交易文件。由于电子信息以比特的形式存在和传送，整个信息发送和接收过程实现了无纸化。无纸化带来的积极影响是使信息传递摆脱了纸张的限制，但由于传统法律的许多规范是以规范"有纸交易"为出发点的，因此，无纸化在一定程度上带来了法律的混乱。

电子商务以数字合同、数字时间截取了传统贸易中的书面合同、结算票据，削弱了税务部门获取跨境纳税人经营状况和财务信息的能力，且电子商务所采用的其他保密措施也将增加税务机关掌握纳税人财务信息的难度。在某些交易无据可查的情形下，跨国纳税人的申报额将会大大降低，应纳税所得额和所征税款都将少于实际所达到的数量，从而引起征税国或地区国际（地区间）税收流失。例如，世界各国普遍开征的传统税种之一的印花税，其课税对象是交易各方提供的书面凭证，课税环节为各种法律合同、凭证，而在网络交易无纸化的情况下，物质形态的合同、凭证形式已不复存在，因而印花税的合同、凭证贴花（即完成印花税的缴纳行为）便无从下手。

（六）发展速度快

互联网是一个新生事物，现阶段它尚处在幼年时期，网络设施和相应的软件协议的未来发展具有很大的不确定性。但税法制定者必须考虑的问题是网络，其像其他的新生儿一样，必将以前所未有的速度和无法预知的方式不断演进。基于互联网的跨境电商活动也处在瞬息万变的过程中，短短的几十年中，电子交易经历了从 EDI（electronic data interchange，电子数据交换）到电子商务零售业兴起的过程，而数字化产品和服务更是花样百出，不断地改变着人类的生活。而一般情况下，各国为维护社会的稳定，都会注意保持法律的持续性与稳定性，税收法律也不例外。这就会引起网络的超速发展与税收法律规范相对滞后的矛盾。如何将分秒都处在发展与变化中的网络交易纳入税法的规范，是税收领域的一个难题。网络的发展不断给税务机关带来新的挑战，税务政策的制定者和税法立法机关应当密切注意网络的发展，在制定税务政策和税法规范时应充分考虑这一因素。

电子商务具有不同于传统贸易方式的诸多特点，而传统的税法制度却是在传统的贸易方式下产生的，必然会在电子商务贸易中漏洞百出。网络深刻地影响着人类社会，也给税收法律的规范带来了前所未有的冲击与挑战。

三、跨境电商的意义

📷 跨境电商的发展优势

跨境电商是互联网时代的产物，是"互联网＋外贸"的具体体现。跨境电商作为推动经济一体化、贸易全球化的技术基础，具有非常重要的战略意义。跨境电商不仅冲破了国家间的障碍，使国际贸易走向无国界贸易，同时它也正在引起世界经济贸易的巨大变革。对企业来说，跨境电商构建的开放、多维、立体的多边经贸合作模式，极大地拓宽了进入国际市场的路径，大大促进了多边资源的优化配置与企业间的互利共赢；对于消费者来说，跨境电商使他们可以非常容易地获取其他国家（地区）的信息并买到物美价廉的商品。

如今,我国外贸发展面临的国际、国内形势依然复杂严峻。国际市场需求增长乏力、大宗商品和原材料价格下跌、进口需求下降、要素成本持续上升等,使外贸发展的不确定、不稳定因素增多,下行压力非常大。不过,在传统外贸整体低迷、增长不足的情况下,跨境电商却呈现出"逆势增长"的态势。全球外贸形势的低迷,中国经济下行的压力,使得跨境电商承担了推动开放型经济的转型升级,打造新的经济增长点的任务。

(一)有利于主动应对全球贸易新格局,建设贸易强国

跨境电商作为全球外贸发展的新兴贸易形式,具有无边界、全球化的特性,为我国应对贸易新格局、避免被边缘化提供了新途径。做大做强无边界跨境电商是与全球新贸易格局下主要国家与地区形成新型贸易关系的新途径,这不仅有利于主动应对全球贸易新格局,也有利于改变长期以来我国在传统国际贸易分工格局中处于低端的局面,构建全球化的自主销售终端,为我国从贸易大国向贸易强国转变贡献力量。

(二)有利于抢抓全球跨境电商发展制高点,打造信息化强国

随着经济全球化和产业信息化的快速发展,跨境电商在世界经济中扮演着越来越重要的角色,世界各国都在大力推动跨境电商发展,并使之成为做强制造业、控制全球销售环节、进入别国(地区)市场的利器。目前全球已形成了亚马逊、eBay、Wish 等全球型跨境电商平台,这些平台会优先保护本国(地区)产业和商户。虽然我国电商交易量居全球第一,但跨境电商发展刚起步,基础较弱,障碍较多,若我国不加快发展跨境电商、掌握核心平台与技术,必将受制于人。国家建立跨境电商综合试验区,从国家战略高度谋划跨境电商发展,搭建具有全球竞争力的跨境电商平台,建立权威的全球跨境电商的大数据交易中心和服务全球的跨境电商服务体系,抢占境外市场,掌握跨境电商行业话语权和制高点,推动网络时代下我国产业信息化、国际化发展,有利于建设信息化强国。

(三)有利于赋能制造企业,提升产业水平

传统企业借助跨境电商,可解决 3 个问题:市场问题、利润问题、价值问题。在市场问题方面,通过电子商务平台实现"买全球、卖全球",大大扩展了市场信息的来源渠道,有效解决了企业因信息不对称带来的外贸订单减少的问题,因为不是没有市场,而是没有发现市场。在利润问题方面,互联网外贸能够使外贸链更加扁平化,充分减少中间环节,使商品直达客户终端,降低交易成本,有效解决企业利润下降的问题,因为不是没有利润,而是没有利润分配的话语权。在价值问题方面,通过在线化、直接化的经营模式,自主掌握营销渠道,有利于企业创建自主品牌,摆脱"代工"和"价值链低端"的困境,因为不是没有价值,而是没有能力挖掘价值。

以芭比娃娃为例。在美国沃尔玛售价为 9.9 美元的芭比娃娃,中国加工企业的售价仅为 1 美元,大量利润被国外中间商和经销商拿走。与此同时,又频频出现这样的"新闻":国内消费者抢购境外商品,从奢侈品到日用品无所不包,如抢购日本"马桶盖"等。这种尴尬的情形,正是外贸行业在结构调整、转型升级方面遇到的突出问题。从当前中国外贸面临的困境看,市场订单不足、利润空间变小、产品价值低端,是困扰外贸企业发展的三大难题。

从跨境电商发展形势来看,当前跨境电商 B2B 形态日渐成熟,从信息发布 1.0 时代,部

分流程在线化的 2.0 时代,发展到今天服务全面升级的 3.0 时代,跨境电商依托互联网最终实现了信息发布、合同达成的完整闭环,通过电子商务开展企业之间的大规模跨境贸易已经水到渠成。这是互联网带来的商业变迁,也是互联网带来的贸易革命,且势不可挡。

(四)有利于探索网络时代下政府行政监管方式的创新

现行的管理体制、政策、法规及环境条件已无法满足跨境电商的发展要求。按传统贸易方式监管,普遍存在"通关难、结汇难、退税难"等问题。在跨境电商发展的过程中,积极探索并解决其面临的"关""检""汇""税""商""物""融"等方面的障碍,破解并建立全程监管标准体系,有助于促进跨境电商规范化、便利化发展,有助于深化国际贸易领域和电子商务领域新一轮监管体制的改革。

第三节 跨境电商发展现状及发展趋势

一、跨境电商发展现状分析

跨境电商发展现状与趋势

近几年,受境内外贸易环境的影响,我国传统外贸发展速度明显放缓,而跨境电商却保持高水平增长速度。《2017—2022 年中国跨境电商行业发展前景分析及发展策略研究报告》表明:2017 年,我国跨境电商总的交易额达到了 6.9 万亿元,2022 年,总交易额预计将达到 23.3 万亿元,年复合增长率约为 23.12%。

在经营主体上,境内利用各类平台开展跨境电商业务的外贸企业已超过 20 万家,电商平台企业突破了 5000 家。近几年,中小企业及个体商户占新增电子商务经营主体的大部分,占比超过 90%。跨境电商展现出它巨大的发展潜力,未来有望成为推动我国外贸发展的主要力量。

在市场格局上,外贸 B2B 在我国跨境电商中占主导地位,大多数 B2B 企业贸易订单的金额较大,整体规模惊人。虽然这些 B2B 企业开展的进出口贸易只有部分环节是在线上完成,还没有完全实现在线交易,但随着线上交易在技术和管理服务上的不断完善,完全实现在线交易指日可待。

在跨境网络零售方面,我国跨境网络零售近年来增长非常快,其零售模式有两大类:一是电商企业建立起独立的外贸 B2C 网站来进行销售活动,如兰亭集势、唯品会等;另一类是电商企业通过入驻第三方平台开展贸易,如 eBay、亚马逊等。在产品构成上,我国外贸企业出口商品以服装、小家电、数码产品等日用消费品为主,整体规模较大,增速较快。跨境网络零售以个人为服务对象的特点决定其具有小金额、多批次和高频率的交易特征。

我国跨境电商近几年正在快速发展,已经取得了十分显著的成果,但是在发展的过程中,也面临着一定的风险和挑战。

(一)交易规模大

经过数十年的发展,传统电子商务已经形成一套较为成熟的模式,且市场份额几乎被几个电商巨头占据,市场竞争相对激烈,这对于想进入该市场的传统企业来说,分一杯羹已是难事。而新兴的跨境电商为企业提供了更为广阔的国际(地区间)市场,它可去掉中间环节,让企业直接与境外零售商和消费者进行交易,节约了时间成本,同时具有更为丰厚的利润空间。

2012 年以后,我国跨境电商交易规模逐步扩大,年增长幅度都在 30% 以上。近几年,我国跨境电商规模进一步扩大,凭借强大的市场供应能力和消费需求成为全球贸易的中心。

(二)交易平台类型多样化

现在的跨境电商平台分为 3 种类别。

第一种是以亚马逊、兰亭集势、天猫国际等为代表的电商大平台。它们拥有成熟的经营模式和广阔的用户市场,跨境电子商务只是由用户需求跨地域后衍生出来的分支,这些平台偏向于采取直邮的方式来完成跨境物流。跨境直邮模式更加灵活,可以确保消费者买到"原汁原味"的境外商品。

第二种是以考拉海购为代表的新生代自营电商。自营电商的优势在于,它能够保证较优质的产品质量,避免良莠不齐,形成强大的品牌吸引力,增加消费者黏度。同时,这种选择自营模式的电商平台会有强大的供应链支持,为产品的引入、分类、展示、交易、物流配送、售后服务等各个重点环节都提供有力的保障。

第三种是以蜜芽、小红书、洋码头等为代表的创业型中小平台。这类平台经过细致的市场需求分析后,善于利用社交分享进行口碑宣传,致力于培养对市场极具敏感度的买手进行境外采购,专注于垂直品类商品的销售。相比其他大电商平台,它们的特点是商品种类较为集中、目标消费群体有共性、运营方式另辟蹊径,注重对个性化、多样化的消费者需求的满足,挖掘尚未被大力开发的潜力市场。在其新颖的经营概念与模式的吸引下,这类平台更易得到资本市场的青睐,在资本的助推下快速跑马圈地。

(三)交易商品品类丰富

从销售商品的品类看,跨境电商平台热销的商品品类大部分以汽车配件、家居园艺、3C 电子产品、计算机及配件、轻奢珠宝等易于物流运输的小规格产品为主,2016 年以后有逐渐向汽车、大型家居等大件商品扩展的趋势。跨境电商企业业务扩张的重要手段之一就是不断拓展销售商品品类,这有助于跨境电商企业抓住更多具有消费力的网购群体。随着电商对人们日常生活的影响不断加深与渗透、物流解决方案与科技手段不断创新,跨境电商零售商们将不断扩充其所覆盖的商品品类。

(四)目标市场广泛

从我国跨境电商的目标市场看,具有旺盛需求同时其国内跨境电商交易氛围浓厚的国家有美国、英国、德国、澳大利亚等,这些国家的顾客熟悉跨境网购,且支付环境较安全、物流基础设施较完善,能够为顾客提供优质的服务。因此,我国将继续与这些国家保持跨境电商贸易往来,并且进一步挖掘其深层次的需求。与此同时,部分发展中国家因其不断成长的需求,也在寻求机会促进跨境电商发展,如俄罗斯、巴西、印度等,但这些国家的本土电商企业并不发达,无法满足境内消费者的网购欲望,而中国制造的产品物美价廉,在这些国家的市场上具有巨大的优势,成为我国发展跨境电商的重要目标市场。

我国大量的跨境电商企业也在拓展东南亚市场,其中印度尼西亚(以下简称印尼)人口众多,其巨大的消费需求吸引着 eBay、亚马逊、日本乐天等电商平台巨头纷纷进入印尼市场。未来一段时期我国跨境电商企业将与上述企业展开竞争。同时在欠发达地区,电子商务和跨境网购依然是一个比较陌生的概念,对于跨境电商企业来说,这类市场需要花费较多的时间和精力来开垦和培养。

二、跨境电商发展存在的问题

不同的跨境电商贸易方式,存在的问题有一定的差异。按一般贸易方式进出口的大额交易,目前尚未完全实现贸易无纸化,这在一定程度上影响了贸易的便利化及电子商务在贸易中的应用。从小额碎片化的贸易来看,除了受到未实现的贸易无纸化的影响外,在产品、物流、海关等方面也存在一些行业性的难题,这些成为制约跨境电商发展的重要因素,跨境电商发展过程主要存在 5 个方面的问题。

(一)政府职能未进行合理有效的转变

目前,阻碍我国跨境电商进一步发展的因素主要是监管制度跟不上互联网时代数字贸易的步伐,政府监管部门之间的协作性不高,易造成程序上的成本浪费、跨境电商企业运作"不规范"、市场秩序较混乱等问题。传统的政府监管方式不再适用于跨境电商的网络发展模式,因此新型的"互联网＋政府"的整体监管方式就应该被提上日程,通过一系列的措施对政府职能进行重设,让跨境电商在一个自由且合理合法的环境下创新与成长。在改革试验中,应明确政府的职责,在政府与市场之间形成一个良好的协作,充分发挥市场在资源配置中的决定性作用,激发企业的主体性、主动性和创造性;政府要有效引导社会资源优化配置,通过优化整体监管服务、完善政策法规,构建适应跨境电商发展的综合服务体系。

(二)商户的基本信息不规范

有效的交易以经营主体即商户的信息真实、规范性为基础。目前对这些信息进行处理的是平台的经营者,如果平台上的商户能够完全按照实名制进行注册,就会解决一大部分问题,不会存在假的商户利用平台流量去欺骗消费者的情况,也不会对平台的信誉造成伤害。但是对商户信息进行分析与判别是一项庞大的工作,这对于平台来说存在难度,所以在很多情况下,经营主体的质量优劣就很难确定,不利于形成一个健康、信用充足的跨境电商贸易链条。

(三)跨境产品质量参差不齐

在我国,进行跨境电商贸易的企业有很大一部分是小额外贸企业,它们一般不能承受商检所产生的费用,所以经常不做商检。同时由于个人邮寄政策的宽松,缺乏严格制度要求,跨境电商企业一般不必经过检验检疫环节就能进行进出口贸易。在这种漏洞下,产品的质量就存在争议。另一方面,跨境电商贸易中市场会出现热销的所谓"爆款",在利益的驱使下,就会有部分不规范的企业销售仿制品或是劣质品,这些都会对消费者带来各种损害,必然会导致各国(地区)持谨慎态度,减少对这一类商品或与某一跨境电商企业的合作。

（四）清关障碍影响物流时效

跨境物流的海关关卡一般有两个：出口地海关和目的地海关。在出口跨境电商中，商家尤其要注意出口地海关的相关度要求和政策变化情况，有些海关的通关流程较为严格，若遇上海关扣货查验，就要花费更多的成本，若是货件被退回发货地，或因文件资料缺失而需要重新补齐，又或者遇到直接没收货件的情况，都会直接削减商家的利润空间甚至导致亏损。目的地海关也可能存在一定障碍，例如巴西海关几乎对每件包裹都要查验，并要求随附商业发票、原产地证明等资料。保证资料的齐全度对于有些小规模的跨境电商企业来说比较难做到，有时就算提供全部资料也可能被认为是伪造的。

此外，某些目的地海关由于技术落后，经济水平不高，无法利用电子系统进行清关工作，使得清关效率很低，从而也延长了整个物流配送的时间。

（五）境外售前售后服务水平不高、海外仓建设滞后

由于存在地理隔断、政策差异等诸多不可避免的问题，跨境物流的发展并非一帆风顺。跨境电商境内外企业物流信息系统配置不统一、流程不一致等因素，很容易导致追踪货物物流信息出现差错，消费者难以实时了解货物运输状态的情况，同时也可能导致货物损坏、丢件及后续的退货不便等问题。为了解决物流时间长、退换货不及时、客服沟通不顺畅、消费者购物体验差等问题，最佳方案就是在目的地建立海外仓，为境外消费者提供高效优质的物流及售后服务。针对海外建仓，亚马逊运营中心等已经提供了很好的海外仓建设思路，但随着海外仓创立条件愈加严格，许多企业在这方面还未从根本上改变当前被动的局面。

三、我国跨境电商竞争力分析

（一）跨境电商企业竞争状况分析

近年来，跨境电商平台之间的竞争越来越激烈：敦煌网境外流量稳定，继续稳步发展；eBay 是跨境电商鼻祖，但其平台规则过于繁杂；速卖通后来居上，国际流量的快速增长吸引了中国卖家大量加入；亚马逊得益于其对卖家品牌的推崇和保护，已成为中国商家开拓欧美市场最为重要的平台；Wish 低门槛的进驻条件和移动端用户的迅猛增长，使其得到越来越多中国卖家的关注。

此外，以下 3 个因素也加剧了平台竞争。

第一，新兴国家电商的崛起让卖家有了更多可选择的平台。从全球电商的发展来看，最先兴起的是美国，其次是欧洲和日本，中国随后则成为电商的发达区域。如今，电商在全球遍地开花，几乎出现在世界上所有的经济体中。一些新兴的电商平台陆续来到中国招商，其中，表现最为抢眼的是东南亚的 Lazada。Lazada 于 2012 年成立，总部设在新加坡，业务范围覆盖印度尼西亚、马来西亚、菲律宾、新加坡、泰国和越南 6 个东南亚国家，覆盖大约 6 亿消费者。Lazada 是东南亚第一大 B2C 平台，也被称为东南亚版亚马逊平台。拉美地区的 Linio 成立于 2012 年，总部设在墨西哥，主要针对拉美市场，覆盖了墨西哥、哥伦比亚、秘鲁、委内瑞拉、智利、阿根廷、巴拿马和厄瓜多尔 8 个国家，是拉美地区最大的 B2C 电商平台，2015 年，Linio 在中国开设了第一个办事处，并积极寻求合作伙伴，允许中国卖家在墨西哥、

哥伦比亚、智利、巴拿马、秘鲁 5 个国家站点销售。非洲地区的 Jumia 是尼日利亚市场最有发展前景的电商平台。目前,Jumia 的业务从尼日利亚扩展到 11 个不同国家,增速惊人,基本上维持两位数的年增长速度。而随着非洲经济的发展,越来越多的买家期望可以购买到世界各个国家(地区)的产品,也在期望网购体验不断提高。以前物美价廉的商品在非洲市场非常热销,而现在非洲买家也逐渐开始要求产品质量、合适的价格和良好的交付条件,而不再是一味强调低价。

为什么这些电商平台需要来中国招募卖家呢?显然,这与他们当地的工业体系相关。例如,拉美地区工业基础薄弱,当地能够提供的消费品种类有限,大部分依赖进口。因此,Linio 不得不来到中国这个"世界工厂",直接对接中国商家,以便为拉美消费者提供丰富的商品。Lazada、Linio 和 Jumia 都是 2012 年成立的,却在短短 3 年时间就开通了跨境电商业务。看来,电商的跨境化已经成为主流,其将伴随着新兴国家本地电商的崛起而快速发展。

第二,创业平台 PatPat、Bellabuy 等也在争夺中国商家资源。这些平台处于创业初期,急需卖家的支持,因而会提供更加有利于卖家的招商政策。

第三,除阿里巴巴之外的境内电商巨头开始布局出口跨境电商平台。例如,2015 年 6 月京东正式上线了京东全球售俄语站,10 月又悄然上线了印尼站。

独立网站(兰亭集势、环球易购、DX、Shein、执御)流量成本高涨,生存环境持续恶化。从"无牌产品的低价"向"品牌产品的性价比"策略转型。平台卖家(棒谷、有棵树、纵腾、赛维、傲基、泽宝、Anker、通拓)、传统制造业、传统外贸业、境内电商大举进入,我国跨境电商企业从"泛供应链"向"精细化品牌"方向转化。

由此看来,可供中国商家开店的跨境电商平台越来越多。对于卖家来说,这是好事。然而,对于平台来说,激烈的竞争已经构成其生存的压力。

(二)跨境电商主体商业模式不断创新

跨境电商平台亚马逊、eBay 及速卖通很早就布局了移动端,Wish 平台却依靠独特的商业模式如一颗闪亮之星冉冉升起。打开 Wish 应用,我们看到的不是电商网站的传统商品展示,而是以图片瀑布流的形式吸引消费者眼球。更重要的是,Wish 能够根据用户的信息及浏览记录,个性化地推荐相应的商品。可见,模式的创新是 Wish 成功的关键。

在模式创新方面,位于杭州的创业企业 Ownonly 的做法也很新颖。这家出口跨境电商企业摒弃了传统的 B2C 模式,纳入 C2B(customer to business,消费者对企业)的西装定制概念,为欧美消费者提供个性化的在线量体裁衣服务。此外,Ownonly 在美国、法国、日本等地设有线下体验店,以 O2O(online to offline,线上到线下)的形式寻求销量的突破。

除了创业型企业之外,老牌跨境电商大龙网也不甘落后,快速完成了模式的革新。创业之初的大龙网是 B2C 模式,后来转型为 B2B2C 模式,现在大龙网是"移动跨境贸易的 O2O 平台"。现在大龙网做的是 B2B 业务,线上为移动端的"约商"APP,线下则是分布全球的网贸会。

此外,阿里巴巴国际站大力推广"信保"服务,通过信用保障服务,出口商与进口商可以在线签订合同,并以一达通作为中间媒介完成支付交易。这是阿里巴巴在跨境 B2B 闭环交易中的一次创新尝试,不仅最大限度地保障了买家权利,而且提升了优质中国出口商的曝光度。

亚马逊将"Amazonsupply.com"与"Amazon.com"的商业、工业、科学部门整合,推出

"AmazonBusiness",大举进军 B2B 领域。当中国的出口商注册成为"AmazonBusiness"的卖家时,便构成了跨境电商 B2B 交易模式。此外,敦煌网转型 B2B,Wish 继续火热并再推"Geek/Mama/Cute"垂直电商模块,创业者掀起移动端热潮,Getone、Patpat、Bellabuy、Surprise 等,都是模式创新的体现。

(三)品牌化经营成为跨境电商发展战略必选

越来越多的中国卖家选择品牌化的经营模式,借助跨境电商平台进行国际市场的拓展。

Anker 是 2011 年成立的品牌,主要产品是移动电源和 USB 充电器。利用亚马逊、eBay 等跨境电商平台,Anker 的产品远销北美、欧洲等地区和日本,公司成立一年多销售额就破亿元。2015 年,Anker 继续成为亚马逊移动电源的销售冠军。这样的一个根植于中国的品牌,已经成为境外消费者眼中的国际化品牌。

在出口跨境电商行业,各个细分行业都在不断涌现出大受境外消费者欢迎的中国品牌。在跨境电商的帮助下,"中国制造"有望实现品牌化的升级改造,进而摆脱 OEM(original equipment manufacturer,原始设备制造商)代加工的廉价形象。

四、我国跨境电商未来发展趋势

(一)产品品类和销售市场更加多元化

随着跨境电商的发展,跨境电商交易呈现出了新的特征,交易的产品向多品类延伸,同时交易对象也向多区域拓展。

从销售产品品类看,跨境电商企业销售的产品品类从 3C 电子、服装配饰、计算机及配件、家居园艺、珠宝、汽车配件、食品药品等便捷运输产品向家居、汽车等大型产品扩展。不断拓展销售品类成为跨境电商企业业务扩张的重要手段。品类的不断拓展,让中国制造的产品和全球消费者的日常生活联系更加紧密,同时也有助于跨境电商企业抓住最具消费力的全球跨境网购消费者群体。艾瑞分析认为,随着电商对人们日常生活的不断渗透与影响的不断加深,以及科技与物流解决方案的不断创新完善,跨境电商零售出口产业所覆盖的产品品类将持续增加。

以英国、美国、德国、澳大利亚为代表的成熟市场在未来仍是跨境电商零售出口产业的主要目标市场,且将持续保持快速增长,与此同时,不断崛起的新兴市场正成为跨境电商零售出口产业的新动力。

(二)在跨境电商模式上,B2C 占比将提升,B2B 和 B2C 协同发展

随着物流、金融、互联网等国际贸易基础设施的改善和新技术的出现,国际贸易的形态也在不断演化。显著的变化之一是,产品从工厂到消费者的渠道越来越多元化,跨境电商 B2C 这种业务模式逐渐受到企业重视,近年出现了爆发式增长,究其原因,主要是因为跨境电商 B2C 具有一些明显的优势:①利润空间大。相较于传统跨境贸易模式,B2C 模式可跳过传统贸易的所有中间环节,打造从工厂到产品的最短路径,从而赚取高额利润。②有利于树立品牌形象。境内不再满足做代加工的工贸型企业和中国品牌利用跨境电商试水"走出去"战略,熟悉和适应境外市场,将中国制造、中国设计的产品带向全球,开辟新的市场。

③把握市场需求。因为直接面对终端消费者,B2C有利于更好地把握市场需求,为客户提供个性化的定制服务。④市场广阔。与传统产品和市场单一的大额贸易相比,小额的B2C贸易更为灵活,产品销售不受地域限制,可以面向全球200多个国家和地区,从而有效地降低单一市场竞争压力,获得巨大的市场空间。

随着物流、互联网技术的发展及利好政策的陆续发布,阻碍跨境电商B2C发展的一些因素正在消减,B2C在整体市场中的份额占比将进一步提升。但B2B作为全球贸易的主流,未来仍然会是中国企业开拓境外市场的最重要模式,B2B和B2C将会协同发展。

跨境B2C的发展对中国制造出口企业来说无疑为其扩展新业务提供了更大的可能性,但需要注意的是,B2C存在订单量小且不稳定的缺点,无法满足制造企业规模化生产的要求。此外,与境内B2C相比,跨境电商B2C市场存在市场需求周期性明显、营销推广费用较高、用户获取难度较大等诸多问题,跨境电商B2C类企业与境外本土购物网站的竞争也是不可避免的。B2B作为全球贸易的主流,在可以预见的未来仍然会是中国企业开拓境外市场的最重要模式。而B2C作为拉近与消费者距离的有效手段,对中国企业打响品牌,实现弯道超车,也将具有非常重要的作用。B2B和B2C作为两种既区别又联系的业务模式,互补远远大于竞争,两者都能成为开拓境外市场的利器。

(三)移动端将成为跨境电商发展的重要推动力

移动技术的进步使线上与线下商务之间的界限逐渐模糊,以互联、无缝、多屏为核心的"全渠道"购物方式将快速发展。从B2C方面看,移动购物使消费者能够随时、随地、随心购物,极大地拉动市场需求,增加跨境零售出口电商企业的机会。从B2B方面看,全球贸易小额、碎片化发展的趋势明显,移动端可以让跨境交易无缝完成:卖家可以随时随地做生意。白天卖家可以在仓库或工厂用手机上传产品图片,实现实时销售,晚上卖家可以复盘、接收订单。以移动端做媒介,买卖双方沟通变得非常迅捷。

移动跨境电商的发展情况跟各国(地区)的互联网发展情况相关。对于美国这样的发达市场,互联网发展进程完备,跨境电商从PC端到移动端的发展有很大的存量空间。在一些新兴市场,由于互联网发展水平略低,比如说像俄罗斯、东南亚和非洲,这些地区的大量用户不需要进入PC端跨境电商市场,而利用移动端的普及直接进入移动跨境电商市场,这是未来跨境电商发展的巨大增量市场。

(四)跨境电商产业链将更为完善,各环节协同发展

跨境电商涵盖实物流、信息流、资金流、单证流。随着跨境电商的不断发展,软件公司、代运营公司、在线支付、物流公司等配套企业都开始围绕跨境电商企业进行集聚,服务内容涵盖网店装修、图片翻译及描述、网站运营、营销、物流、退换货、金融服务、质检、保险等内容,整个行业体系越来越健全,分工更清晰,并逐渐呈现出生态化的特征。目前,我国跨境电商服务业已经粗具规模,有力地推动了跨境电商行业的快速发展。从物流方面看,为适应跨境电商的需求,兼顾成本、速度、安全甚至包含更多售后内容的物流服务产品应运而生,大量提供一体化服务的物流整合商也开始出现。如以海外仓储为核心的跨境电子商务全程物流服务商已经出现,递四方、出口易等都强化了对物流和供应链的整合,在境外建立了物流仓储。通常小额跨境物流配送需要15~30天的时间,通过对不同卖家需求的不同货运方式组

合,这一配送时间已经大大缩短。此外,海外仓储建设的逐步完善更将提升卖家在国际贸易中的竞争地位。

从金融服务看,国家外汇管理局向国内部分第三方支付机构授予了跨境电商外汇支付业务试点牌照,使得支付结算方式更加多元化,有力地推动了外贸电商发展。针对交易过程,跨境电商平台 eBay 与太平洋保险、中银保险针对平台卖家推出跨境交易保险产品。从互联网金融方面看,一些金融机构如中国银行、平安金科等向跨境电商企业提供无抵押的信用贷款,解决中小企业融资难的问题。

除此之外,代运营服务、营销服务等公司也大量涌现出来,整个行业的产业系统更为完善,配套服务设施也更为健全。

当然我们也要认识到,跨境电商的发展不仅仅需要一个电商平台,它的上游需要信息技术的引领,下游需要快递物流的支撑,只有信息流、资金流、物流三位一体地支撑到位,跨境电商才能颠覆传统商业模式,实现迅速增长。

【课后思考】

1.简述跨境电商的概念及特征。

2.简述我国跨境电商面临的新问题。

3.试分析跨境电商的发展对传统外贸有何积极和消极的影响。

4.试分析跨境电商给我国企业及消费者带来的影响。

第一章课后练习

第二章

跨境电商平台

【学习目标】

了解跨境电商的商务模式;知道跨境电商服务平台的分类,能够区分三大跨境电商服务平台;清楚常见的跨境电商交易平台的异同点,了解跨境电商交易平台的发展优势等。

【章节纲要】

本章主要分三节来学习跨境电商平台的相关知识。第一节介绍跨境电商商务模式,第二节介绍跨境电商服务平台的类别,第三节介绍跨境电商交易平台的不同模式及其差异性。

第一节 跨境电商商务模式

跨境电商的模式

一、按照交易对象分类

按照交易对象来划分,跨境电商的商务模式主要有跨境 B2B 模式和跨境电商零售模式(包含跨境 B2C 和跨境 C2C)。

(一)企业与企业之间的跨境电商模式,即跨境 B2B 模式

跨境 B2B 是指分属不同关境的企业对企业,通过电商平台达成交易、进行支付结算,并通过跨境物流送达商品、完成交易的一种国际(地区间)商业活动,其交易活动的内容包括:一国(地区)企业向另一国(地区)供应商进行的采购;一国(地区)企业向另一国(地区)客户的批量销售;一国(地区)企业与另一国(地区)合作伙伴间的业务协调等。企业运用电子商务的方式以广告和信息发布为主。

从实现方式来看,企业可以通过自建网站直接开展 B2B 交易,也可以借助电子中介服务来实现 B2B 交易。自建网站开展 B2B 的企业多为产业链长、业务伙伴多或自身专业性强的大企业、跨国公司,如飞机、汽车、计算机等行业的制造商,大型批发、零售企业等,主要用于公司自身的业务和对供应商、销售商的服务;借助中介服务实现 B2B 的企业则多为中小型企业。在表现形式上,B2B 跨境电商主要分为以企业为中心的 B2B 和以电子市场为中心的 B2B 两种。以企业为中心的 B2B 模式又分为卖方集中模式和买方集中模式两种,卖方集中模式是指由卖家企业面向多家买家企业搭建平台销售其产品,买方集中模式是指由买家企业面向卖家供应商搭建平台采购原材料、零部件,经销产品或办公用品。

电子市场的 B2B 模式则可分为垂直 B2B 和水平 B2B 两种类型,垂直 B2B 市场专门针对某个行业,如电子行业、汽车行业等,水平 B2B 市场则是普遍适用于各个行业的宽泛的交易平台。

B2B 跨境电商代表网站有阿里巴巴国际站、中国制造网等。

(二)企业与消费者之间的跨境电商模式,即跨境 B2C 模式

跨境 B2C 是指分属不同关境的企业直接面向消费者个人开展在线销售产品和服务,通过电商平台达成交易、进行支付结算,并通过跨境物流送达商品、完成交易的一种国际(地区间)商业活动。B2C 模式的跨境电商的主要参与者是一国(地区)企业与另一国(地区)个体消费者。从实现方式来看,可以分为 B2C 跨境电商平台和自建的 B2C 跨境电商网站,其采用国际(地区间)航空小包和国际(地区间)快递等方式将境内的产品或服务直接销售给境外消费者。根据 B2C 跨境电商的分类方式,B2C 跨境电商的应用模式有百货商店式、综合商场式和垂直商店式 3 种类型。

百货商店式,即企业拥有自己的跨境电商网站和仓库,自己进行商品的采购,甚至拥有自己的品牌,来满足客户的日常需求,实现更快的物流配送和更好的客户服务。例如唯品会、兰亭集势、米兰网等。

综合商场式,也可叫作平台式,这种模式拥有较为稳定的网站平台、庞大的消费群体、完善的支付体系和良好的诚信体系,不仅引来众多卖家进驻商城,而且吸引了很多消费者前来购物。例如速卖通、敦煌网等,如同境内的天猫平台,仅仅是提供完备的销售系统平台,任买卖双方自由地选择交易,不负责采购、库存和配送。

垂直商店式,是指为满足某种特定的需要或某些特定的群体,而提供这一领域的更全面的产品和更专业的服务的模式。境内的麦考林、蜂网等都属于这种模式。

(三)消费者与消费者之间的跨境电商模式,即跨境 C2C 模式

跨境 C2C 是指分属不同关境的个人卖方对个人买方开展在线销售产品和服务,由个人卖家通过第三方电商平台发布产品和服务的售卖信息、产品详情、价格等内容,个人买方进行筛选,最终通过电商平台达成交易、进行支付结算,并通过跨境物流送达商品、完成交易的一种国际(地区间)商业活动。

在 C2C 模式中,电子商务活动的主要参与者都是个体消费者。其构成要素除买卖双方外,还包括电子交易平台供应商。拍卖就是最为常见的 C2C 交易方式,例如,eBay 这种拍卖网站成功的关键是吸引足够多的买家和卖家,形成足够多物品的拍卖市场,所以那些有大量访问者的网站就有条件进入这个领域。诸如 Yahoo! 等门户网站及网上书店的先锋亚马逊都相继开通了拍卖业务。在这种模式下,买家和卖家的数量越多越有效,新加入的拍卖者都趋向于选择已有的拍卖网站,这就使得已有的拍卖网站比后来跟进的新拍卖网站天生更有价值,经济学家称之为锁定效应。特殊消费品拍卖网站就是一些企业在面临锁定效应给其带来的不利影响时,为避免在普通消费品拍卖市场上与 eBay 这样强大的对手竞争,而采取瞄准特殊目标细分市场的策略。早期的一些特殊消费品网站主要是瞄准技术产品(如计算机、计算机软件等),之后出现专门拍卖其他物品的网站,如专门拍卖演出门票的 Stubhub、专门拍卖高尔夫球杆的 GolfClubExchange、专门拍卖葡萄酒的 WineBid 等,这些网站通过

定位于某个明确的细分市场获得了竞争优势,得以同 eBay 这样的大型拍卖普通消费品的网站共存。

跨境进口
电商模式分析

　　除了上述 3 种模式以外,跨境电商还有多种模式,如消费者对企业(C2B,customer to business)、政府对企业(G2B,government to business)、工厂对消费者(F2C,factory to customer)、微商海淘等,这些模式的运作过程也与 B2B、B2C 基本相似,因此本书重点介绍 B2C 和 B2B,其他内容不做重点介绍。

知识拓展 2-1:F2C

　　F2C 模式就是工厂直接将产品卖给消费者,减少流通环节所产生的费用,并将节省的成本全部让利给消费者的模式。相比于电子商务 B2C 平台,F2C 模式的优势在于强有力的线下产业支撑、有效的全程品控、快速的市场反应。在网购过程中,消费者最担心的问题就是产品质量不能得到保障,很多 B2C 进货渠道、产品供应链差异较大,生产厂家资质也是良莠不齐,消费者容易被图片上好看的商品所迷惑。

知识拓展 2-2:微商、海淘

　　微商是指主要依托微博、微信等第三方平台开展电子商务活动的模式。微商具有市场投入小、门槛低、传播范围广、只需个体行为等特点。如今,微商已经成为许多学生、家庭主妇和自由职业者追捧的对象,其中不乏许多成功的例子。比如 2013 年年初进入市场的"俏十岁",第 1 个月销售额不到 1 万元,第 2 个月也仅仅 2 万元左右,但一年之后销售额便突破 1 亿元;再比如"口袋购物"APP,上线 9 个月就有 1285 万商家、11 亿 SKU(stock keeping unit,最小存货单位)交易量,还顺利地拿到了 3.5 亿美元的融资,这对一个刚刚成立仅几个月的公司来说堪称奇迹。

　　所谓"海淘",即海外网站购物,就是通过互联网检索境外商品信息,并通过电子订购单发出购物请求,由境外购物网站通过国际(地区间)快递发货,或是由转运公司代收货物再转寄回国。支付宝统计显示,超过八成"海淘"用户单笔消费不会超过 500 元,只有 5% 左右的"海淘"用户单笔消费在 1000 元以上,这表明"海淘"用户消费普遍理性。

二、按照贸易属性分类

从贸易属性来看,跨境电子商务可分为以下两种。

(一)有实物产品的电子商务

实物产品的电子商务是指通过电子的方式来处理洽谈、订货、开发票、收款等与有形商品贸易相关的交易活动。实物产品本身需要利用传统渠道(如邮政服务和商业快递)送货或实地交割(如房地产品)。实物产品的电子商务一般是间接贸易。

(二)信息产品的电子商务

信息产品的电子商务是指通过电子方式进行计算机软件的买卖、娱乐内容的联机订购、电子交付,也包括金融产品、旅游产品的网上交易或全球规模的信息服务等。无形产品和服务可以通过互联网进行直接贸易,也可以以某种间接方式完成交易过程。

三、按使用网络类型来分类

根据使用网络类型的不同,电子商务目前主要有 4 种形式:EDI(electronic data interchange)商务、互联网商务、内联网商务、移动电子商务。

(一)EDI 商务

按照国际标准组织的定义,EDI 商务是"将商务或行政事务按照一个公认的标准,形成结构化的事务处理或文档数据格式,从计算机到计算机的电子传输方法"。简单地说,EDI 就是按照商定的协议,将商业文件标准化和格式化,并通过计算机网络,在贸易伙伴的计算机网络系统之间进行数据交换和自动处理。

EDI 主要应用于企业与企业、企业与批发商、批发商与零售商之间的批发业务。相对于传统的订货和付款方式,EDI 大大节约了时间和费用。相对于互联网,EDI 较好地解决了安全保障问题。这是因为使用者均有较可靠的信用保证,并有严格的登记手续和准入制度,加之多级权限的安全防范措施,从而实现了包括付款在内的全部交易工作的计算机化。但是,由于 EDI 必须租用 EDI 网络上的专线,即通过购买增值网(value added networks,VAN)服务才能实现,费用较高;也由于需要有专业的 EDI 操作人员,需要贸易伙伴。近年来,随着计算机大幅度降价、互联网络的迅速普及,基于互联网、使用可扩展标记语言 XML 的 EDI,即 Web-EDI,或称 Open-EDI,正在逐步取代传统的 EDI。而在 EDI 基础上发展起来的 EBXML,已经成为新世纪电子商务推广的重点。

(二)互联网商务

互联网(Internet)商务是现代商务的新形式,它以计算机、通信、多媒体、数据库技术为基础,通过互联网络,在网上实现营销、购物服务。它突破了传统商业生产、批发、零售及进、销、存、调的流转程序与营销模式,真正实现了少投入、低成本、零库存、高效率,避免了商品的无效搬运,从而实现了对资源的高效运转和最大节余。消费者可以不受时间、空间、厂商的限制,广泛浏览,充分比较,模拟使用,力求以最低的价格获得最满意的商品和服务。

(三)内联网商务

内联网(Intranet)商务是利用企业内部网络展开的商务活动。内联网是 Intra-business Internet 的缩写,是指运用互联网技术,在企业内部所建立的网络系统。内联网只有企业内部的人员可以使用,信息存取只限于企业内部,并在安全的控制下连上内联网。一般内联网设有防火墙程序,以避免未经授权的人进入。由于建立成本较低,所以内联网目前发展迅速。企业开展内联网商务,一方面可以节省许多文件往来时间,方便沟通管理并降低管理成本;另一方面可通过网络与客户提供双向沟通,适时提供产品与服务的特色,并且提升服务品质。

(四)移动电子商务

移动(mobile)电子商务是近几年出现的电子商务的一个新的分支。移动电子商务利用移动网络的无线连通性,允许各种非 PC 设备(如手机、掌上电脑、车载计算机、便携式计算机)在电子商务服务器上检索数据,开展交易。目前,移动电子商务已经成为电子商务的新趋势。

四、按照服务类型分类

(一)自营模式

自营模式是指企业以标准化的要求,对其经营的产品进行统一生产或者采购、产品展示、在线交易,并通过物流配送将产品投放到最终消费群体的行为。自营电商具有品牌力强、产品质量可控及交易流程管理体系完备等特征。大宗制造业的外贸门槛较高,所以催生企业自建外贸平台来向境外销售自己的产品,这种模式比较有代表性的是兰亭集势等。这类跨境电商大都通过组建自己一整套的渠道供应链,销售特定类型的产品,它们有两个显著的特点:产品集中差异化及货物的小包化。所谓产品集中差异化是指这类电商大都选取一类或几种利润比较高的产品,如数码产品、婚纱等;货物的小包化则指的是它们的客户大多是终端的消费者,无须大宗货物的物流,只需要特定的国际(地区间)快递解决物流问题。

(二)信息服务平台

信息服务平台主要为境内外会员商户提供网络营销平台,传递供应商或采购商等商家的商品或服务信息,促成双方完成交易。代表企业有阿里巴巴国际站、环球资源网、中国制造网等。

(三)在线交易平台

在线交易平台不仅提供企业、产品、服务等多方面信息展示,而且可以通过平台线上完成搜索、咨询、对比、下单、支付、物流、评价等全购物链环节。在线交易平台模式正在逐渐成为跨境电商中的主流模式。代表企业有敦煌网、速卖通等。

(四)外贸综合服务平台

外贸综合服务平台可以为企业提供通关、物流、退税保险、融资等一系列的服务,帮助企业完成商品进口或者出口的通关和流通环节,还可以通过融资、退税等帮助企业完成资金周转问题。代表企业有阿里巴巴、一达通等。

第二节　跨境电商服务平台

跨境电商服务平台主要有跨境电商通关服务平台、跨境电商公共服务平台和跨境电商综合服务平台。下面我们分别加以介绍。

一、跨境电商通关服务平台

跨境电商通关服务平台系统是由中国电子口岸数据中心开发的,其功能结构如图 2-1所示,通过"清单核放、汇总申报",对接电商企业、支付企业和物流企业,方便电子商务企业等单位向海关报送通过电子商务模式成交的进出境物品的通关数据,实现海关与企业数据的互联互通,实现海关对跨境电子商务进出口商品的有效监管,对促进我国跨境电商的健康发展、统一各直属海关对跨境贸易电商出口商品的管理模式、完善海关统计具有重要的意义。

该系统于 2014 年 6 月正式上线运行,当时仅实现了出口业务的申报功能。

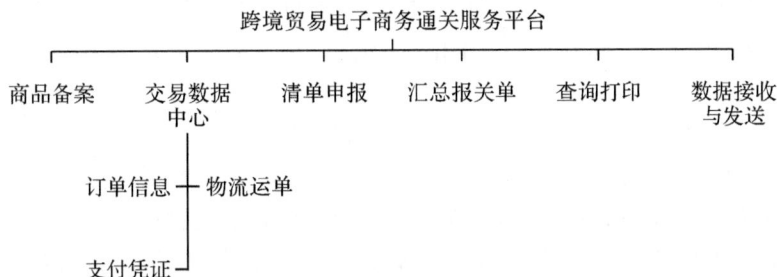

图 2-1　跨境电商通关服务平台系统功能结构

跨境电商通关服务平台系统数据流程如图 2-2 所示。系统用户在企管系统中完成企业备案操作,海关审批通过后,电商企业/电商平台系统首先要在跨境电商通关服务平台上向海关申报商品备案,并获得批准。实际销售发生时,电商企业/电商平台要向海关申报消费者的订单信息,第三方支付企业向海关发送消费者的支付信息,负责物流配送的企业申报相关物品的运单信息。之后,电商企业/电商平台申报清单数据,定期向海关申报汇总申请单,生成报关单,在报关申报系统中向海关申报报关数据,以完成后续的出口结汇、退税等操作。

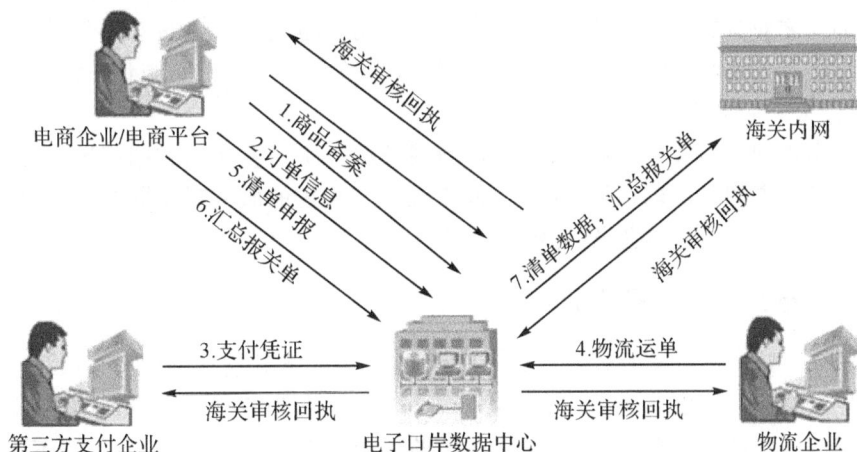

图 2-2　跨境电商通关服务平台系统数据处理流程

跨境电商通关服务平台以"依托地方电子口岸,优化通关监管模式,提高通关管理和服务水平,实现外贸电子商务企业与口岸管理相关部门的业务协同与数据共享"为手段来解决跨境电商预售商品快速通关、结汇、退税问题。各地口岸的跨境电商通关平台建设逐渐推开。

2014 年 7 月 1 日,全国首个统一版海关总署跨境电商通关服务平台试点在广东东莞启动。这一平台的建设起源于海关总署 2014 年发布的 9610 监管代码,启动于海关金关工程二期应用软件项目,由海关总署主导,东方物通承建实施。黄埔海关在东莞地区试点,跨境电商企业大龙网带领跨境支付企业钱宝科技、跨境物流企业燕文物流通过测试。其后,杭州的"跨境一步达"、厦门的"鹭贸通"等被海关总署认定为跨境电商通关服务平台。

2014年12月,大连市跨境电商通关服务平台在大连天天通跨境电商服务中心正式启用,大连也由此成为全国第七个具备跨境电商出口规范通关条件的城市。

2015年4月8日,中俄跨境电商通关服务平台在绥芬河市正式开通。平台的成功开通,在全国首次实现对俄跨境电商出口货物通关、跨境支付、结汇退税,是对中俄跨境电商服务平台的全面升级,解决了外贸订单碎片化,小包裹、小订单急剧增多,政策空缺无监管的问题。

2015年11月,由深圳市政府出资,委托深圳市南方电子口岸公司开发建设的深圳市跨境电商通关服务平台正式上线运营,该平台包括报文处理和数据传输、数据预处理服务等子系统,具有企业(商品)备案、业务申报等功能。在业务模式上,支持特殊区域出口、电商包裹出口等多种业务模式;在服务对象上,支持电商、物流(快件)等各类经营主体和个人消费者;覆盖区域包括深圳地区的海、陆、空口岸及保税监管场所等,将跨境电商企业的交易、支付、物流信息数据与深圳海关、深圳检验检疫局、深圳外汇局等政府监管系统实时对接,做到提前审核、提前监管、真实有效、信息共享,推动跨境电商规模化、阳光化、便利化,为实现跨境电商"单一窗口"管理提供了技术保障。

二、跨境电商公共服务平台

近几年,全国掀起了一股跨境电商热潮,各地政府积极响应,地方性鼓励政策层出不穷,这些政策多以鼓励、统计、监管为目的。以前商品进出口涉及的政府监管部门较多,容易造成各政府部门之间数据不匹配情况的出现,尤其是跨境电商零散包裹和小订单的增多让该现象日益加剧。各地政府亟须一个平台能对接各个政府部门的监管统计系统,确保数据统一,跨境电商公共服务平台应运而生。

从目前出现的各地公共服务平台来看,与通关服务平台存在的相同问题就是服务对象主要集中在小包裹的进出口领域,使用价值不大。其真正的服务对象同样应该针对进出口规模较大的跨境电商小订单业务,才能展现其价值。

三、跨境电商综合服务平台

随着国家对跨境电商监管政策的日渐明朗,各地海关和政府逐渐收紧监管缺口,一些传统中小型外贸企业和跨境电商平台个人卖家面对新出现的监管政策逐渐产生了不适应和紧迫感。这部分外贸单位具有一个共同特点,长期使用邮路运输,在税务上不征不退,对于阳光化的跨境链条不够熟悉,在面临跨境电商监管时代的到来时显得无所适从。而一些大型跨境电商企业在对接政府、海关等部门,处理跨境电商长链条环节上出现的问题具有丰富经验,于是孕育出了一批由大型跨境电商企业建设的跨境电商综合服务平台,为这部分中小企业和个人卖家提供代理服务。业内知名的综合服务平台有阿里巴巴建设的一达通、大龙网建设的海通易达等。

四、跨境电商三大服务平台对比

跨境电商通关服务平台、公共服务平台、综合服务平台是从3个不同层面出发建设的平台,其中通关服务平台对应的是海关,公共服务平台对应的是政府,综合服务平台对应的是企业。3 种平台之间相互联系,形成信息数据之间的统一交换和层层传递。就目前行业发展趋势看,无论是跨境企业或是个人卖家,都需要对这些平台进行了解,这也许会成为跨境电商新监管时代的生存制胜法宝。

跨境电商通关服务平台是为外贸企业进出口通关提供便利服务的系统平台。海关总署建设全国统一版的通关服务平台,意在统一报关流程。跨境电商通关服务平台是海关总署在应对当前外贸订单碎片化趋势明显,小包裹、小订单急剧增多,政策空缺无监管实施的对策之一。平台上传的数据可直接接入海关总署内部系统,可以有效节省报关时间,提高通关效率。通过企业数据与海关数据进行匹配,国家也可以达到监管统计的目的。

跨境电商公共服务平台中"公共服务"的含义具有双向性,一方面是指为各地政府的职能部门之间搭建公共信息平台,另一方面是指服务大众,主要是服务外贸企业。阳光化的外贸环节众多,涉及国检(检验检疫)、国税(纳税退税)、外汇管理局(支付结汇)、商委或外经贸委(企业备案、数据统计)等政府职能部门及银行结汇等,传统外贸企业需一一对接。跨境电商行业因其碎片化订单的特殊性,如每笔订单都重复与职能部门对接,工作量会极其繁重。另外,政府职能部门之间也需要一个公共区域共享企业上传的数据,并进行数据采集、交换对比、监管等工作。于是,由政府投资兴建的公共服务平台成为解决这些问题的根本手段。

跨境电商综合服务平台则是由经验丰富的大型的跨境电商企业为中小型外贸企业及个人卖家提供的一站式跨境综合服务系统,旨在帮助其解跨境电商长链条环节中出现的问题和不适。

表 2-1 为 3 类跨境电商服务平台对比。

表 2-1　3 类跨境电商服务平台对比

平台名称	概念解读	服务对象	监管部门	建设意义
跨境电商通关服务平台	为外贸企业进出口通关提供便利服务的系统平台	传统中小型外贸企业、跨境进出口电商企业	海关总署、地方海关	应对当前外贸订单碎片化趋势明显,小包裹、小订单急剧增多,政策空缺无监管实施的对策之一
跨境电商公共服务平台	对接各政府部门监管统计系统的公共信息平台	传统中小型外贸企业、跨境进出口电商企业	国家市场监督管理局、国家税务总局、国家外汇管理局、商务部、经济和信息化委员会等政府部门	沟通政府职能部门、对接海关通关服务平台,是政府职能部门面向外贸企业的服务窗口
跨境电商综合服务平台	包括金融、通关、物流、退税、外汇等代理服务	传统中小型外贸企业、中小型跨境电商企业、跨境电商平台卖家	由企业自建	为中小型外贸企业和个人卖家提供一站式服务,属于新兴的代理服务行业

第三节 跨境电商交易平台

跨境电商交易平台指的是不同关境的交易主体,通过电子商务来达成交易、进行结算的平台。其前身就是我们所熟知的"海淘""代购"。美国购物网是境内最早的跨境电商平台之一,是专业的美国正品代购网站,提供美国最新最全的折扣信息,有专业的客服团队及完善的物流体系,其诸多热卖商品已进驻河南郑州物流保税区。境内知名的跨境电商交易平台有阿里巴巴速卖通、敦煌网、兰亭集势等,国际电商交易平台主要以亚马逊、eBay 等为代表。

一、常见的跨境电商交易平台

(一)不同模式的主要代表企业介绍

1. 阿里巴巴电商平台

在中国,目前最能体现跨境电商交易平台特性的,无疑是阿里巴巴电商平台(Alibaba,以下简称阿里巴巴平台),阿里巴巴国际站(https://www.alibaba.com)是阿里巴巴成立以来第一个业务单元,也是全球领先的跨境贸易 B2B 电子商务平台,其首页如图 2-3 所示。阿里巴巴平台的发展经历了 4 个明显的阶段。

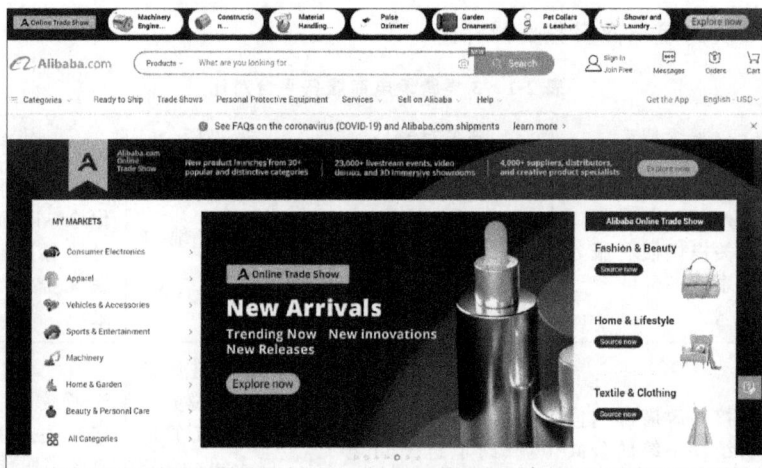

图 2-3 阿里巴巴国际站首页

阿里巴巴平台发展的第一个阶段,也就是平台初期(1999 年),仅能提供少量的功能,如集中发布供求信息等。因为当时中国互联网的发展还不成规模,中国的电子商务还相当不成熟,网络硬件条件也不好,互联网处于 Web 1.0 时代,也就是信息抓取的时代。这意味着,平台还不能被称为电商平台,只是电商网站而已,交互功能更是无法实现。因此,当时的阿里巴巴平台只是一个让信息上网的简单平台。

阿里巴巴平台发展的第二个阶段为 2000—2004 年。随着互联网硬件条件的逐步成熟,阿里巴巴平台也逐渐完善,无论在内容还是功能上都有了很大的进步。在这个阶段,中国供应商(在阿里巴巴平台,中国供应商被简称为 CGS)逐渐熟悉电商的概念,也正因如此,阿里巴巴平台也开始展现出其重要的特性:买家卖家借助平台认识对方,这在阿里巴巴内部,被称为 meet(遇见)阶段。其间,阿里巴巴有意识地大量增加和优化了平台的功能,实现了从产品上传到买家产品搜索排序等功能,并大量引入网络买家流量,加快平台上买家卖家 meet 的机会。

阿里巴巴平台发展的第三个阶段为 2005—2013 年。在这个时期里,中国供应商的数量大大增加,阿里巴巴平台的功能也大大增加,中国供应商的产品发布、优化、排序等有了更明显的优化。平台中卖家的企业展示页面(在阿里巴巴平台中被称为 minisite)有了非常大的改进和优化。在平台中第一次有了"旺铺"的概念。同时,这一阶段最重要的特征是阿里巴巴平台开始重视中国供应商的真实性认证,也是在这一基础上,对于平台本身的价值和发展方向有了很明确的界定。

阿里巴巴平台的第四个阶段,是 2014 年至今,也是最为重要的一个阶段,因为在这个阶段,阿里巴巴平台从一个 meet 或者说是撮合交易的阶段正式迈向跨境电商交易的阶段,在这个阶段中,无论是平台供应商的数量还是平台上的活跃买家的数量都有了非常明显的变化。而作为国内领先的跨境电商平台,阿里巴巴在 2014 年全资收购了深圳一达通之后,在 2015 年推出了信用保障体系,更是将该平台推到了所有中国外贸企业面前。

阿里巴巴平台的跨境电商业务分为国际站和速卖通。阿里巴巴国际站是全球最大的 B2B 贸易市场,其注册企业会员超过 230 万人,覆盖 200 多个国家和地区,涉及 34 个进出口行业,曾连续 7 年被美国《福布斯》杂志评为全球最佳 B2B 网站。它提供帮助中小企业拓展国际(地区间)贸易的出口营销推广服务,基于全球领先的企业间电子商务网站——阿里巴巴国际站贸易平台,向境外买家展示、推广供应商的企业和产品,进而获得贸易商机和订单,是出口企业拓展国际(地区间)贸易的首选网络平台。

阿里巴巴国际站提供一站式的店铺装修、产品展示、营销推广、生意洽谈及店铺管理等全系列线上服务和工具,帮助企业降低成本、高效率地开拓外贸大市场。在阿里巴巴国际站,境外买家可以搜索卖家并发布采购信息,卖家可以搜索买家并发布公司产品及信息。阿里巴巴国际站作为 B2B 交易平台,为买家、卖家提供了沟通工具、账号管理工具,为双方的网络交易提供了诸多便利。

速卖通也是阿里巴巴旗下面向全球市场打造的在线交易平台,被广大卖家称为国际版"淘宝"。速卖通最初采用的盈利模式是从成功交易的订单里收取 5% 的手续费,不成功不收费,现逐步向不同品类、不同支付方式、不同交易金额的订单,收取不同比率手续费的模式发展。速卖通是俄罗斯最受欢迎的跨境网购平台,交易额占俄罗斯跨境网购市场总值的 35%,紧随其后的是 eBay,占比为 30%,亚马逊占比为 7.5%。速卖通平台提供英语、意大利语、西班牙语、土耳其语、葡萄牙语、法语等多语种服务。速卖通的优势在于平台交易手续费率低,和其他竞争对手相比有明显的优势。丰富的淘宝商品资源,其"淘代销"功能使得卖家可以非常方便地将淘宝商品一键卖向全球。速卖通还为卖家提供一站式商品翻译、上架、支付、物流服务。凭借"阿里巴巴国际站"的知名度,再加上各大洲相关联盟站点、谷歌线上推广等渠道为其引入源源不断的优质流量,速卖通正逐年稳步发展。

2.亚马逊

亚马逊成立于 1995 年,以优质的仓储物流系统和售后服务体系闻名于世,除自营业务外,其他产品的销售向第三方卖家开放。根据卖家选择的服务不同,亚马逊采用不同的收费模式。卖家在亚马逊全球网站开店,亚马逊将收取平台月费和交易佣金,无交易则不收取交易佣金。选择亚马逊物流的卖家加收仓储和物流费用。自主配送的卖家选择的配送服务必须符合亚马逊对服务质量的相关要求。

亚马逊中国(https://www.amazon.cn)首页如图 2-4 所示。

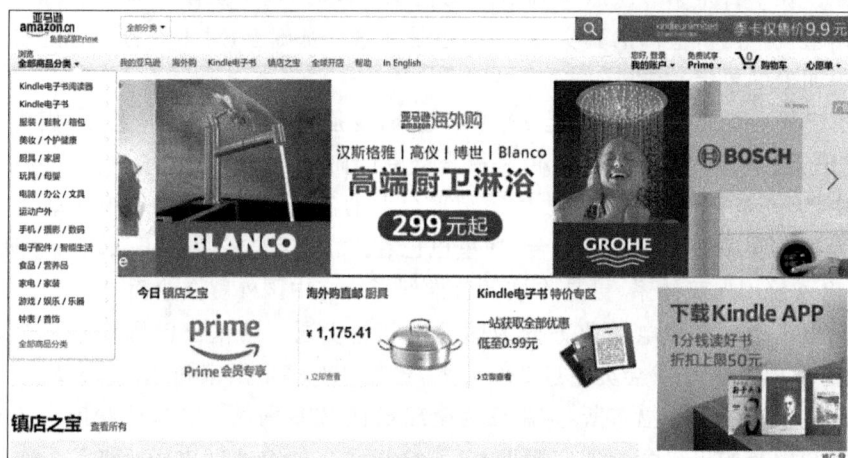

图 2-4　亚马逊中国首页

亚马逊的优势在于其品牌的国际影响力和优质的买家服务体系,以及领先的国际物流仓储服务。亚马逊在北美市场提供 FBA(fulfillment by Amzaon,亚马逊物流)服务,能实现 2～3 天到货,最快次日送货;在欧洲市场,可以帮助卖家实现欧洲 5 国(英国、法国、德国、意大利、西班牙)的统一仓储和物流服务,并可配送欧盟其他国家,方便卖家向亚马逊欧洲网站的顾客提供本地化客户服务及快捷的送货服务。亚马逊平台提供免费的站内推广服务,以及面向消费者精准的商品推荐服务。

3.eBay

eBay 成立于 1995 年,是在线交易平台的全球领先者,利用其强大的平台优势和旗下全球市场占有率第一的支付工具 PayPal 为全球商家提供网上零售服务。2019 年,eBay 在全球拥有 1.82 亿用户,遍布全球 190 多个国家。通过 eBay 的全球平台,中国卖家的支付、语言、政策、品牌、物流等问题得到了很好的解决,同时在出口电商网络零售领域发挥自身优势,将产品销售到世界各国,直接面对亿万消费者。eBay(https://www.ebay.com)首页如图 2-5 所示。

中国卖家可通过 eBay 推广自有品牌,提升在世界消费者心目中的认可度。eBay 也帮助买卖双方削减中间环节,创造价格优势,降低运营成本。

eBay 对进驻其平台进行跨境电商交易的商家收取两项费用:一项是刊登费,即商家在 eBay 上刊登商品所收取的费用;另一项是成交费,即当交易成功时,会收取一定比例的佣金。

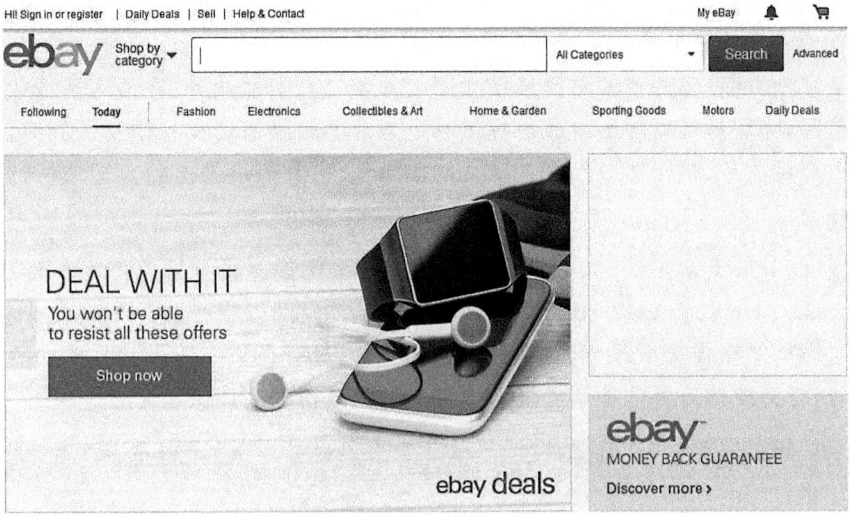

图 2-5　eBay 首页

　　eBay 的优势在于品牌的国际影响力和全球市场覆盖率,拥有健全的买家保障体系,同时与 PayPal 支付紧密合作。在物流方面,eBay 联合第三方合作伙伴中国邮政速递,为中国卖家提供便捷、快速、经济的国际 e 邮宝货运服务,并逐渐从美国、澳大利亚、德国等发达国家向俄罗斯等新兴市场延伸。eBay 推出卖家保护政策,通过大数据技术及买家质量评估,强化对卖家的支持和保护,助力卖家业务的快速发展。

　　4.环球资源

　　环球资源(Global Sources)成立于 1970 年,2000 年在美国纳斯达克股票市场公开上市。环球资源网首页(https://www.globalsources.com)如图 2-6 所示。

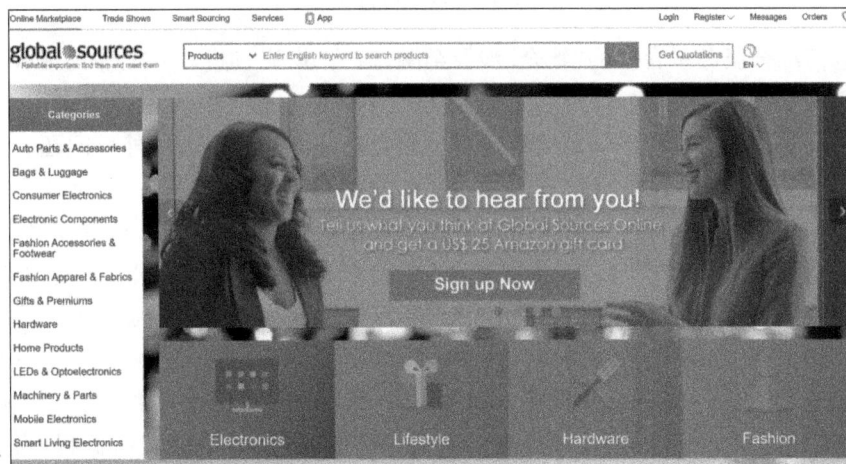

图 2-6　环球资源网首页

　　环球资源是一家多渠道整合推广的 B2B 媒体公司,致力于促进中国的对外贸易。环球资源网为其所服务的行业提供一系列媒体及出口市场推广服务,公司的核心业务是通过一系列英文媒体,包括环球资源网站、印刷及电子杂志、采购资讯报告、买家专场采购会、贸易展览会等形式促进亚洲各国(地区)的出口贸易。环球资源同时提供广告创作、教育项目和网上内容管理等支持服务。

在未来规划方面,环球资源将继续扩大网上外贸交易中枢业务,在地区及行业层面上充分扩展其范围,为贸易社群中所有成员提供一个全套的网络市场交易中枢。同时,环球资源将继续发力跨境业务,积极适应经济全球化的浪潮,大力开拓境外市场。

5. 敦煌网

敦煌网(DHgate)成立于2004年,是中国境内首个实现在线交易的跨境电商B2B平台,其首页(https://www.dhgate.com)如图2-7所示。敦煌网以中小额外贸批发业务为主,开创了"成功付费"的在线交易佣金模式,免卖家注册费,只在买卖双方交易成功后才收取相应的手续费,将传统的外贸电子商务信息平台升级为真正的在线交易平台。

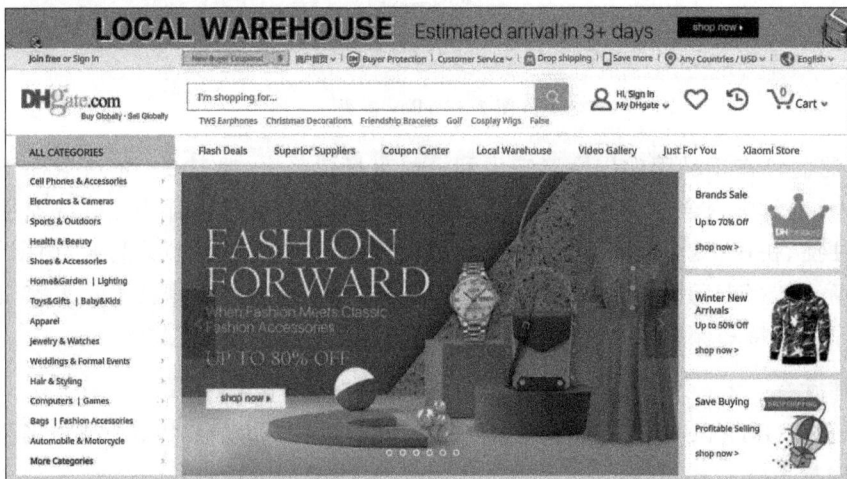

图 2-7 敦煌网首页

跨境电商综合服务平台中的"综合"涉及金融、通关、物流、退税、外汇等代理服务。跨境贸易的链条很长,涉及很多操作环节,传统的中小外贸企业和个体卖家很难理解,工作量极大。综合服务平台的出现可以一站式解决中小外贸企业和个人卖家的外贸问题。这是一个真正为基层服务的平台。在十几年的发展过程中,敦煌网实现了在物流、资金流和信息流三大环节的平台整合。敦煌网采取佣金制,免注册费,只在买卖双方交易成功后收取费用,为在线交易平台型跨境B2B平台。敦煌网提供第三方网络交易平台,中国卖家通过商铺建设、商品展示等方式吸引境外买家,并在平台上达成交易意向,生成订单,可以选择直接批量采购,也可以选择先小量购买样品,再大量采购。并且提供货源、境外营销、在线支付和国际物流、保险、金融、培训为一体的供应链整合服务体系,实现一站式外贸购物体验。敦煌网较早推出了"在线发货"物流服务,通过线上申请、线下发货的方式,简化了发货流程,为外贸商家提供了更为便捷的快递服务,妥投时间为5~7天。而敦煌网综合物流平台DHLink与全球四大物流公司签约,可覆盖190多个国家和地区,DHLink在物流渠道、价格等方面均具有明显优势。

敦煌网的另一优势在于较早推出增值金融服务,根据自身交易平台的数据为敦煌网商户提供无实物抵押、无第三方担保的网络融资服务。虽然速卖通后续也推出类似产品,但时间上晚于敦煌网。敦煌网在行业内率先推出 APP 应用程序,不仅解决了跨境电商交易中的沟通问题和时差问题,而且还打通了订单交易的整个购物流程。

6. 中国制造网

中国制造网创建于 1998 年,是焦点科技股份有限公司旗下具有代表性的 B2B 跨境电商平台,其首页(https://www.made-in-china.com)如图 2-8 所示。中国制造网是境内最早专业从事电子商务开发及应用高新技术的企业之一,主要为中国供应商和全球采购商提供信息发布与搜索等服务,已成为全球采购商采购中国制造产品的重要网络渠道之一。

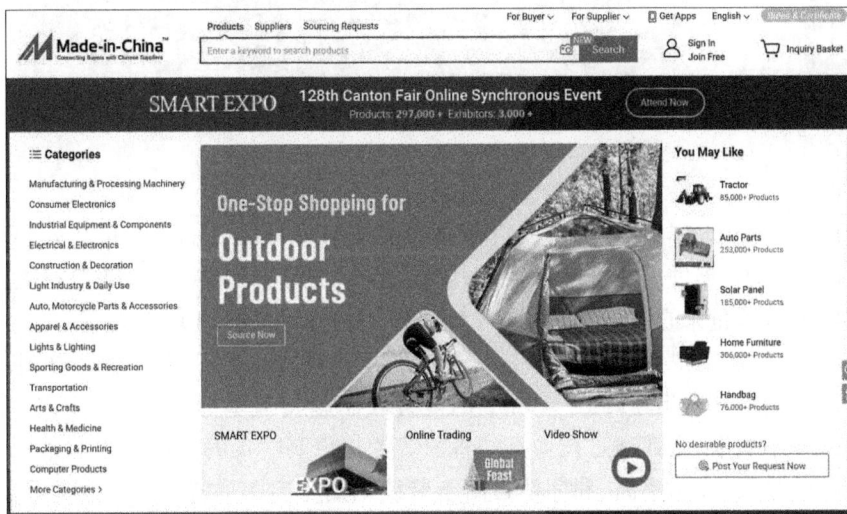

图 2-8　中国制造网首页

2015 年 6 月,焦点科技境外仓储、物流系统成功打通,可在中国制造网上直接提供外贸综合服务,进一步加速了外贸综合服务平台业务的增长。除自建海外展示仓外,公司还积极寻找并购标的,筹建境外销售网络。同时,焦点科技股份有限公司设立了互联网科技小额贷款公司,为中国制造网上的企业提供供应链金融服务。一方面,可以完善公司的产品服务线,增强客户黏性;另一方面,将有效增强公司的盈利能力。

7. 兰亭集势

兰亭集势(LightInTheBox)成立于 2007 年,其首页(https://www.lightinthebox.com)如图 2-9 所示。兰亭集势整合了供应链服务的在线 B2C 企业,拥有一系列的供应商,并拥有自己的数据仓库和长期的物流合作伙伴。兰亭集势以提供境内的婚纱、家装、3C 产品为主,这些产品毛利相对来说比较低,其盈利主要来源于制造成本的低廉与价格差。

兰亭集势的企业宣言是"One World One Market",公司目标是通过创新的商业模式、领先的精准网络营销技术、世界一流的供应链体系,为全世界中小零售商提供一个基于互联网的全球整合供应链。在近期规划上,兰亭集势希望能把多年来精心打造的配送体系、本地化体系、客户支持体系及数据分析系统开放出来,为卖家所用。同时,随着国家对跨境电商的重视与扶持,兰亭集势已经与多地合作,走通了跨境电商出口退税流程,平台商家可享受到跨境电商的出口退税优惠政策。基于现有顾客群和中国产品的特点,兰亭集势的开放平台专注于服装品类,以 15% 分成方式与商家结算,不收取年费。

图 2-9 兰亭集势首页

8. Wish

Wish 成立于 2011 年,其中国区商户平台首页(https://merchant.wish.com)如图 2-10 所示。Wish 于 2013 年进入跨境电商领域,仅仅用了 3 年的时间就成为北美最大的移动购物平台,95%的订单量来自移动端,89%的卖家来自中国。APP 日均下载量稳定在 10 万左右。目前,Wish 注册用户数超过 1.07 亿,月活跃用户达 9000 万,商户数量超过 50 万,让 Wish 在中国跨境电商中迅速蹿红。Wish 的优势在于坚持追求简单直接的风格,不讨好大卖家,也不扶持小卖家,全部通过技术算法将消费者与想要购买的物品连接起来。卖家进驻门槛低、平台流量大、成单率高、利润率远高于传统电商平台。在 Wish 开店不需要租金,卖出物品之后,Wish 收取这件物品的收入(售价+邮费)的 15%作为佣金。与 PC 端展开差异化竞争,利用移动平台的特点,卖家不用以牺牲产品价格来取胜。

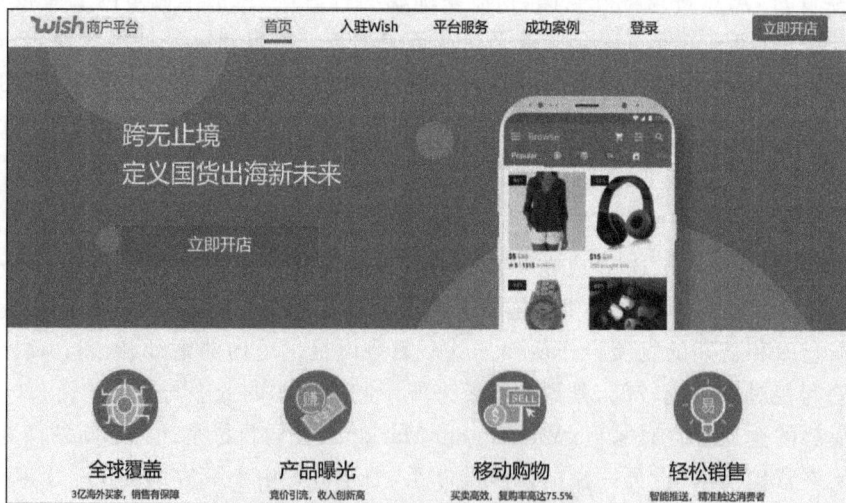

图 2-10 Wish 中国区商户平台首页

9. 唯品会

唯品会成立于 2008 年 8 月,其首页(https://www.vip.com)如图 2-11 所示。唯品会总部设在广州,旗下网站于同年 12 月 8 日上线。唯品会主营业务为互联网在线销售品牌折扣商品,涵盖名品服饰鞋包、美妆、母婴、居家等各大品类。2012 年 3 月 23 日,唯品会在美国纽约证券交易所上市。

图 2-11　唯品会首页

唯品会在中国开创了"名牌折扣＋限时抢购＋正品保障"的创新电商模式,并持续深化其"精选品牌＋深度折扣＋限时抢购"的正品特卖模式。在美国权威财经杂志《财富》发布的 2020 中国 500 强排行榜中,唯品会位列第 108 名。

伴随跨境电商市场竞争日趋白热化,更加完善和优质的服务成为行业突围的利器。为了让唯品会会员在跨境电商的新时代下能够买到更优质的产品、获得更贴心的服务,唯品国际实施了包括针对"正品、精选、价格、服务、规模"五大核心差异化竞争优势的"信赖升级"战略,让消费者足不出户极速享受全球"高贵不贵"的品质生活。

此外,唯品会还积极进行境外办公室和仓储的布局,目前已经完成 11 个境外办公室、18 个大国际货品仓(含海外仓和保税仓)的建设和运营,地区覆盖法国、澳大利亚、韩国、美国等国家和地区。

10.考拉海购

考拉海购于 2015 年 1 月 9 日公测,2019 年 9 月 6 日,阿里巴巴集团宣布以 20 亿美元全资收购考拉海购,至此,考拉海购成为阿里巴巴集团旗下以跨境业务为主的会员电商,其首页(https://www.kaola.com)如图 2-12 所示。2020 年 8 月 21 日,考拉海购正式宣布平台战略升级,全面聚焦"会员电商"。销售品类涵盖母婴、美容彩妆、家居生活、营养保健、环球美食、服饰箱包、数码家电等。考拉海购以 100％正品、天天低价、30 天无忧退货、快捷配送等优势,提供消费者海量境外商品购买渠道,希望帮助用户"用更少的钱过更好的生活",助推消费和生活的双重升级。

考拉海购主打自营直采的理念,在美国、德国、意大利、日本、韩国、澳大利亚等国家或地区设有分公司或办事处,深入产品原产地直采高品质、适合中国市场的商品,从源头杜绝假货,在保障商品品质的同时省去诸多中间环节,直接从原产地运抵境内,在海关和国家检验检疫部门的监控下,储存在保税区仓库。除此之外,考拉上线蚂蚁区块链溯源系统,严格把控产品质量。

图 2-12　考拉海购首页

作为"杭州跨境电商综试区首批试点企业",考拉海购在经营模式、营销方式、诚信自律等方面取得了不少建树,获得由中国质量认证中心认证的"B2C 商品类电子商务交易服务认证证书",认证级别四颗星,是国内首家获此认证的跨境电商,也是目前国内首家获得最高级别认证等级的跨境电商平台之一。

考拉海购较好地解决了商家和消费者之间信息不对称的现状,并拥有自营模式、定价优势、全球布点、仓储、境外物流、资金和保姆式服务七大优势。

(二)跨境电商交易平台差异性分析

不同的电商平台所采用的运营模式不尽相同,但每个平台也都会有一定的模式定位倾向。表 2-2 是依据不同分类标准划分的境内跨境电商交易平台的对比情况。表 2-3 是常见的跨境电商交易平台的对比情况。

表 2-2　境内不同类型跨境电商交易平台对比

分类标准	分类模式	代表企业
产业终端和用户类型	B2C 平台	大龙网、唯品会、速卖通、兰亭集势、米兰网
	B2B 平台	中国制造网、阿里巴巴国际站、敦煌网、环球资源网
服务类型	在线交易平台	敦煌网、大龙网、DX、唯品会、速卖通
	信息服务平台	环球资源网、中国制造网、阿里巴巴国际站
平台运营商	自营型平台	米兰网、大龙网、唯品会、兰亭集势
	第三方开放平台	敦煌网、阿里巴巴国际站、环球资源网、速卖通

表 2-3　常见的跨境电商交易平台的对比

平台名称	成立时间	平台运营	商业模式
速卖通	2010 年	第三方跨境电商平台	交易佣金＋服务费

平台名称	成立时间	平台运营	商业模式
亚马逊	1995 年	第三方跨境电商平台	平台月费＋交易佣金
eBay	1995 年	第三方跨境电商平台	刊登费＋交易佣金
环球资源	1970 年	第三方跨境电商平台	网站＋光盘＋杂志
敦煌网	2004 年	第三方跨境电商平台	交易佣金＋服务费
中国制造网	1998 年	第三方跨境电商平台	会员费＋增值服务费
兰亭集势	2007 年	第三方跨境电商平台	商品经销差价
Wish	2011 年	第三方跨境电商平台	交易佣金
唯品会	2008 年	自营跨境电商平台	商品经销差价
考拉海购	2015 年	自营跨境电商平台为主	商品经销差价

对比兰亭集势、敦煌网及考拉海购三大平台,来看它们的运营模式的差异。

兰亭集势主要的运营模式是向境外个人消费者销售中国本土的商品,以采购及销售产品的中间差价来获取盈利。在收入模式方面,兰亭集势的收入仍以自营的商品进销差价为主。类似 B2C 这类的跨境电商市场正在逐渐发展,且在中国整体跨境电商市场交易规模中的占比不断升高,在未来,C 类跨境电商市场将会迎来大规模增长。

敦煌网主要的盈利模式有两种:佣金收入和服务费模式。敦煌网提供了一个在线交易平台,买卖双方可在该平台上交易,交易成功之后,买家将缴纳一定比例的交易佣金。另外,由于跨境电商国际化,买卖双方对交易中涉及的服务有较高的要求,基于此特点,敦煌网采取收取服务费获利的模式,即向企业提供集约化物流、金融、代运营等服务,并收取一定的服务费。

考拉海购的盈利模式包括自营部分和平台部分,自营部分主要依靠销售产品的进销差价盈利,平台部分主要依靠收取服务费盈利。

二、跨境电商交易平台的发展趋势

在经济全球化及电子商务快速发展的背景下,全球市场跨境网购需求空间巨大,其交易平台也呈现出一些发展趋势,主要表现为移动化、垂直化、本地化和高端化发展。

(一)移动化

中国电子商务研究中心监测数据显示,2015 年移动电子商务市场交易额就已占网络交易总额的 1/4 左右,众多跨境电商发力移动端。从欧美市场来看,移动消费需求巨大,消费者随时随地享受卖家带来的更大的市场机会,而且移动端的交易具有更强的冲动性,因此转化率比传统 PC 端更高,利润也会更高。

(二)垂直化

每一个跨境电商交易平台都有自己的行业优势和忠实的用户群,或者在某个国家或地区具有重要影响力,因此,对特定的产品和用户群来说,对目标市场进行深耕细作是十分重要的策略,也就是在国家或商品品类上垂直细分,将"用户为中心"的精细化管理优势发展到极致,是这类交易平台的特色。目前的交易平台以母婴、美妆、服饰类目最为普遍,例如英国最大的服装 B2C 网络零售商之一的 ASOS(As Seen on Screen)就是交易平台垂直化的表现。

(三)本地化

随着物流配套的持续升级尤其是海外仓模式的兴起,境内众多电商企业都在密集布局境外购物市场,将大宗货物直接备货在境外,消费者享受本地化的物流和退换货服务。未来跨境电商交易将加强本地化服务质量,提升本地业务能力,本地化服务竞争将成为未来跨境电商的关键点。

(四)高端化

全球市场对中国制造的选择逐渐发生转变,不仅看重中国产品的低价,也会从产品的质量、品牌知名度、品牌影响力、信誉程度等多方面综合考量。这种转变一方面显示全球市场对中国制造的进一步认可,且对中国制造报以更高的期望,另一方面也表现出中国跨境电商交易平台未来发展的核心方向。

【课后思考】

1. 试简述跨境电商商务模式的分类。
2. 试分析 3 大跨境电商服务平台的异同。
3. 选择 3 个跨境电商交易平台并比较其异同点。

第二章课后练习

第三章

跨境电商选品

【学习目标】

可以说出跨境电商的选品原则,可以列出常用的数据分析平台及工具,可以利用亚马逊、速卖通平台的数据进行选品分析,学会如何进行产品品牌定位,可以利用产品价格制定方法。

【章节纲要】

本章通过四节阐明跨境电商选品的重要性。第一节利用跨境电商的选品原则进行选品分析,同时运用数据分析平台及工具进行市场分析,做好前期市场调查和数据分析,结合自身实际,准确做好市场定位。第二节重在进行市场分析,实时观察流行趋势,利用 Google Trends(谷歌趋势)、Google Global Market Finder(全球商机洞察)等了解到产品的相关市场信息,从而确定品牌产品定位。第三节主要讲述如何建立好的跨境电商品牌并扩大其影响力,以及如何选择合适的品牌供应商。第四节主要讲述产品的定价问题,产品的定价不仅是店铺的销量与利润的来源,同时也是一个产品能否生存(成功)的关键。通过不同的定价方法(目标定价法、需求定价法、成本定价法、竞争定价法)找准定位,准确选品。

第一节　选品分析

开店重要的就是要有好货源,特别是对于新手卖家而言,货源就如同水源,只有选好了货源,才能不断为店铺注入新的活水,带来好的发展前景。因此,做好市场调研,对店铺有一个明确的认识,从而选择合适的货源,打造合适的品牌定位,并根据所选择的货源及品牌定位制定合理的价格,这些都是成为一名成功跨境电商卖家的关键。

选品过程不可只靠个人主观判断,应有市场调研、数据分析作为客观依据。影响店铺销量的因素很多,其中选品是不容忽视的一个重要环节。一个店铺如果想要有流量、曝光度和下单量,就一定要认真做好选品工作。

选品不仅仅是选择产品本身,更是选择产品的目标消费人群、利益点、产品特性、产品所处行业特性及产品价格可比性等。所以,对企业、经销商而言,选择产品至关重要。选品原则和方法具体如下。

一、选品原则

选择产品需要从产品特性、目标市场环境、供应链(货源)、物流(配送)、店铺定位等五大方面考虑。

跨境电商
的选品流程

跨境电商
的选品原则

（一）选品最重要的是充分认知产品特性

选品一定要了解你产品的目标消费群、产品利益点、利益属性、产品定位层次等。只有对产品的特性有充分透彻的研究，才能进行准确地对产品进行定位。如在商品详情设置时突出产品的优势和卖点，提高成交率。

首先，选择有消费实力的目标消费群。分析产品属性首先要分析这个产品卖给谁。例如，很多老年人一辈子勤俭节约，是不舍得花钱的一个群体，很难"撬动"他们的钱袋。如果产品的目标消费群体是这样一个群体，启动市场成功率太低，即使启动成功，付出的代价也会很高。但是，要注意消费群体和使用群体是不一样的概念。例如"拐杖"的使用群体是老年人，消费群体很可能是他们的子女或儿孙们。而且"拐杖"往往是"即搜即买"，不会说先加入购物车，等"双十一"再买，所以要注意区分使用群体和消费群体。

其次，分析产品利益点在消费者心中的迫切性。消费者购买产品，主要是该产品所能带来的好处，即产品利益点。产品利益点的需求程度一般有 3 种，即迫切需要型、一般需要型和可有可无型。迫切需要型是首选产品，一般只要方向正确，在进行市场推广时很容易启动市场，且付出代价相对较少。

最后，分析产品的心理属性与利益属性。产品的心理属性有 3 种，即感性产品、理性产品及介于感性与理性之间的产品。感性产品是指消费者不需要深思熟虑即可达成购买的产品，如小零食、饮料和一些价值较低的产品。理性产品是指消费者的消费心态很谨慎、需要经过深思熟虑才会做出购买的，以及一些价值较高的产品，如药品、汽车等。根据产品利益属性可判断该产品属于长线产品还是短线产品。如果实力一般的企业一般选择短线的感性产品以获取原始资本的快速积累，如果实力相对较强的企业可以考虑一些长线理性产品从容发展。

（二）判断目标市场环境和流行趋势

判断目标市场环境和流行趋势时要注意产品价格可比性、品牌偏好、行业阶段、市场竞争对手及市场环境等。

选择价格可比性相对小的产品。产品价格的可比性是一个很有意思的现象。有的产品在消费者心目中价格定位非常明确，即消费者认为这种产品就这个价，你想多加一点也无法被消费者接受，如纯净水、碳酸饮料。而有些产品在消费者心中没有固定的价格定位，多一点少一点不会过多影响消费者决策。选择一个无价格可比性的产品要比一个有价格可比性的产品容易推广。

选择品牌偏好相对小的产品。如果消费者对某类商品已经有很强的品牌偏好，那么对于新进入的产品就有了很强的阻碍。新进入者试图从既有的偏好认知中"挖墙脚"是很困难的。

选择市场体量大且竞争对手相对较弱的产品。那么，如何判断某一类商品市场体量大且竞争对手相对较弱的产品。以淘宝、天猫平台为例，第一步，搜索某一类商品关键词，并按销量从高到低排序。第二步，查看前 4 名或 8 名的月销量合计，判断市场体量。第三步，第 1名的消费除以第 44 名（淘宝搜索一页共展示 44 项产品）的销量，计算倍数差，倍数差越大，说明这个产品市场竞争越不充分。第四步，计算前 44 名中天猫店的占比，或者利用"生意参谋"数据分析工具获取天猫店销量占比,天猫店占比越低,这个市场竞争相对越弱。

分析产品所处的行业阶段。一个行业一般的市场发展会经历混沌期、启蒙期、跟风期、混战期、平定期等。混沌期,即本行业的市场推广与竞争都处于粗放状态,大家的竞争意识普遍不强,产品、包装、价格、广告、品牌还处于混沌状态。启蒙期,即开始出现品牌意识,并着手从各个方面整合产品与品牌资源。由于竞争对手普遍较弱,启蒙者系统化的市场推广可迅速产生巨大效果,并迅速与竞争对手拉开距离。在启蒙者前期巨额市场利益的刺激下,大批竞争对手纷纷觉醒,开始强化竞争力,有计划有步骤地系统推广,行业就进入了跟风期。由于跟风者越来越多,竞争越来越激烈,整个市场竞争进入了不计成本厮杀的阶段,行业发展进入混战期。经历了一番混战,大批没有实力或运作不当的企业被淘汰出局,剩下几个行业领导者瓜分市场,由此行业进入介入门槛较高的平定期。

要关注目标市场文化背景和流行趋势。世界各地区买家的生活习惯、购买习惯、文化背景都不一样,一件商品不可能适合所有地区的买家。比如,针对欧美市场的服装应该比针对亚洲市场的大几个尺码;针对巴西市场的饰品应该选择夸张且颜色鲜艳的款式。所以在选品之前,要先研究目标市场的买家需求,了解他们的消费习惯和流行趋势。

(三)判断供应链和货源优势

满足以上条件的情况下,还需要考虑自身是否有货源优势。对于初级卖家,如果其所处的地区有成规模的产业带,或者有体量较大的批发市场,则可以考虑直接从市场上寻找现成的货源。在没有货源优势的情况下,再考虑从网上寻找货源。对于有一定销量基础并且已经积累了销售经验的卖家,能够初步判断哪些商品的市场接受度较高时,可以考虑寻找工厂资源,针对比较有把握的产品,少量下单试款。对于经验丰富并具有经济实力的卖家,可以尝试先预售,确认市场接受度后再下单生产,这样可以减少库存压力和现金压力。

(四)适应跨境电商的物流运输方式

跨境电商的物流具有运输时间长、不确定因素多的特点,尤其不可忽略产品在营销区域范围及当前物流配送体系中的一些限制,特别是跨境电商,涉及海关、商检,一些特殊的品类还涉及很多主管部门。在运输途中可能出现天气突变、海关扣留、物流周转路线很长等状况。不同国家和地区的物流周期相差很大,最快的4~7天送达,慢的需要1~3个月才能送达。在漫长的运输途中,包裹难免会受到挤压、抛掷等损害,也可能经历从冬天到夏天的温差变化。

所以,选品时要考虑产品的保质期、耐挤压程度等因素;由于跨境物流费用高,选品时也要考虑相应重量和体积所产生的物流费用是否在可承受范围内;还要考虑政策的统一性和稳定性,否则可能会出现无法配送到位的问题,从而影响卖家的信誉和出现物流费用过高的情况。

(五)选品要与网店定位一致

选择商品时,首先考虑的因素是要与商店的定位一致。比如商品定位是化妆品店,就需要选择以化妆品为主要类目的商品,包括护肤品(保湿水、保湿霜等)、彩妆品(唇膏、眼影、睫毛膏、粉底等)、化妆工具(腮红刷、眼影刷等),这样有利于树立店铺专业化的销售形象,彰显网店明确的市场方向。但如果在化妆品店出售高跟鞋,就有些不伦不类,影响店铺的整体定位。

二、选品方法

选品方法我们结合速卖通平台来介绍,速卖通的选品方法主要侧重于分析"选品专家"的数据,以行业为维度,提供行业下热卖商品和热门搜索关键词的数据,让你能够查看海量丰富的热卖商品资讯并多角度分析买家搜索关键词。你可以根据选品专家提供的内容调整产品,优化关键词设置。

(一)热销产品词

卖家可以根据行业类目和时间范围选择需要查看的行业。选择行业后可以查看该类目的热销词排行。速卖通热销词排行使用气泡图呈现,其中气泡的大小表示销售热度,气泡越大,该产品销量越高。

(二)热搜产品词

卖家还可以根据自己所选择的行业查看此行业的热搜关键词。选择行业后可以查看该类目的热搜词排行。速卖通热搜词排行使用气泡图呈现,其中气泡的大小表示销售热度,气泡越大,该产品销量越高。

第二节 市场分析

随着经济全球化及互联网的高速发展,消费者网络购物的优点变得更加突出,日益成为更加重要的购物形式。但商品的同质化现象和价格冲突等矛盾是卖家需要解决的一大难题。因此,做好前期市场调查和数据分析,结合自身实际,准确做好市场定位,才能事半功倍。

市场调研的形式有很多,这里选择对初级卖家容易操作的方式进行介绍。主要调研手段是通过互联网收集现有的数据和信息,经过分析判断后得出结论。

一、行业分析

许多跨境电商网站都有行业情报模块,通过此模块可以更好地了解和分析行业现状。例如速卖通的"行业情报"就包含了"行业概览"和"蓝海行业"两个子模块,可以帮助卖家了解某个具体行业的概况,并选择一个具有发展潜力的行业。下面通过速卖通平台来详细介绍行业情报模块。

(一)行业概览

1.行业概览分析步骤

行业概览主要包括行业数据、行业趋势及行业国家分布3个模块,有助于了解你希望知道的行业的具体数据。下面通过速卖通平台来详细介绍行业概览模块。

步骤1:进入"我的速卖通",选择"数据纵横"菜单,在左侧的"商机发现"标签,单击"行业情报",选择"行业概况"选项。

步骤2:可通过下拉菜单选择行业及产品类目,并且选择一个时间段(最近7天/30天/90天)。

步骤3:根据搜索,可了解这个行业的相关数据及周涨幅情况。

步骤4:行业趋势包括"趋势图"和"趋势数据明细"两部分,单击"趋势图"按钮,可以查看选择行业在某个相对时间段内的数据趋势情况,可以分别单击"访客数占比""在售商品数""商品售出率""卖家成交率""供需指数"等查看相关趋势图,了解各指标的相关走势,帮助卖家了解行业目前发展趋势。

另外,如果想把不同行业之间的数据进行对比研究,可以在下拉菜单中选择2个或3个行业进行对比,查看各行业的指标趋势。

步骤5:单击"趋势数据明细"按钮,可以了解所选行业每天的数据情况,并且可以下载最近30天的原始数据,帮助卖家进一步分析该行业。

步骤6:在"行业国家分布"板块,可以从成交额及访客数了解所选择行业在不同国家(地区)的需求分布情况,这对卖家在商品发布和运费设置时有一定的参考作用。

2.重要指标

(1)成交额占比:统计时间段内行业支付成功金额占上级行业支付成功金额比例。一级行业占比为该行业占全网比例。

(2)成交订单数占比:统计时间段内行业支付成功订单数占上级行业支付成功订单数比例。一级行业占比为该行业占全网比例。

(3)商品售出率:在售商品中商品售出比例。

(4)访客数占比:统计时间段内行业访客数占上级行业访客数比例。一级行业占比为该行业占全网比例。

(5)浏览量占比:统计时间段内行业浏览量占上级行业浏览量比例。一级行业占比为该行业占全网比例。

(6)在售商品数:统计时间段内行业下在售商品总数均值。

(7)卖家成交率:统计时间段内行业下有成交且有上架产品主卖家数。

(8)供需指数:统计时间段内行业下商品指数/流量指数。该值越大,竞争越激烈。该值越小,竞争越小。

(二)蓝海行业

蓝海是指未知的、有待开拓的市场空间。蓝海行业是指当前竞争对手相对较少,买家需求大于供给,充满商机的行业。但蓝海行业是相对于红海行业而言的,红海行业是指竞争非常激烈的行业,随着时间的推移,蓝海行业也有可能成为红海行业,因此,积极寻找蓝海行业,占据先机,有利于卖家赢得更大的发展空间。下面通过速卖通平台来详细介绍行业此模块。

步骤1:单击"蓝海行业"按钮,下拉选择时间段(最近7天/30天/90天),可看到一级行业蓝海程度的排行,越蓝代表行业内竞争越不激烈,卖家将有更大的竞争优势。

步骤 2：单击所希望了解的行业的圆圈，可以查看该行业的流量、交易、售出率及供需指数等。

步骤 3：单击"查看行业详情"按钮，会进入对应的"行业趋势"界面，有利于卖家研究更加详细的相关数据。

需要注意的是，"蓝海行业"的产品不一定竞争都较弱，因为一个行业产品类目太多，一些行业的子行业竞争也比较激烈。因此，在定位时，速卖通的"行业情报"数据只能作为决策的参考工具之一，还应结合其他的因素进行市场定位。

二、跨境电商平台数据观察

多浏览跨境电商平台，如亚马逊、eBay、Wish、兰亭集势、敦煌网等。考察在这些跨境平台上各行业类目及产品销量情况、产品详情等的设置。观察跨境电商平台的买家界面，可以收集到有助于选品的信息，为卖家店铺的市场定位做参考。下面用亚马逊和速卖通平台作为例子进行介绍。

（一）亚马逊平台数据

在亚马逊平台上可以选择"Best Sellers"对热销产品的相关信息进行观察。操作步骤如下。

亚马逊
选品技巧

（1）打开亚马逊平台首页，找到需要查看的类目，如图 3-1 所示。

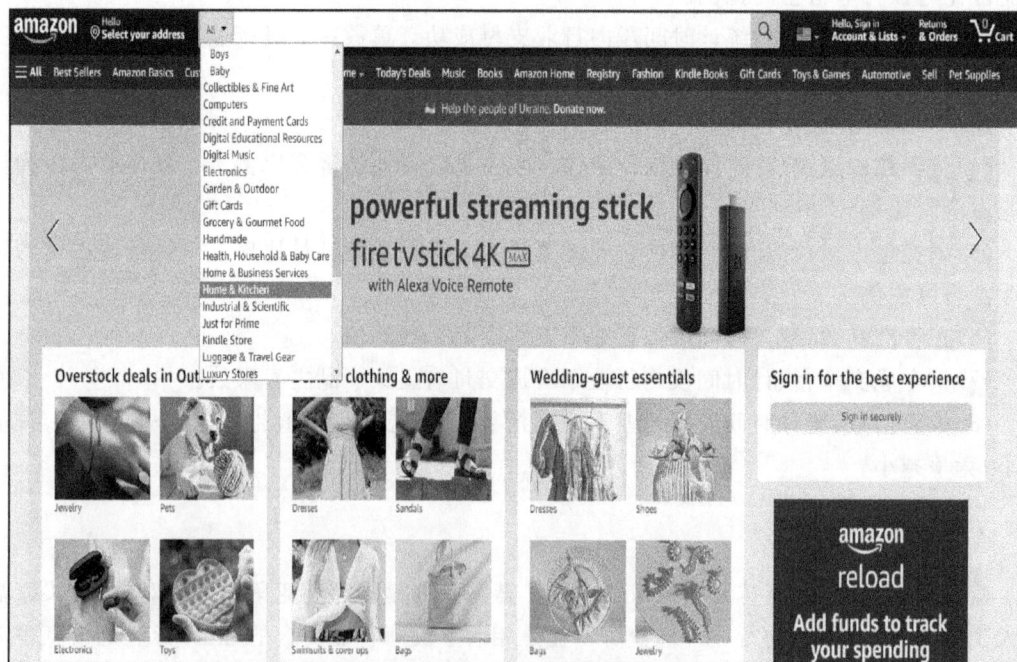

图 3-1 亚马逊产品类目展示页面

（2）选择"Best Sellers"，如图 3-2 所示。

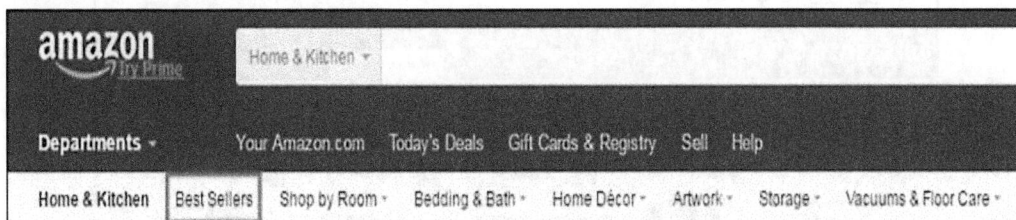

图 3-2　在亚马逊网站搜索热销产品

（3）在"Best Sellers"里面显示的是这个类目下的热销产品，如图 3-3 所示。

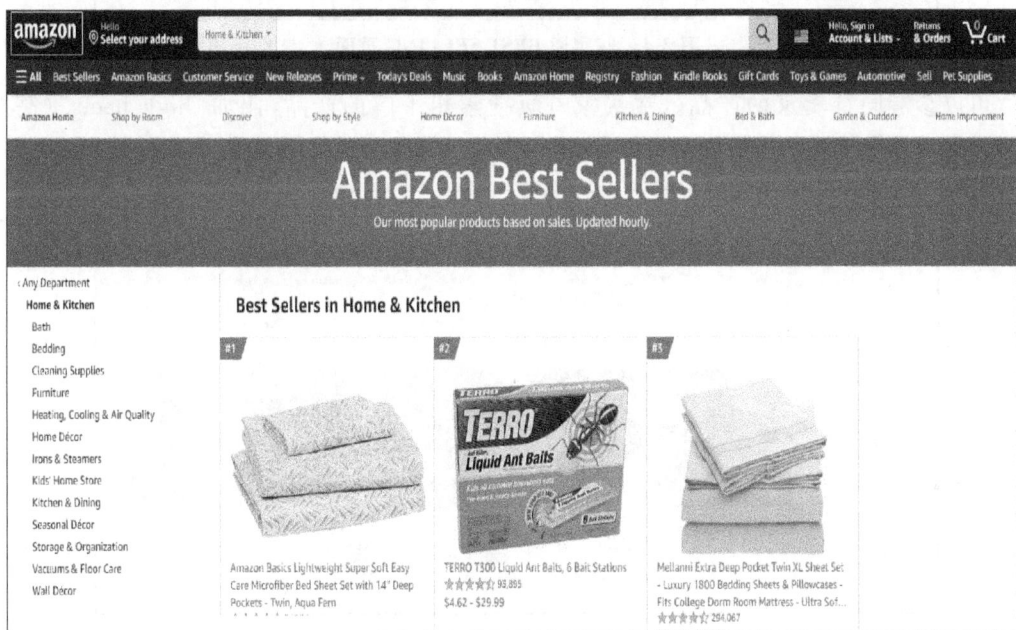

图 3-3　亚马逊热销产品

①Hot New Releases：热门新品榜单，每小时更新一次数据。

②Movers & Shakers：一天内销量上升最快的产品，通过这个数据可以寻找潜力产品。

③Most Wished For：愿望清单，买家想买但是还没买的产品，一旦愿望清单里的产品降价了，平台就会主动发通知给买家。

④Gift Ideas：最受欢迎的礼品，如果你的产品具有礼品的属性，可以关注这块信息，这些数据会每日及时更新。

针对不同国家（地区）的市场，热销商品会有所不同，亚马逊在不同国家和地区有不同的站点链接。

（二）速卖通平台数据

"BEST SELLING"频道收集了最新热门产品和每周热销产品，可以按照经营类目查看热门产品排行，如图 3-4 所示。

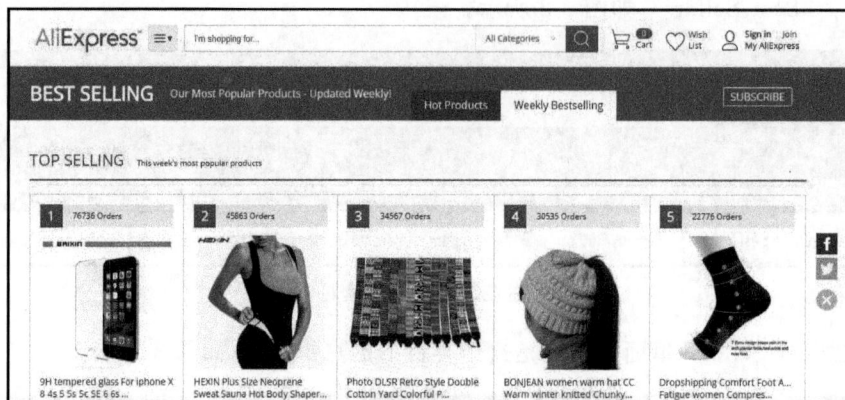

图 3-4 速卖通 BEST SELLING 页面

可以参考同行卖家的产品。在买家首页搜索想了解的产品,比如"high heels"(高跟鞋),以订单降序排列,查看目前平台上高跟鞋类目下销量好的产品信息,如图 3-5 所示。

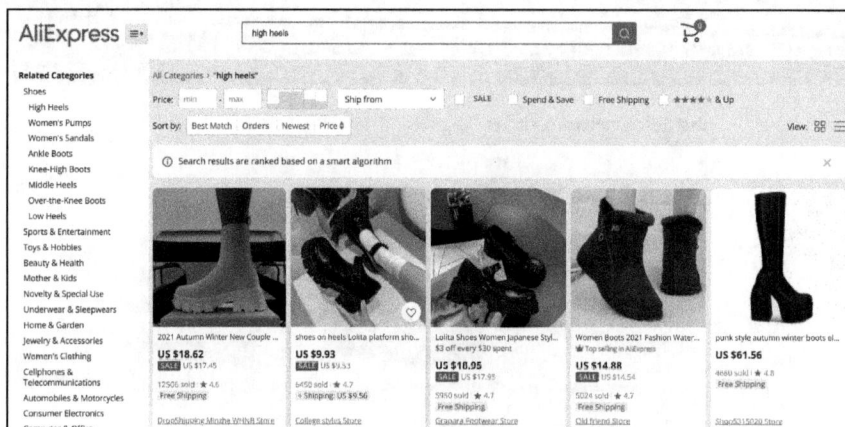

图 3-5 速卖通鞋类热销产品

三、常用数据分析平台

除了从跨境电商平台买家页面观察外,还可以通过跨境电商平台卖家后台所提供的数据,或者第三方数据分析平台提供的数据了解到产品的相关市场信息。

(一)Google Trends(谷歌趋势)

Google 搜索对于跨境电商卖家来说是很实用的工具。在 Google Trends 里可以看到每个关键词的搜索趋势,可以根据其升高或降低来判断产品最近的销售趋势。

下面我们以"wedding dress"为例解释 Google Trends 的使用方法。

如图 3-6 所示,搜索"wedding dress"关键词,可以看到在过去一段时间内该关键词在全球被搜索的趋势变化。图中曲线显示,过去 5 年时间"wedding dress"被搜索量没有明显的变化,但是随着季节的变化有明显的起伏规律。可以确定全球市场对婚纱的需求是稳定的,而且会集中在天气温暖的几个月份。

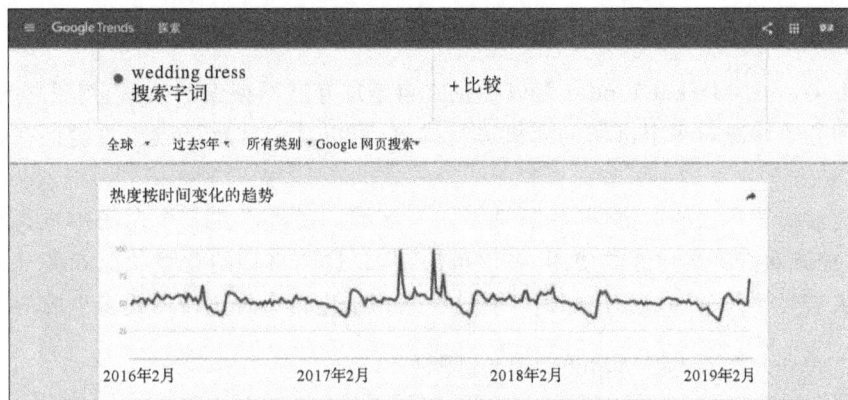

图 3-6　"wedding dress"全球搜索趋势

　　Google Trends 还会显示不同国家(地区)的搜索热度,卖家可结合相关国家(地区)的具体情况来具体分析。

　　接下来我们可以从"Google 购物"维度来观察婚纱的网购趋势。

　　如图 3-7 所示,在"Google 购物"数据趋势中,2015—2017 年搜索量有明显的上升,结合这段时间全球跨境电商交易量的迅速上升,以及智能手机的普及率的快速上涨,可以基本判断出通过网络采购婚纱的买家数量会持续增长。

图 3-7　"wedding dress"全球搜索热度

　　从图 3-8 中看到英国、美国、澳大利亚的搜索量最高,假设我们把主要目标市场锁定为美国,接下来可以具体观察美国市场的数据情况。

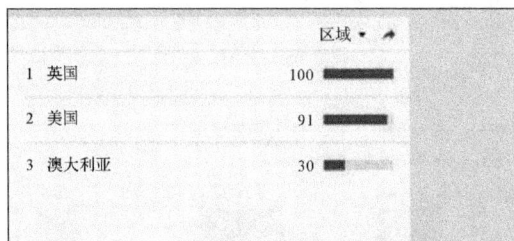

图 3-8　"Google 购物"搜索量

　　和婚纱类目相近的还有晚礼服类目,在判断选婚纱还是选晚礼服作为主要销售款时,可以通过对比关键词来了解哪种产品的市场需求量更大。

（二）Google Global Market Finder（全球商机洞察）

Google Global Market Finder 可以提供来自全球互联网搜索的数据，按照总的搜索量、建议出价和竞争状况对每个市场的商机进行排序，可以从全球范围收集关键词在各地区的表现情况。

输入能够描述产品的关键词，然后选择一个区域。还可以在多个市场中进行选择。通过 Google 全球商机洞察功能的使用，可以解决诸如"这个市场的竞争状况如何""该地区对产品的需求与另外一个区域相比如何""在这个新市场进行广告宣传需要多少成本"等问题。

（三）Watch Count 和 Watched Item 网站

Watch Count 和 Watched Item 是 eBay 的两个搜索分析网站，可以查看在 eBay 平台上受欢迎的产品。搜索结果如图 3-9 和图 3-10 所示。

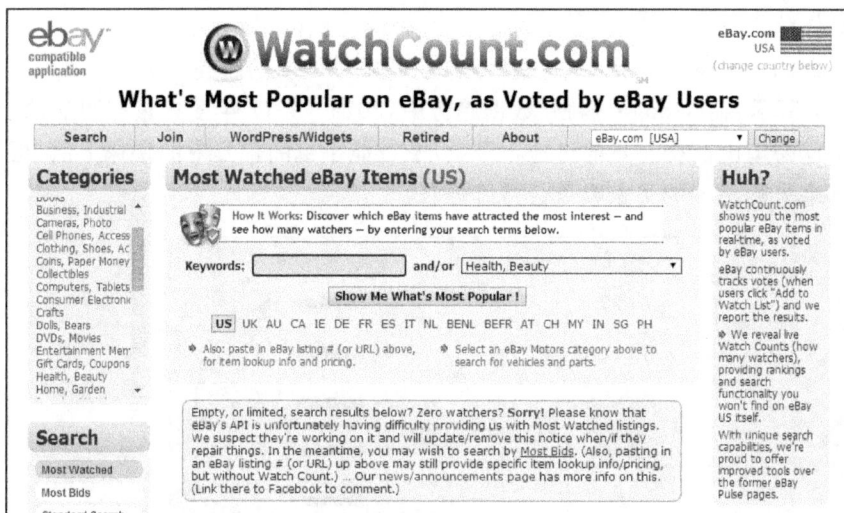

图 3-9　Watch Count 搜索

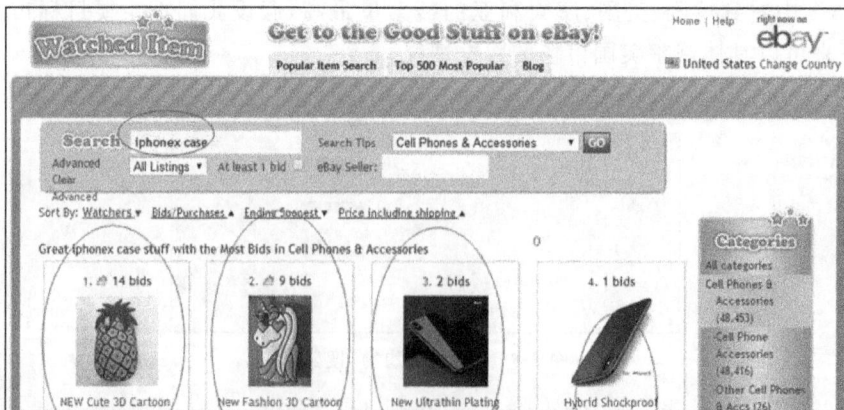

图 3-10　Watched Item 搜索

（四）Terapeak

在 Terapeak 上可以查到关于 eBay 平台的产品销售数据。

首先，可以了解热销产品的类目情况。如图 3-11 所示，点击"Hot Research（热门调研）"，列表中出现被热搜的关键词，以及关键词所在的类目和销售数据。从这些数据中可以观察到哪些是热销产品，哪些是热销类目。

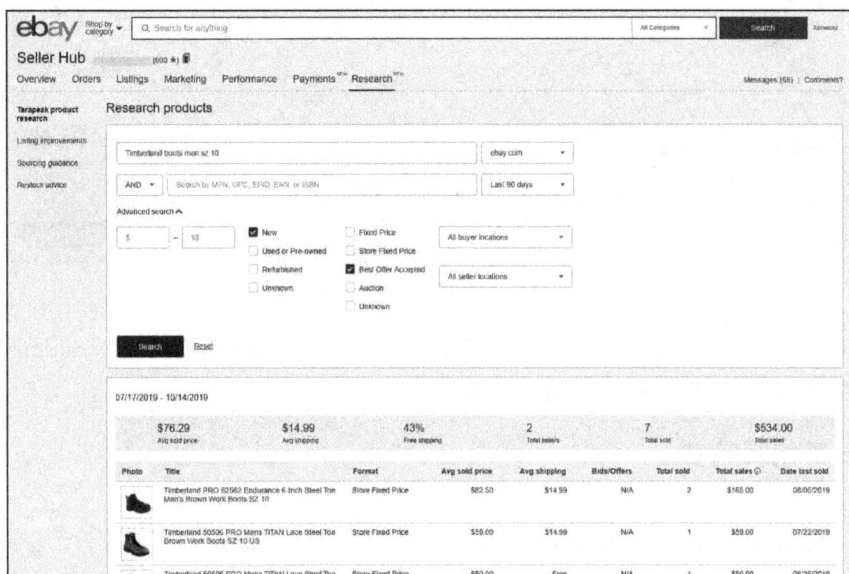

图 3-11　Terapeak 平台销售数据

然后，进一步了解自己经营的类目情况。如图 3-12 所示，搜索"dress"关键词，列表中出现涵盖 dress 关键词的搜索情况及销售数据，在这里可以看到不同的物品类别名称在成交率、均价、销量数量上的数据明细。eBay 针对不同国家（地区）有多个站点，可以分站点查看不同地区的搜索情况。

图 3-12　"dress"关键词的搜索情况及销售数据

最后,进行具体的产品调研。单击"Research",选择"Product Research",输入要查询的关键词"wedding dress",同时选择要查询的时间段。如图 3-13 所示,选择了过去 30 天时间的信息查询。

图 3-13 "wedding dress"产品调研

根据上面的查询条件显示出结果,还可以进行详细的数据查询,例如"wedding dress"关键词产品在过去 30 天时间的详细销售数据。

四、观察流行趋势

(一)观察其他国家的本土电商网站

1. 美国电商网站

除了本书中讨论的几大电商平台外,美国有一些以线下大型实体店为基础并向电商发展的平台,这些平台也是美国买家的主要网购平台。

(1)Walmart:沃尔玛百货,美国最大的线下零售商,是经营连锁折扣店和仓储式商店的美国跨国零售公司。

(2)Best Buy:百思买,美国跨国消费电子公司,专注消费类电子产品。

(3)Macy's:梅西百货,美国中档连锁百货公司,以消费类产品为主,涵盖产品的种类丰富。

(4)Sears:西尔斯,美国著名的连锁百货公司,和梅西百货类似。

2. 俄罗斯电商网站

(1)Ulmart:俄罗斯最大的电商平台,成立于 2008 年,销售 12 万种商品,囊括家电、手机、电脑、汽配、服装、母婴、家装、图书等品类。

(2)Ozon:俄罗斯老牌电商平台,1998 年上线,在线销售图书、电子产品、音乐和电影等。

(3)Widerries:时尚类电商平台,成立于 2004 年,是俄罗斯本土的鞋服及饰品在线销售平台。

(4)Citilink:3C 家电电商平台,成立于 2008 年,为客户提供数码下载、电脑、3C 家电等产品。

(5)Lamoda:时尚服装电商平台。

3.巴西电商网站

（1）Mercadolivre：巴西本土最大的 C2C 平台，利用好这个平台有利于了解巴西各类物价指数、消费趋势、付款习惯等市场信息。

（2）Americanas：巴西本土的连锁零售商店，1999 年成立于里约热内卢，目前该公司在巴西的 25 个州及首都巴西利亚拥有 860 家实体商店。

4.西班牙电商网站

Elcorteingles：西班牙最大的百货集团，同时也有电商平台，在这里可以看到一些西班牙本土品牌的产品。

5.法国电商网站

（1）Cdiscount：法国排名靠前的购物网站，拥有 1600 万买家，平台经销范围涉及文化产品、食品、IT 产品等诸多品类，商品销往南美、欧洲、非洲等地。

（2）Fnac：法国老牌的图书和电子产品零售商，拥有数百家实体店。

（3）Priceminister：欧洲地区流量较高的电商平台，总部在法国，主营 3C、时尚产品及家居品类等。

（4）La Redoute：乐都特，法国时尚品牌，1995 年开始从事网络销售，现覆盖 120 多个国家（地区），拥有 70 多个品牌。

（二）通过 SNS 平台了解流行趋势

SNS（social networking service，社交网络服务）网站通常是信息发源地，各领域的最新信息和流行趋势都会最先在 SNS 网站上开始传播，卖家可以在境外流行的 SNS 网站上关注行业相关意见领袖和热门话题，通过观察发掘潜在商机。比如时尚达人经常会分享最新的设计款式，这些设计款式可能会在未来的 3 个月到两年时间内逐渐在不同国家（地区）开始流行，卖家通过判断可以提前预备相关产品。下面介绍 3 种可能会出现销售商机的流行趋势。

1.电影流行趋势

关注院线未来一年的上映计划，尤其是好莱坞出品的影视作品，选出观众期待较高的电影，这些电影很可能会带动一股文化潮流，卖家可针对这些电影里的热门元素提前开发周边产品。但是在开发电影周边产品时要注意不可产生侵权行为。

2.时尚博主流行趋势

做时尚产品的卖家要多关注 Instagram 和 Pinterest 等 SNS 网站，寻找符合自己品牌风格的时尚博主、影视明星进行关注，其穿着或者关注的话题，很可能会引起普通消费者的跟风，引领某种潮流。

3.大型文体活动流行趋势

体育比赛和走秀节目都可能带来流行趋势的购买热潮，以下推荐几个值得卖家关注的大型活动。

全球性体育赛事都会引起阶段性的流行趋势，比如奥运会和世界杯足球赛。四年一次的世界杯是全球球迷狂欢的日子，这个时期球赛周边产品销量直线上升，比如 2010 年南非世界杯期间中国产的"呜呜祖啦"这种商品爆卖。

又如在美国的超级碗（Super Bowl）是美国国家美式足球联盟（也称为国家橄榄球联盟）的年度冠军赛。超级碗被称为美国的"春晚"，美国大牌的演艺明星都会在超级碗演出，是美国收视率最高的电视节目。

各个国家（地区）每年都会有很多的明星演唱会，也会带动周边纪念品的销售。

五、实地考察

如果情况允许，卖家可以到境外市场进行实地考察，这是较为准确的一种市场调查方法，可以真实地调研当地网购的行业分布情况及产品类别。但此渠道的调研前期花销较大，需要一定的资金支持。总而言之，只有对市场进行专业的数据分析，对商品有一个全方位、多层次的了解，卖家才能对店铺进行准确的市场定位，才能在市场中占据有利份额，开拓发展空间。

第三节　产品品牌定位

2016年4月14日，速卖通官方宣布速卖通平台全面实施商品的商标化，有部分类目不允许无商标商品存在，这部分类目的商家在2016年6月30日后将不能继续发布无商标的产品。速卖通一条新政再一次加速了平台从C2C转型到B2C品牌化的进程。速卖通称未来速卖通平台的结构是"企业卖家＋品牌化的商品"。2016年，速卖通全面宣布转型到跨境B2C平台，推出了三道新政，分别是"年费""企业资质""品牌资质"，而品牌化一直是速卖通2016年全力推动的重点，在速卖通的品牌化推进过程中，它除了利用阿里系的生态优势从天猫导入优质的品牌资源外，还向境外优质的品牌企业发出进驻邀请，最具标杆性的事件是，速卖通和全球科技界的巨头英特尔的合作。通过跟世界级别的科技品牌合作，速卖通提升了自己平台的品牌定位。作为中国最具影响力的跨境进口电商平台之一，速卖通如此激进地追求跨境电商的品牌化，在业内引起了各种议论，有赞誉也有质疑，但是速卖通的全面品牌化战略正是速卖通为了顺应跨境电商3.0时代，通过品牌化提升客户购物体验采取的有力措施。

一、建立品牌影响力

这是一个内容传播为王的时代，现在的互联网品牌传播不仅仅是对消费者进行简单的说服和宣传，品牌的建立和传播更多需要与消费者进行互动，实现价值认同和信任，这才是品牌传播，特别是跨境电商品牌传播的真谛！

那如何建立自己的跨境电商品牌呢？建立好的跨境电商品牌需要从下面几个基本要素出发：建立品牌英文名称，并且进行境外商标注册；品牌的VI（visual identity，视觉识别）设计；品牌受众精准定位；品牌的核心诉求；品牌的有效传播。下面就前两个要素做详细的介绍。

（一）建立品牌英文名称

关于商标取名的方法有很多，互联网上也有很多介绍。跨境电商的市场在境外，故应该抓住下面几个核心点:简单,关联产品关键词,没有知识产权争议,符合目的地的风俗习惯。简单是互联网创业最常规的优点,简单就更容易被消费者记住,比如跨境电商品牌"CTS"取英文品牌"CrossTheSea"的首字母。没有知识产权争议这点非常重要,因为很多跨境电商卖家在取名字的时候喜欢仿名牌或者傍名牌,其实后期这在电商平台销售的风险非常大。符合目的国(地区)的风俗习惯非常重要,比如有些国家(地区)对于某些词语是忌讳的,所以品牌名称的选择应该做详细的调研,结合多方面的意见和建议。关于英文品牌的境外注册,目前中国有很多境外商标代理机构,速卖通也为了平台的品牌化在操作平台开拓了商标注册的"创新保"功能,给平台卖家提供一站式境内、境外商标注册指导服务。另外,好的品牌最好还要有品牌故事,这样有利于后期的内容传播。

(二)品牌的 VI 设计

品牌的 VI 系统设计非常重要,因为 VI 设计会让客户真正记得你的产品,并且印象深刻。品牌的 VI 设计已经成为一门学科,跨境电商的 VI 设计主要表现在跨境电商店铺中,包括一整套的 logo(标志)、图片的形象展示、商品描述的展示、商品的包装设计,其中最重要的就是商品的包装设计,因为包装直接影响客户的购物体验,特别是对欧洲和美国的消费者来说。就这几年跨境电商品牌 VI 设计的趋势来说,最好的 VI 设计既能让境外客户接受又具备中国的文化元素,通过一整套的 VI 设计,最终让你的品牌形象立体地展现在你的跨境店铺内。还有,对于互联网传播来说,品牌的口号也非常重要,比如,阿里巴巴"天下没有难做的生意",新浪"一切从你开始"等都是家喻户晓的品牌口号。品牌口号也是 VI 设计的一个核心环节,表达着品牌的价值观,是用来说服客户的独特的概念,在品牌建立的后期最好通过讲述故事的方法传播品牌的价值观,这也是目前互联网公司最常规的做法。

二、选择品牌供应商

很多跨境电商企业选择供应商的时候,考虑现在跨境电商平台全面转型到 B2C 和品牌化的现状,一般都会要求供应商拥有品牌,但是如何选择品牌供应商也是有很多技巧的。目前拥有品牌的供应商一般有下面 3 种情况。

(一)境内的贸易商家

目前跨境电商选择供应商的首要渠道就是阿里巴巴集团的 1688 批发平台,在这个平台大家接触最多的是贸易商家,这些贸易商家一般都有自己的品牌,但是他们没有自己的生产企业,都是代理其他企业的品牌。这类品牌供应商的优势比较明显,服务会比一般供应商更专业更优质,同时有融合优势,品牌贸易商往往会有很多品牌的代理,这样对于初创型跨境电商企业来说,选择品牌贸易商家也是不错的。

(二)工厂代工贴牌企业

第二类品牌供应商就是工厂代工贴牌企业,这类工厂在江浙一带非常普遍,它们在传统外贸时代长期给境外客户做 OEM(original equipment manufacture,原始设备制造商)订单生产。2008 年开始,传统外贸不景气,再加上电商平台倡导,它们一般都会注册一个商标,但这类工厂的特征是品牌等于商标,没有任何影响力,没有任何的推广和宣传。这类工厂的优势在于规模化生产后价格往往比较低,但是在产品研发和品牌定性上有短板,选择这类品牌供应商,跨境电商企业一定要深入了解和调研后再做决定。

(三)真正的品牌商家

这类品牌供应商是最值得跨境电商重视的供应商企业。它们的特点是拥有自己的研发团队,有自己的生产线,它们的品牌绝对不仅仅局限于商标,还有自己的文化、自己的情怀、自己的稳定客户群体,但由于这类企业品牌已经建立起来了,价格往往会比非品牌企业要高,很多初创型跨境电商企业往往就此放弃这类供应商。其实对于跨境电商运营者来说,抓住优质的品牌商家,你的跨境创业就成功了一半,因为跨境创业的核心就是商品和供应商的支撑。真正的品牌商家的核心优势是长期优势,品牌企业的产品质量好,市场口碑好,这有利于店铺的成长,通过这样的品牌营销会增加客户黏合度,最终在营销推广成本上反而是最节省的。

三、品牌策略案例

(一)新兴市场的品牌策略

我们通过一个真实案例来了解如何在新兴市场制定品牌策略。宁波慈溪是中国的小家电之都,也是目前宁波跨境电商企业的聚集地。宁波慈溪一个跨境电商卖家阿康以前一直在传统外贸领域发展,做欧洲和美国市场的 OEM 订单,一开始市场还是不错的,但是这几年随着传统外贸的不景气再加上宁波慈溪当地政府的倡导,他们转型做起了跨境电商。在一次速卖通培训会上,卖家阿康和小王知道速卖通的核心市场在俄罗斯等新兴市场,所以他们组建了团队全力促进速卖通平台的销售,对于速卖通跨境电商的品牌策略,小王认为做品牌就应该在产品、服务、销售体验上脚踏实地,做到专注,通过完善销售整体过程,提升用户体验,打造品牌。在俄罗斯市场的品牌战略方面,阿康认为首先应该做符合当地市场的产品,所以市场调研非常重要,他们经过了多次的选品、推广,并结合市场销售实际才最终选择了几个销量大的热销品,然后后续推广,不断提升客户满意度,最终在俄罗斯建立了良好的市场口碑。对于俄罗斯市场的成功,阿康认为核心还是对优质产品的坚持,树立良好的市场口碑。阿康认为,对于在新兴市场建立跨境电商品牌,平台的选择非常关键,比如速卖通在俄罗斯已经成为最受欢迎的跨境电商平台,速卖通平台也会对优质商家进行品牌辅导和品牌推广,这对于他们在俄罗斯市场建立品牌非常有帮助。

(二)欧美市场的品牌策略

王华是深圳一家跨境电商企业的负责人,目前公司运营的产品是跨境电商最热的品类之一——智能可穿戴产品,年销售额超过 3000 万元。她的跨境电商团队一共 40 人,核心目标市场是美国。在美国市场品牌战略方面,王华的观点是,"作为跨境电商真正的品牌制造者,更应该挖掘市场的痛点,专注市场细分领域,品牌不仅体现在 logo 的区别上,做差异化的商品,满足客户差异化的需求才是根本"。对于美国市场,王华有自己的理解。王华认为美国市场对于产品品质要求更高,而且美国市场在线消费更成熟,客户个性化需求更明显,所以挖掘客户独特的需求最重要。王华说最近他们公司就参与了一次速卖通的团购活动,在几天内销售了1000多个智能手环。因为美国人比较爱运动,但是运动的时候又不方便接电话,同时他们非常喜欢戴手环,于是他们公司根据客户反馈就在手环上加了接听电话的蓝牙功能,最终在零售市场取得了成功。因为有非常好的客户口碑,品牌自然也建立了起来。对于跨境电商品牌的建立,持续的创新非常重要,因为可穿戴设备目前在速卖通等平台非常火爆,短时间内市场竞争者大量涌入,所以产品同质化非常严重,产品质量也参差不齐,但是王华还是坚持自己的品牌化之路。王华说,公司和供应商有深入的合作,基本上每3个月都会推出新款,当新款卖爆了,大量的仿品出现了,他们又马不停蹄地推出另外一个新款。对于品牌的建立,王华谈到沉下心来做非常关键,要在一个行业深耕细作,持续地做好客户体验和口碑非常关键,只有通过销量的积累,最终才会有品牌的积累,做品牌最忌讳急躁冒进。

王华对于跨境电商品牌战略的建议如下。

(1)现在几乎所有跨境电商平台都实行品牌化战略,广大中小跨境电商企业都应该足够重视,至于平台导向,亚马逊、eBay、速卖通最终都会走向品牌化的道路,对于实力不够的中小跨境电商企业来说要注意自己的平台选择和定位。

(2)做跨境电商品牌一定要专注和聚焦,做得越专业越好,做得越精准越好。客户体验非常重要,做好客户的售后服务,这样才可以为你的品牌建立良好的市场口碑。

(3)作为跨境电商品牌卖家,应该在供应链上具备技术和研发优势,并且可以根据市场实际和消费者的需求持续调整研发新产品。

(4)跨境电商卖家应该具备品牌传播、宣传能力,包括传播品牌内容能力,文案策划能力;全方位的营销能力,包括Google,SNS,线下媒体推广等。

(5)跨境电商做品牌选择品类的时候不仅要考虑自身优势,结合数据和调研分析选择符合自己特点的产品品类,还应该结合平台的导向,因为很多时候卖家仅起到辅助的作用,而电商平台才是真正起主导作用的一方。

(6)在选择供应商的时候,应该选择有研发优势的工厂,如果选择境内品牌应该选择成长性的品牌,这样价格才会有上浮的空间。

四、跨境电商营销推广流程

中国传统的外贸企业能做出非常优质的商品,但是在境外推广方面未必有经验和优势,特别是在跨境电商这样一个新兴的外贸市场领域。跨境电商的品牌推广应遵循以下几个步骤。

(一)产品定位和研发

做品牌宣传的基础就是拥有好的产品,通过市场调研和同类产品分析找准自己的核心市场定位,并且有自己的特色和个性化,为跨境电商品牌宣传打好基础。

(二)品牌宣传

产品上线后需要为品牌宣传做准备,包括进行页面设计、产品图片设计、包装设计,拍摄视频,制作宣传资料等。

（三）产品营销渠道选择

目前跨境电商品牌的推广渠道一般有下面几类：平台内部的推广，比如速卖通的 P4P（pay for performance，一种点击付费的营销方式，也被称为外贸直通车）广告推广、速卖通的大型活动推广等；Google 搜索引擎推广；SNS 社交媒体推广，通过品牌故事内容的传播吸引粉丝；视频传播，在本土专业论坛做品牌传播等。对于跨境电商品牌的推广来说，线下渠道也非常关键，比如传统的展会品牌推广、线下互动赞助等。

第四节　产品价格制定

速卖通作为跨境电商平台，最大的优势在于通过减少外贸环节，降低零售商的采购成本，形成有力的价格优势。但随着网购的日益发展，店铺之间的服务水平和产品质量差距逐渐缩小，产品的价格竞争日益成为影响店铺产品销量的首要因素。因此，产品的定价不仅是店铺的销量与利润的来源，同时也是一个产品能否生存（成功）的关键。

对于一个新手卖家而言，产品定价要合理，才能让卖家获得更高的利润与市场认同。下面介绍 4 种定价方法供卖家参考。

一、目标定价法

产品目标是指要选定市场上竞争对手产品所处的位置，经过多方面的比较，结合店铺自身条件，为自己的产品创造一定的特色，塑造并树立一定的市场形象，以求目标顾客通过网络平台在心中形成对自己产品的特殊偏爱，其实质在于取得目标市场的竞争优势，确定产品在顾客心目中的适当位置并留下值得购买的印象，以便吸引更多的顾客。

产品目标的确定是定价的基础。确定产品目标，主要体现在产品的合理定价方面。简单而言，产品的定价目标主要是获利为先或抢占市场份额两种。因此，卖家一定要先确定产品的定价目标，目标不同，定价的侧重就不同。只有根据不同的产品目标来确定价格，才能在市场上占据一席之地。如果产品以获利为先，那么价格可以稍高于市场平均价格，但不能高于 80% 的产品。如果卖家想要薄利多销，抢占市场份额，定价时就应该稍低于市场价格。

二、需求定价法

市场需求是指在特定的地理范围、特定时期、特定市场营销环境、特定市场营销计划的情况下，特定的消费者群体可能购买的某种产品的总量。市场需求是价格的关键因素。在定价之前一定要进行科学的市场需求分析。市场分析主要是通过预估市场规模的大小及产品潜在需求量，确定目标市场，确定地理区域的目标市场，考虑消费限制条件，计算每位顾客年平均购买数量及其他需要考虑的因素，估计市场规模的大小及产品潜在需求量。这种预测分析的操作步骤如下。

（一）确定目标市场

在市场总人口数中确定某细分市场的目标市场总人数，此总人数是潜在顾客人数的最大极限,可用来计算未来或潜在的需求量。

(二)确定地理区域的目标市场

算出目标市场占总人数的百分比,再将此百分比乘以地理区域的总人口数,就可以确定该区域目标市场人口的数目。

(三)考虑消费限制条件

产品如果有某些限制条件足以减少目标市场的数量。比如奶粉,进口奶粉有限购要求的,会相应减少数量。

(四)计算每位顾客年平均购买数量

从购买率、购买习惯中,即可算出每人每年平均购买量。

(五)计算同类产品每年购买的总数量

区域内的顾客人数乘以每人每年平均购买的数量就可算出总购买数量。

(六)计算产品的平均价格

利用一定的定价方法,算出产品的平均价格。

(七)计算购买的总金额

购买总数量乘以平均价格,即可算出购买的总金额。

(八)计算店铺的购买量

将店铺的市场占有率乘以购买总金额,再根据最近5年来产品的市场占有率变动情况,做适当的调整,就可以求出店铺的购买量。根据以上步骤,可得出一个预估的市场需求量,除此之外,卖家还应考虑有关产品需求的其他因素,如经济状况、人口变动、消费者偏好及生活方式等,根据这些信息,客观地评估已得出的数据,通过统计分析、价格实战、询问判断等方法估计市场需求,然后根据需求定价。

三、成本定价法

成本定价法是按产品单位成本加上一定比例的利润制定产品价格的方法。大多数卖家都是采用按成本来确定所加利润的大小的。即以全部成本作为定价基础的定价方法,步骤如下。

步骤1:估计单位产品的变动成本(如直接材料费、直接人工费等)。

步骤2:估计固定费用,然后按照预期产量分摊到单位产品上去,加上单位变动成本,求出全部成本。

步骤3:在全部成本上加上按目标利润率计算的利润额,即得出价格。价格计算公式如下

价格＝单位成本＋单位成本×成本利润率＝单位成本×(1＋成本利润率)

成本定价法的优势在于产品价格能保证企业的制造成本和期间费用得到补偿后还有一

定利润,一般成本定价利润率不低于25%。产品价格水平在一定时期内较为稳定,定价方法简便易行。

但是,成本定价法也存在缺点,就是容易忽视市场供求和竞争因素的影响,忽略产品生命周期的变化,缺乏适应市场变化的灵活性,不利于企业参与竞争,容易掩盖企业经营中非正常费用的支出,不利于企业提高经济效益。

四、竞争定价法

竞争定价法是以市场上相互竞争的同类商品价格为定价基本依据,以随竞争状况的变化确定和调整价格水平为特征,与竞争商品价格保持一定的比例,而不过多考虑成本及市场需求因素的定价方法。

作为卖家一定要了解竞争对手的产品价格,相差过大的定价会损害卖家利益,下面通过速卖通平台举例说明竞争定价法的操作步骤。

步骤1:打开速卖通,进入卖家候选产品所在类目,把前3页约100件产品,去掉最低的5个价格和最高的5个价格,计算所有包邮产品的平均价格。去掉最低、最高价,是防止一些不实价格对定价的影响。但同时也记录最低和最高价。

步骤2:仔细查看前3页中打折并且包邮产品的原价,统计这些原价,计算平均价格,以及最高、最低价。

经过以上两步,会对某一个平台上某种产品的销售价格有一个基本的了解。如果你的产品无法做到包邮,就计算所有不包邮产品的平均价格和范围。

步骤3:把了解到的市场平均包邮价减去卖家包邮的运输方式价格(比如中邮挂号和e邮宝),得到产品价格。

步骤4:把这个价格乘以汇率,然后与拿货价相比,一般有30%左右的利润率。

竞争定价法主要考虑产品价格在市场上的竞争力。但是很容易忽略其他营销组合可能造成产品差异化的竞争优势,实际上竞争者的价格变化并不能被精确地估算,从而导致恶性地降价竞争,使卖家缺失利润空间缩小。

综上所述,这4种定价方法各有优劣,它们彼此之间不是孤立的,而是互相影响的。因此,卖家在定价时,可以综合不同定价方法的优势,打造热销产品。

作为卖家,只有做好货源货品的选择、做好市场分析,才能对店铺精准定位。本章主要以选品分析、市场分析、品牌定位及产品定价为基础,让卖家对速卖通及其他平台的店铺定位有一个基本的认识和了解,帮助卖家找准定位,准确选品。

品牌的建立是塑造店铺影响力的重要因素,产品的定价是决定产品销量与利润的关键。因此,在进行市场分析的前提下,卖家一定要有树立品牌形象的意识,掌握产品的定价策略。

2020下半年跨境电商卖什么最赚钱

【课后思考】

1.跨境电商选品原则有哪些?

2.产品价格制定的方式有哪些?

3.谈谈如何树立品牌影响力?

4.如果你是一个新手卖家,你在进行店铺定位时会考虑哪些因素?

第三章课后练习

第四章

跨境电商网络营销与推广

【学习目标】

可以辨析 4P、4C、4R、4I 营销理论,可以运用跨境电商运营策略,可以进行品牌营销,可以利用搜索引擎进行营销推广,可以利用直通车打造爆款,能够从 SNS 站外引入流量。

【章节纲要】

企业并不是为了营销而营销,营销是为了把消费者转换成为客户,也就是让消费者购买所营销推广的产品,进而最终获利。本章重点围绕网络营销与推广而展开,首先介绍了网络营销概论,说明了其作用及实施方法;然后介绍营销理论,通过分析跨境电商的运营策略来进一步展示营销的方法;最后具体介绍了一些网络营销与推广的手段,并分析了其优劣势,进而从多角度去考虑如何优化其最终的营销与推广效果。

第一节　网络营销概论

网络营销(online marketing 或 e-marketing)是以现代营销理论为基础,借助网络、通信和数字媒体技术实现营销目标的商务活动。网络营销是科技进步、顾客价值变革、市场竞争等综合因素促成的,是信息化社会的必然产物。网络营销根据其实现方式有广义和狭义之分。广义地说,企业利用一切网络(包括社会网络、计算机网络,企业内部网、行业系统专线网及互联网,有线网络、无线网络,有线通信网络与移动通信网络等)进行的营销活动都可以被称为网络营销。狭义地说,凡是以国际互联网为主要营销手段,为达到一定营销目标而开展的营销活动,都可称为网络营销。网络营销可以利用多种手段,如 E-mail 营销、博客与微博营销、网络广告营销、视频营销、媒体营销、竞价推广营销、SEO(search engine optimization,搜索引擎优化)优化排名营销等。

跨境电商的营销

一、网络营销的作用

网络营销的作用主要表现在以下几个方面。

1. 告知功能

网络营销能够把企业的产品、服务、价格等信息传递给目标公众,引起他们的注意。

2. 说服功能

网络营销的目的在于通过各种有效的方式,解除目标公众对产品或服务的疑虑,坚定目标公众的购买决心。例如,在同类产品中,许多产品往往只有细致的差别,用户难以察觉;企业通过营销活动,宣传自己产品的特点,使用户认识到本企业的产品可能给他们带来的特殊效用,进而更偏向购买本企业的产品。

3.反馈功能

网络营销能够通过各种网络方式更及时地收集和汇总顾客的需求和意见,迅速反馈给企业管理层。由于网络营销所获得的信息基本上都是文字资料,信息准确,可靠性强,对企业经营决策具有较大的参考价值。

4.创造需求

运作良好的网络营销活动,不仅可以诱导需求,而且可以创造需求,发掘潜在的顾客,扩大销售量。

5.稳定销售

由于某种原因,一个企业的产品销售量可能时高时低,波动很大。这是产品市场地位不稳的反映。企业通过适当的网络营销活动,树立良好的产品形象和企业形象,往往有可能改变用户对本企业产品的认识,使更多的用户形成对本企业产品的偏爱,达到稳定销售的目的。

二、网络营销的实施

网络营销的实施过程包括8个方面:分析目标市场、制定营销目标、确定预算方案、定位营销对象、设计营销内容、决定营销组合方式、评价营销的效果、注重营销过程的综合管理。

(一)分析目标市场

分析目标市场就是要找准问题点与机会点、企业或产品的竞争优势,营销目标的基础就是要利用优势解决这些问题或抓住这些机会。

(二)制定营销目标

营销目标是指在本计划期内所要达到的目标,是营销计划的核心部分,对营销策略和行动方案的拟定具有指导作用。营销目标是在分析营销现状并预测未来的机会和威胁的基础上确定的,一般包括财务目标和营销目标两类。其中财务目标由利润额、销售额、市场占有率、投资收益率等指标组成。市场营销目标由销售额、市场占有率、分销网覆盖面、客户/行业渗透情况、价格水平等指标组成。

(三)确定预算方案

网络营销实施过程中,通常企业感到最困难的是预算方案的制订。实际上,网络营销对于任何人来说都是新问题,所有的价格、条件都需要在实践中不断学习、比较和体会,不断地总结经验;只有这样,才可能用有限的精力和有限的资金收到尽可能好的效果,做到事半功倍。

(四)定位营销对象

网络营销对象主要是那些可能在网上实施消费行为的潜在顾客群体,群体主要包括三部分人群:产品购买的影响者、产品购买的决策者、产品的使用者。进行潜在顾客的调查与访问,需要精准分析并定位区域、年龄、消费能力、消费需求等。

（五）设计营销内容

网络营销的最终目标是希望引起购买，这需要通过设计具体的信息内容来实现。消费者实施购买是一个复杂、多阶段的过程，营销内容应根据消费者目前所处的阶段和产品所处的生命周期的阶段来决定。在新产品刚进入市场的阶段，消费者对该产品会非常生疏，营销活动的内容应侧重于宣传产品的特点，以引起消费者的关注。当产品在市场上已有了一定的影响力，即进入成长期阶段，营销活动的内容则应偏重于唤起消费者的购买欲望；同时，还需创造品牌的知名度。当产品进入成熟期阶段后，市场竞争变得十分激烈，营销的内容除了针对产品本身的宣传外，还需要对企业形象做大量的宣传工作，树立消费者对企业产品的信心。当产品进入饱和期及衰退期时，营销活动的重点在于加强与消费者之间的感情沟通，通过各种让利营销，延长产品的生命周期。

（六）决定营销组合方式

网络营销活动主要通过网络广告营销和网络站点营销两种方法展开。但由于每个企业的产品种类、销售对象不同，营销方法与产品、销售对象之间将会产生多种网络营销的组合方式。企业应根据网络广告营销和站点营销两种方法发挥各自的特点和优势，结合自己产品的市场状况和顾客情况，扬长避短，合理组合，以达最佳营销效果。通常，日用消费品，如食品饮料、化妆品、医药制品、家用电器等，网络广告营销的效果比较好。而计算机、专用及大型机电产品等采用站点营销的方法比较有效。在产品的成长期，应侧重于网络广告营销，宣传产品的新性能、新特点。在产品的成熟期和饱和期，则应加强自身站点的建设，树立企业形象，巩固已有市场。企业可根据自身网络营销的能力确定这两种网络营销方法组合的

（七）评价营销的效果

网络营销实施到一定的阶段，应对已执行的营销内容进行评价，看实际效果是否达到了预期的营销目标。对营销效果的评价主要从两个方面进行：一方面，要充分利用互联网上的统计软件，对开展营销活动以来，站点或网页的访问人数、点击次数、千人印象成本等数字进行统计。通过这些数据，营销者可以看出自己的优势与不足，以及与其他营销者的差距，从而及时对营销活动的好坏做出基本的判断。另一方面，评价要建立在对实际效果全面调查分析的基础上。通过调查市场占有率的变化情况、销售量的变化情况、利润的增减情况、营销成本的升降情况，判断营销决策是否正确。同时还应注意营销对象、营销内容、营销组合等方面与营销目标的因果关系的分析，从而对整个营销工作做出正确的判断。

（八）注重营销过程的综合管理

在对网络营销效果正确评价的基础上，对偏离预期目标的活动进行调整是保证营销取得最佳效果的必不可少的一环。同时，在营销实施过程中，加强各方面的信息沟通、协调与综合管理，也是提高企业营销效果所必需的。

第二节　营销理论

一、以企业为中心的 4P 营销理论

4P 营销理论(也被称为 4Ps 理论，the marketing theory of 4Ps)，即产品(product)、价格(price)、渠道(place)、宣传(promotion)，再加上策略(strategy)。4P 营销理论产生于 20 世纪 60 年代的美国，随着营销组合理论的提出而出现。1953 年，尼尔·博登在美国市场营销学会的就职演说中创造了"市场营销组合"(marketing mix)，其意是指市场需求或多或少地在某种程度上受到所谓"营销变量"或"营销要素"的影响。密歇根大学杰罗姆·麦卡锡在此基础上，提出了 4P 营销理论。他认为应该把合适的产品，以合适的价格，通过合适的渠道，用适当的方法促销给更多的顾客，从而满足市场需要，获得最大利润。

虽然 4P 理论风靡一时，但到了 20 世纪 90 年代，消费者个性化需求日益突显，市场竞争日趋激烈，媒介传播速度加快，4P 理论受到前所未有的挑战。从本质上来讲，4P 理论以企业和产品为中心，企业生产什么产品，希望获得多少利润，制定什么样价格，以什么渠道进行销售，以怎样方式促销等都是由企业决定的。这使得企业的营销活动忽略了最重要的营销服务对象——顾客。

二、以顾客为中心的 4C 营销理论

4C 营销理论(也被称为 4Cs 理论，the marketing theory of 4Cs)是由美国营销专家 R. F. 劳特朋教授在 1990 年提出的，与传统的 4P 营销理论相对应的是 4C 营销理论。它以消费者需求为导向，重新设定了市场营销组合的 4 个基本要素：消费者(customer)、成本(cost)、便利(convenience)和沟通(communication)，此外再加上策略(strategy)。它强调企业首先应该把追求顾客满意放在第一位，其次是努力降低顾客的购买成本，然后要充分注意到顾客购买过程中的便利性，而不是从企业的角度来决定销售渠道策略，最后还应以消费者为中心实施有效的营销沟通。4Ps 与 4Cs 的相互对照关系如表 4-1 所示。

表 4-1　4Ps 与 4Cs 的相互关系对照

类别	4Ps		4Cs	
阐释	产品 (product)	服务项目、服务产品定位和服务品牌等	客户 (customer)	研究客户需求欲望，并提供相应产品或服务
	价格 (price)	基本价格、支付方式和佣金折扣等	成本 (cost)	考虑客户愿意付出的成本、代价是多少
	渠道 (place)	直接渠道和间接渠道	便利 (convenience)	考虑让客户享受第三方物流带来的便利
	宣传 (promotion)	广告、人员推销、营业推广和公共关系等	沟通 (communication)	积极主动与客户沟通，寻找双赢的认同感
时间	20 世纪 60 年代中期		20 世纪 90 年代初期	

随着时代的发展,4Cs 理论也显现出了它的局限性。4Cs 理论是以顾客需求为导向,当顾客利益与企业利益发生冲突时,顾客战略也是不适应的。因此,从市场对 4Cs 理论的反应来看,需要建立企业与顾客间更有效、更长期的关系。

三、以企业与顾客互动共赢为中心的 4R 营销理论

4R 营销理论是由美国西北大学市场营销学教授唐·舒尔茨在 4C 营销理论的基础上提出的新营销理论。4R 分别是指 relevance(关联)、reaction(反应)、relationship(关系)和 reward(回报)。该营销理论认为,随着市场的发展,企业需要从更高层次上以更有效的方式在企业与顾客之间建立起有别于传统的新型的主动性关系。4R 理论以竞争为导向,侧重实现企业与顾客的双向互动与共赢,注重建立企业与顾客之间的长期互动关系,建立顾客忠诚度。通过关联、反应、关系和回报把企业与客户紧密联系在一起,形成竞争优势。

(一)紧密联系顾客

企业必须通过某些有效的方式在业务、需求等方面与顾客建立关联,形成一种互助、互求、互需的关系,把顾客与企业联系在一起,减少顾客的流失,以此来提高顾客的忠诚度,赢得长期而稳定的市场。

(二)提高对市场的反应速度

多数公司倾向于说给顾客听,却往往忽略了倾听的重要性。在相互渗透、相互影响的市场中,对企业来说最现实的问题不在于如何制定、实施计划和控制方案,而在于如何及时地倾听顾客的希望、渴望和需求,并及时做出反应来满足顾客的需求,这样才利于市场的发展。

(三)重视与顾客的互动关系

4R 营销理论认为,如今抢占市场的关键已转变为与顾客建立长期而稳固的关系,把交易转变成一种责任,建立起和顾客的互动关系,而沟通是建立这种互动关系的重要手段。

(四)回报是营销的源泉

由于营销目标必须注重产出,注重企业在营销活动中的回报,所以企业要满足客户需求,为客户提供价值,不能做无用的事情。一方面,回报是维持市场关系的必要条件;另一方面,追求回报是营销发展的动力,营销的最终价值在于其是否给企业带来短期或长期的收入能力。

四、网络整合营销 4I 原则

"整合营销"4I(interesting,趣味原则;interests,利益原则;interaction,互动原则;individuality,个性原则)理论产生和流行于 20 世纪 90 年代,由唐·舒尔茨提出。整合营销就是"根据企业的目标设计战略,支配企业各种资源以达到战略目标"。我国当代大众传媒呈现出一种新的传播形式,简言之,就是从"以传播者为中心"到"以受众为中心"的传播模式的战略转移。整合营销倡导更加明确的消费者导向理念,因而,传媒整合营销理论对我国新的改革形势下传媒业的发展应该具有重要的指导意义和实用价值。

（一）趣味原则（interesting）

中国互联网的本质是娱乐属性的，在互联网这个"娱乐圈"中吸引流量，广告、营销也需要一定的娱乐化和趣味性。制造一些趣味、娱乐的"糖衣"的香饵，将营销信息的"鱼钩"巧妙包裹在趣味的情节当中，是吸引目标人群的有效方式。伟大的网络营销不是生硬的广告，它身上流淌着趣味的血液！

（二）利益原则（interests）

天下熙熙，皆为利来；天下攘攘，皆为利往。网络是一个信息与服务交汇的江湖，营销活动不能为目标受众提供利益，必然寸步难行。但这里想跟大家强调的是，网络营销中提供给消费者的"利益"外延更加广泛，我们头脑中的第一映射——物质实利只是其中的一部分。

（三）互动原则（interaction）

网络媒体区别于传统媒体的另一个重要的特征是其互动性。网络媒体在传播层面上失去了传统媒体的"强制性"，单向布告式的营销，肯定不是网络营销的前途所在，只有充分挖掘网络的交互性，充分地利用网络的特性与消费者交流，才能扬长避短，让网络营销的功能发挥至极致。不要再让消费者仅仅单纯接受信息，数字媒体技术的进步，已经允许我们能以极低的成本与极大的便捷性，让互动营销在平台上大展拳脚，而消费者完全可以参与到网络营销的互动与创造中来。在陶艺吧中亲手捏制的陶器弥足珍贵，因为融入了自己的汗水。同样，消费者亲自参与互动与创造的营销过程，会在大脑皮层回沟中刻下更深的品牌印记。把消费者作为一个主体，发起其与品牌之间的平等互动交流，可以为营销带来独特的竞争优势。未来的品牌将是"半成品"，一半由企业塑造，一半由消费者体验、参与来确定。当然，营销人找到能够引领和主导两者之间互动的方法很重要。

（四）个性原则（individuality）

因为个性，所以精准；因为个性，所以诱人。个性化的营销，让消费者心理产生"焦点关注"的满足感，个性化营销更能投消费者所好，更容易引发互动与购买行动。但是在传统营销环境中，做到个性化营销成本非常之高，因此很难推而广之，仅仅是极少数品牌极少次尝试的"豪门盛宴"。但在网络媒体中，数字流的特征让这一切变得简单、便宜，细分出一小类人，甚至一个人，做到一对一营销都成为可能。这一点在无线营销中尤为突出。

第三节　跨境电商运营策略

亚马逊
的广告推广

本节将从选品、定价、爆款打造及节假日营销 4 个方面来分析跨境电商平台店铺的运营策略。

一、选品策略

（一）选品的好处

在第三章中,我们已经学习了跨境电商选品的基本方法。选品策略是店铺运营策略的一部分,也是整个运营策略的基础。选好品可以使店铺较快获得买家青睐、快速赢得销量、降低推广成本、降低采购成本,提升自身在平台的竞争力、为店铺后期成长奠定基础等。选品的好处可以体现在运营前期、运营中期和运营后期 3 个时期。

1. 运营前期选品的好处

使得产品快速获得买家青睐,提高产品的点击率;增加买家下单的可能性,提高产品转化率。

2. 运营中期选品的好处

获得跨境电商平台的推荐,产品可以快速积累销量;获得买家更多好评;在跨境电商平台获得更多自然流量;降低推广营销费用。

经过前期和中期的选品和运营,产品会积累一定的销量。会使某几个最受买家青睐的产品在店铺经营的类目中逐步脱颖而出,它们也是店铺当前阶段销量最高、获得买家好评最多的产品。这些产品会获得平台的推荐,从而获得更多的自然流量,并且能为产品在推广方面节约成本。

3. 运营后期选品的好处

定期上传高质量的产品将为店铺增加新的流量,增加顾客回头率,为后期店铺营销活动打下坚实的基础,提高产品的竞争力,增加店铺销售利润。

经过前两阶段的积累和沉淀,店铺运营到后期时,店铺商品将会拥有稳定的流量和销量。在这个时候定期上传新品,再通过运用店铺各种营销手段,如自主营销、关联营销、邮件营销、老客户营销等,进一步提升店铺商品的销售业绩,提高店铺商品的竞争力。

（二）选品策略制定

首先通过市场维度来分析市场选品的方法。通常市场选品有线上批发平台和线下实体批发市场两个渠道。

1. 线上批发平台

线上批发市场选品的优势是,只需要在电脑前通过平台(如淘宝、天猫、1688 等)即可进行选品,采购方便;缺点是看不到产品实物,延长和提高了采购时间和采购成本。

2. 线下实体批发市场

线下实体批发市场选品的优势是可以亲自到实体门店(如杭州四季青服装批发城)现场

体验产品,并通过与卖家的交流,提前了解产品价格波动信息等;缺点是产品的流动性大,拿到产品的数量有限,产品一次性拿得过多容易造成库存及资金积压。

二、定价策略

(一)产品定价的重要性

产品定价是非常重要的,也是非常有学问的。价格定得太高无人买,定得太低利润低。而且,产品定价还会对店铺产生重要影响。

1.产品销售

产品价格是影响销售的关键要素之一。合理的定价更能体现出产品的价值。通常,买家会货比三家,在同等质量和信誉的情况下选择价格相对低的商家。

2.营销方式

产品定价的高低将直接影响店铺运营的营销方式(包括营销方法和策略)。定价也会影响营销推广的受众人群等。

3.店铺定位

从一个店铺的产品定价可以判断店铺的定位。店铺定位一般分为:精品店铺、垂直系精品店铺和全品类店铺等。所谓精品店铺是指单做某个类目的店铺。垂直系精品店铺是指店铺同时运营多个相关联类目的店铺。全品类店铺是指店铺同时运营多个大类目商品的店铺。

(二)产品定价的技巧

先了解一下产品成本是由哪些要素构成的。跨境电商产品从上传、促销到售出,再到收到买家货款的过程中都会产生各种费用。在产品成本构成中占比最大的是产品成本、境外运费及推广费用。对产品定价,常用的方法有市场定价法和测试定价法。所谓市场定价法,就是根据跨境电商平台同类目相关产品销售的平均价、自身产品的成本和质量来确定最终的销售价格区间。所谓测试定价法,就是结合店铺自主营销活动和营销方法对产品进行多轮测试后确定产品销售价格区间。店铺自主营销活动主要有限时限量折扣、优惠券、满立减、全店铺打折等;营销方法主要有直通车推广、SNS站外推广、联盟营销推广等。

测试定价法主要操作步骤如下。

(1)分析平台同类目相关产品的销售价格区间,可通过分析平台销量较好的同类目产品销售价格区间来获得信息。

(2)确定店铺自主营销活动和营销方法的组合及测试时间。比如,店铺营销活动选择全店铺打折,营销方法选择直通车推广。

(3)第一轮测试主要是测试数据,第二轮测试就要开始对测试数据进行对比分析。经过上述的多轮测试后,根据分析数据最终确定产品的销售价格区间。

（三）店铺产品价格结构

店铺运营中的产品定价方式并不是固定的,更重要的是构建店铺产品的价格结构。所谓店铺产品价格结构是指不同类型产品的价格或运用不同营销方法的产品的价格进行分类。分类从最基础的新款、老款、清仓款开始,到引流款、利润款、直通车款、联盟营销款等,其目的都是打造店铺爆款。

(1)引流款:往往通过渗透定价法占领市场份额,主要是获取流量等。

(2)利润款:利用撇脂定价法追求高额利润,在特有新产品刚上架的抢鲜期赚取高额利润,后期随着市场的供需变化而调整售价。

(3)直通车款、站外推广款:在定价时一定要注意产品的推广费用要适当。

(4)联盟营销款:这是指专门参与平台活动的产品。活动价要注意分为日常活动价和大促活动价。要注意产品的一口价一般是固定不变的,日常活动价一般在一口价的基础上打适当的折扣。

定价技巧主要有:①一口价与日常活动价的配合使用;②商品组合定价,比如前面几个产品可以利用低价设置引流,中间组合产品正常定价,最后几个产品可以利用撇脂定价设置精品套装。

三、爆款打造策略

爆款就是卖得好、日销量稳定的产品。

爆款并非在短时间内就可打造出来。

成为爆款的产品一般有这样几个必要元素:市场容量够大、款式符合买家要求、符合大多数买家预期、能给买家充分购买的理由、足够多的买家能够看到。

(1)打造爆款产品的前提是先对该产品市场、目标顾客及买家行为做一个定位和分析,找出市场容量大的款式,分析热卖款搜索趋势及热卖款消费者层次。

(2)在确定了目标市场、目标买家后,可以运用选品策略进行选品,运用定价策略进行产品定价。将自己的宝贝进行整理归类,根据行业分析选出爆款。执行步骤如下。

①将自己的宝贝分成3等(低价促销款、中等利润款、高标价款)。

②根据热卖款式选出5款左右的产品。

③发布5款宝贝(20%为低价产品,70%为中等利润产品,10%为高利润产品以塑造品牌档次和实现高回报率)。

④参考公式进行定价。

最佳价格＝(相似产品的最高价格－相似产品的最低价格)×0.618＋相似产品的最低价

(3)新品刚上传的几天数据往往比较低,一般在7天后,可对显示的数据进行分析,进而对产品进行优化。爆款引流方式如表4-2所示。其他获取流量的方式还有站外流量,如微博、微信、蘑菇街、美丽说视频推广等。

表 4-2 爆款引流方式

爆款引流方式	优势	劣势
SEO	免费、稳定、精准	需要积累,不能立竿见影
直通车	精准、立竿见影	贵,恶意竞争,不持久
平台活动	流量大	中差评多,影响搜索权重
淘宝客	折扣高流量大,折扣低流量小	需要返点,需要积累,不利于店铺人群标签
老客户	免费、精准、长久	需要积累

四、节假日营销策略

(一)节假日营销优点

节假日营销是电子商务营销中一个重要的营销策略。在跨境电商营销中,如果能有效利用消费者节假日的消费心理,同时巧妙结合平台中的自主营销工具和平台促销活动,不仅能在短时间内有效推广新产品,提高新产品的销量,快速打造爆款,提升店铺竞争力,而且有利于增加客户的黏性和忠诚度,提高卖家服务等级。因此,节假日营销的好处也更加明显。

(二)节假日营销运营策略

节假日营销运营策略主要包括:营销策划四要素和营销执行六要点。

1.营销策划四要素

(1)策划要素一:创意营销,营造节日氛围

针对不同的节假日,制定不同的活动主题,尽可能多地把顾客吸引到自己的店铺和产品上,烘托节日气氛,最终实现销售的目的。例如,在圣诞节的时候,可以在店铺首页设计一个关于圣诞树的创意活动,吸引更多的买家一起设计圣诞树,也可通过邮件、短信等邀请老客户一起参与活动。

(2)策划要素二:价格艺术营销,激发销量潜力

节假日营销往往是打"价格战",比如促销战、广告战都是围绕价格战展开的。价格战作为节假日营销的常用方法,诸如"买一送一""全场特价""满就减"等广告要针对不同类型的产品进行价格艺术设计。例如,"买就送价值200元的赠品"和"满就减200元"两条促销活动。若消费者对该促销产品价格认知比较模糊或价格区间比较大时,建议使用第一条价格促销方式;而消费者对该促销产品的心理价格是比较明确的或大多数消费者对该产品价格都有共同认知的,建议使用第二条价格促销方式。

(3)策划要素三:文化营销,传达品牌理念

结合节假日的文化氛围,有针对性地开展文化营销。充分挖掘节假日中的文化内涵,将其与自身的企业文化和经营理念相结合,可以有效快速吸引众多的消费者,同时也能塑造良好的品牌形象,为企业带来良好的市场效益。例如,在母亲节,可以设计一个照片墙,将儿女与母亲的合照或者录像放在上面,记录与母亲一起生活的点点滴滴,突出感恩母亲、母爱伟大的主题。

（4）策划要素四：互动营销，提升品牌亲和力

互联网的快速发展及生活水平的提高，使得顾客的需求更加个性化、与众不同。因此，个性化营销和定制营销逐渐成为新的营销热点。

2.营销执行六要素

经过一轮节假日营销策划之后，如何才能有效执行并且实现最佳效果呢？下面介绍一下节假日营销的执行要点。

（1）执行要点一：突出主题

促销活动要想给消费者新颖的感觉，吸引消费者，必须有一个创新的促销主题。因此，节假日促销的主题设计有以下几个要求：一是要有吸引力，增加消费者的兴趣；二是主题词要简短易记，通俗易懂；三是要有冲击力，给消费者留下深刻印象。

（2）执行要点二：明确目标

节假日营销活动的主要目标是分析消费者的节假日消费行为、对产品的喜爱程度，以及对促销方式的可接受程度。因此节假日营销活动要有量化指标，这样才能达到营销的目的。

（3）执行要点三：组合促销方法

通常一提到促销，我们就想到满减、买赠、抽奖、积分等方式。尽管这些促销方式在形式上大同小异，但在具体的细节上还有很大的创意空间。常用的站内与站外营销方式如表4-3所示。

表4-3 常用的站内与站外营销方式

类型	解释	类型	解释
打折	商品价格为××折	团购	凑够××人享超低价
直降	商品价格比原来降××元	秒杀	特定时间内抢购非常有限的商品
特价	商品价格为指定的低价	满赠	满××元或满××件就送
优惠券	满××元可冲抵××元	满减	满××元或满××件就优惠
红包	可直接抵扣现金××元使用	抽奖	有概率获得优惠
积分	下次消费可按比例冲抵	买赠	买就送
限时抢购	特定时间内特价销售	限时限量抢购	特定时间内限量特价销售
限量抢购	限定数量特价销售	满赠＋满减	满××元减××元赠××元

可以将常用的单一的营销方式进行组合，跨境电商最有效的营销方式是限时限量与优惠券的组合，或者限时限量、优惠券和满立减的组合。其他过于复杂的组合方式，对境外的买家来说有一定的计算难度，反而不利于产品的转化。

（4）执行要点四：设计促销活动

小卖家尽量不要和实力强大的卖家正面对抗，尤其是不要和强势对手打价格战，应该结合自身店铺定位和产品特点，设计出突出优势和卖点的促销活动。

（5）执行要点五：充分利用SNS站外推广

在节假日当天通过邮件等站外方式和老客户进行互动交流，能提高节假日营销的效果。

（6）执行要点六：产品卖点节日化

根据节假日顾客的消费心理、节假日市场的顾客需求、不同的节假日的特点和每种产品所具有的特色，研发出适合消费者在节假日期间购买的新产品，快速打通节假日市场，抢占优势地位。

第四节　跨境电商品牌营销

一、品牌营销定义

品牌营销是通过市场营销,运用各种营销策略使目标客户形成对企业品牌和产品、服务的认知—认识—认可的一个过程。品牌营销从高层次上就是把企业的形象、知名度、良好的信誉等展示给消费者或者顾客,从而在顾客和消费者的心目中形成对企业的产品或者服务的品牌形象,这就是品牌营销。

品牌营销的前提是产品要有质量上的保证,这样才能得到消费者的认可。品牌建立在有形产品和无形服务的基础上。有形是指产品的新颖包装、独特设计,以及富有象征吸引力的名称等。而服务是在销售过程当中或售后服务中给顾客满意的感觉,让他/她体验到做真正"上帝"的幸福感。让他们始终觉得选择买这种产品的决策是对的。买得开心,用得放心。纵观行情,以现在的技术手段推广来看,目前市场上的产品质量其实都差不多,从消费者的立场看,他们看重的往往是商家所能提供的服务多寡和效果如何。从长期竞争来看,建立品牌营销是企业长期发展的必要途径。对企业而言,既要满足自己的利益,也要顾及顾客的满意度。

二、品牌营销优势

(一)价格优势

自主品牌营销最主要的作用就是能带给跨境电商企业价格优势。一旦有了自主品牌,那么跨境电商企业就会节省相当一部分用于广告的费用与销售费用,节省费用最直接的影响就是跨境电商企业的成本,有利于降低其成本,从而帮助其获取更多的经济效益;自主品牌不仅可以帮助跨境电商企业降低成本,还能帮助跨境电商企业提高产品的价格,一般情况下,拥有自主品牌的跨境电商企业的产品价格都比一般的没有品牌的产品的价格要高很多。由此可见,自主品牌可以给跨境电商企业带来丰厚的利润;电商与传统的销售模式不同,它的买家就是消费者,因此不会扣取中间的费用,这使得其利润更加有保障。不仅如此,在自主品牌的支持下,电商还能在保证自身利益的前提下降低价格,使消费者受惠,从而获取消费者青睐。

(二)提高竞争力

无论是哪种性质的企业,面对激烈的市场竞争,要想生存和发展,就必须提高产品的质量,在此基础上获得消费者的关注和喜爱。有了自主品牌之后,电商在定价方面就会有较大的自由度,跨境电商企业可以在不断降低自己生产成本的基础上,适当降低自己的定价,让定价有利于消费者,从而获得消费者的好感,为忠实客户的培养打下坚实的基础,从而保证消费者源源不断光顾自己的产品。具有自主品牌的跨境电商企业通常都是自主研发的产品,这些产品往往都在正规商店出售,这在很大程度上就是质量的保证;在此基础上,电商还要加强科研力度,对原有的产品进行新的改良,从而使自己产品的质量更上一层楼,维护好自主品牌的形象。优良的品质及消费者的喜爱才能让跨境电商企业健康可持续地发展,才能不断提高其产品的销售量,从而增强跨境电商企业的市场竞争力。

(三)促使出口企业经营方式转型

自主品牌营销可以在很大程度上促进我国跨境电商企业转变自身的经营方式。随着电商的不断发展,相关的物流及资金都已经从传统的双边向多边转变,逐渐形成一种网状结构模式,这使跨境电商企业在从传统外贸向跨境电商业务过渡时,面对的消费者更加广泛,并且可以在线了解消费者的需求,从而在自己的产品中增加相应的附加值,满足广大消费者的需求,在不断地竞争中完善自己的营销方式,向更好的方向转变,并建立相应的风险应对机制。自主品牌营销还可以帮助跨境电商企业冲破传统外贸中的困境,实现自身的发展,促进境外市场品牌的突破,从而使其从单一的外贸形式向多种综合方式转变。

(四)有助于打造生态圈

什么是生态圈呢?简单地说,就是用品牌整合生产制造资源,跨领域发展,真正发挥出品牌的力量。打造生态圈就要求企业用品牌的背书和积累起来的信任,在自己的主营业务之外,实现跨界融合,一方面是为消费者创造更多的价值,另一方面给企业拓展更大的利润池。

三、制约跨境电子商务品牌营销的因素

(一)品牌意识薄弱

我国电商受到传统经营理念和营销模式的影响,其在营销手段和方法上存在较大的滞后性,无法做到与时俱进,其营销手段还仅仅停留在价格竞争阶段,若跨境电商企业企图通过减低价格来增加市场占有额,从而提高自身的经济利润,我们不能否认这种做法在特定的时间内是奏效的,但是这并不是一个长远的营销手段,这就直接体现出我国的跨境电商企业在自主品牌意识方面仍旧比较缺失。此外,值得注意的是,国家(地区)不同,其风俗和习惯也就存在较大的差异性,体现在自主品牌的驾驭能力方面也会有较大的差距。我国大多数跨境电商企业在其营销模式上依然无法摆脱传统观念的束缚,对自主品牌难以真正的驾驭,只有相当小的一部分跨境电商企业可以很好地驾驭自主品牌,但毕竟是小概率、小规模,所以很难真正地唤醒大规模的跨境电商企业的自主品牌意识。

(二)物流限制

跨境电商企业非常依赖物流,但是在物流的实际操作中,其质量、速度、服务却并不优质,严重制约了我国跨境电商企业的健康发展。较慢的物流速度会在很大程度上延长其送达时间,在时间上就缺乏优势,而且在物流输送过程中也伴随着各种突发情况发生的可能性,最常见的突发情况就是包裹丢失。正是因为物流的不完善与落后,将影响以此为依赖的跨境电商企业的深入发展。

（三）支付差异

跨境电商企业在交易过程中势必会涉及支付问题,而制约我国跨境电商企业发展的另一个外部因素就是支付系统。国家(地区)不同,其在支付方式方面也会出现较大的差异性,因此,这就增加了对接国家(地区)与国家(地区)之间的支付系统的难度系数,但是需要注意的是,站在客观的角度来讲,是无法统一支付系统的,其所带来的交易不便也无法绝对避免,不能否认在支付过程中出现纰漏,会降低消费者对跨境电商企业的信任度,从而导致不断降低境外消费者的购买力。

（四）缺乏相关的第三方知名检测机构论证

跨境电子商务销售的品牌产品虽然性价比高,深受境外市场消费者的喜爱,但大部分品牌产品缺少相关的第三方知名检测机构论证。缺乏第三方检测论证的在线产品,难以解决境外买家对跨境电子商务的品牌产品信任问题。另外,货物售出后,在进口国(地区)清关方面容易产生问题,使得跨境电子商务品牌的营销难以实施。

四、跨境电子商务企业实施品牌营销的策略

（一）树立正确的品牌意识

在跨境电子商务的营销过程中,一定要树立其良好的品牌意识,通过不断提高运营团队的整体素质来推广品牌,提升电商企业驾驭品牌的能力。当下,我国的跨境电商企业将其重点转移到营销方面,力求运用多元化的营销方式来推动贸易发展,但在品牌营销,以及境外扩展接洽方面存在问题,导致整个营销相对处于劣势。因此,跨境电商在其发展的过程中,要树立正确的品牌意识,着力打造以品牌、服务、消费者为中心的营销理念,为客户提供优质的品牌服务,提高企业自身的形象,扩大企业在市场上的影响力。

（二）提高品牌营销能力

通过培训、电商交流会及借鉴境外电商的做法,可在品牌营销方面增强自己的实力。跨境电商实施品牌营销可以体现在,企业在主要消费群体所在国家(地区)注册后,利用自身团队实施在线营销和线下品牌建设相结合的推广活动。当在线营销积累一定的口碑后,再对境外主要市场进行市场细分,引入境外当地合作电商进行品牌本土化。

（三）选择合适的电商平台

与传统外贸相比,境外买家的采购特点是次数多、数量少、收货时间短,涉及产品质量和服务的每个细节都能被买家迅速地体验感知出来并在电商平台上进行反馈。因此,跨境电子商务在经营品牌产品时,在经营观念上要灵活开放,为更多境外中小买家提供符合实际的采购需求和服务。在选择电商平台或发展自身电商平台时,注重平台对品牌产品的专业经营,在平台上针对自己的品牌产品细分成不同的境外市场,以适应不同国家(地区)对自己同一品牌产品的不同需求。

（四）打造更好的平台用户体验

网络为消费者提供了极大的选择性，因此电商要为用户提供简单直观的用户体验，重视平台的易用度，用简单易懂的当地语言提供产品简明的介绍，配合真实、清晰的图片，避免消费者在收到货物时发现和图片描述不一致而导致的不满意和投诉。电商同样要在产品包装运输方面下功夫，通过精美的包装让消费者感受到电商的用心，同时还要对目标区域消费群体进行深入的研究分析，了解消费群体的网购习惯，完善自身业务流程，不断提高平台的服务质量，从而逐渐积累用户群体。

（五）选择完善的物流和支付方式

跨境电商应根据所经营的品牌产品和境外买家的分布特点，选择灵活畅通的物流公司配送，以最快捷的方式将货物送到买家手中。在销售利润允许的前提下，尽量选择国际知名的美国联邦快递集团（FedEx）、美国联合包裹运送服务公司（UPS）、德国敦豪快递服务公司（DHL）、荷兰天地公司（TNT）等快递公司。利用这些知名快递公司，不但可以使买家快速收到所买的货物，而且也可以使买家体验到跨境电商的实力和品牌的服务。另外，在支付方面，在保障收款安全的前提下，可采用信用卡、银行转账、第三方支付等多种支付方式，以满足不同买家的付款需求，应选择用户使用广泛、货币使用种类多的支付方式。

（六）加强与境外电商和媒体合作

跨境电商可以尝试与境外电商合作，在主要销售国家和地区建立站点和物流仓库，实现即时线上接单，即时线下境外仓库发货。这可以让买家快速收到货物，实现退货和换货自如，从而实现跨境销售本地化，极大地提升买家的跨境购物体验，增强跨境电商在境外市场的竞争力。另外，跨境电商应注重与境外社交媒体合作，一是通过对品牌产品的发帖、测评、用户讨论等方式实现对其品牌产品的推广；二是通过各种渠道搜集买家对于同类产品性能、设计、缺点方面的反馈信息，以帮助跨境电子商务及时改进产品，迎合用户的需求，获取更大的市场份额，从而实现品牌产品销售的本地化。

B2B平台在一定的历史时期内帮助中小企业打开了市场，但是在市场的梳理成型阶段，专业跨境网络营销是外贸企业发展的一个"催化剂"。近年来，除了直接在社交媒体上投放广告外，中国商户还采取与境外社交媒体红人合作等新形式。这些境外的网红们成了商户品牌和商品的媒介，通过他们自身在网民中的广泛影响力，将粉丝转化为潜在消费者。社交媒体平台成为中国跨境电商销售的必争之地，境外网红成为商户的营销新方式。下面对跨境电商中常用的网络营销方法进行介绍。

第五节　电子邮件营销

一、电子邮件营销的定义与基本因素

电子邮件营销（EDM），即 E-mail direct marketing 的缩写，是在用户事先许可的前提下，通过电子邮件的方式向目标用户传递价值信息的一种网络营销手段。电子邮件营销有 3

个基本因素:用户许可、电子邮件传递信息、信息对用户有价值。3 个因素缺少一个,都不能称之为有效的电子邮件营销。

基于用户许可的表现方式有很多,包含线上与线下两大类。线上收集 E-mail 地址的方式一般有网站在线注册、订阅等,线下收集 E-mail 地址的方式一般有展会、名片交换、线下活动收集、超市收银台收集等多种。用户线上注册的时候,发送确认邮件进行 double-opt-in(激活确认),可保证 E-mail 地址的准确性,同时增强用户对邮件的意识,提高许可性。

通过 E-mail 传递信息,是电子邮件营销的技术基础。首先要保证 E-mail 的送达,才能谈得上电子邮件营销。要保证群发邮件的正确送达,最好选择第三方专业的 EDM 服务商。

向用户传递有价值的信息,是许可式邮件营销的核心环节。基于用户许可的邮件群发,不一定是电子邮件营销。只有那些通过数据分类,传递给用户的有价值且相关性高的信息,才称得上是真正的电子邮件营销。可以将 E-mail 与 SNS、mobile device(移动设备)、web(网页)等进行整合,同时利用相应的分析工具和专业的 EDM 系统,获取更加详细的对用户行为追踪的信息,便可进行更有针对性的电子邮件发送。

众所周知,电子邮件在境外的覆盖面群体比较广,人们更倾向于使用电子邮件与人进行沟通,其发展情况与趋势大大高于境内。跨境电商企业注重营销实效,邮件营销被视为最重要的营销渠道之一。例如,亚马逊具有完善的全球电子邮件营销体系,在境内和境外都非常注重邮件营销,其邮件营销涉及日常营销推广、售后服务、顾客消费体验改善等客户销售过程,并且基于客户、数据、渠道之间的大数据营销应用也使其走在了精准个性化营销的前沿。那么,如何利用电子邮件营销开拓境外市场呢?

二、电子邮件营销的优势

(一)成本低廉

电子邮件营销只要有邮件服务器,就能与客户进行联系。联系 10 个用户与联系上万个用户的成本几乎没什么区别且都较低廉。从时间成本来看,只要找到了用户邮箱,便可花很少的时间将邮件发送出去。

(二)快速

相比其他网络营销手法,电子邮件营销也十分快速。搜索引擎优化需要几个月,甚至几年的努力才能充分发挥效果。博客营销更是需要大量的时间,发布大量的文章。SNS 营销需要花时间参与社区活动,建立广泛的关系网。而电子邮件营销只要有邮件数据在手,发送邮件几个小时后就可看到效果。

三、电子邮件营销劣势

(一)电子邮件传输限制

由于受到网络传输速度、用户电子邮箱空间容量等因素的限制,并不是什么信息都可以通过电子邮件来传递,这就在一定程度上限制了电子邮件营销的应用范围。

（二）营销效果的限制

电子邮件营销的效果受到信息可信性、广告内容、风格、邮件格式等多种因素的影响，并非所有的电子邮件都能取得很好的营销效果。特别有些邮件内容冗长或格调不高，营销效果将远远低于正常水平。由于"电子邮件营销"往往未经收件人许可自动发送至收件人邮箱，也可能招致反感，从而难以达到实际效果。

（三）信息传递障碍

出于过滤垃圾邮件等原因，一些邮件会遭到 ISP（Internet Service Provider，互联网服务提供商）的屏蔽，用户邮件地址经常更换也会造成信息无法有效送达，退信率上升。信息传递障碍已经成为影响电子邮件营销发展的主要因素之一。

（四）掌握用户信息有限

在很多情况下，用户在网上登记的资料往往不完整或不真实，通常只有一个邮件地址，当用户电子邮箱变更，或者兴趣发生转移，原有的资料可能就已经失效了，除非用户主动更换电子邮件地址，否则很难跟踪这种变化。如果可以掌握更多用户信息，如公司/用户名称、地址、行业和产品等，就可以大大提高营销效果。

四、电子邮件营销的实施

（一）电子邮件主题

电子邮件主题会让用户了解电子邮件的大概内容，能够表达电子邮件营销的最基本信息，一个好的电子邮件主题会引起用户的兴趣，进而决定打开邮件。所以电子邮件主题对于邮件是否会被用户打开具有很重要的影响。在实际操作中，电子邮件主题的设计也是邮件营销人员最为关注的问题之一。

1.体现电子邮件的主要内容

客户通过电子邮件主题就能确定这封邮件的主要内容，进而决定是否要打开邮件详细阅读。即使用户不打开邮件，通过邮件主题，也已经把最重要的信息传达给用户了。

2.体现对客户的价值

有独特价值的产品、信息或者给人印象深刻的品牌出现在电子邮件主题中，即使用户不阅读邮件内容也会留下一定的印象。

3.体现品牌或产品的信息

客户对发件人的信任还需要通过电子邮件主题来进一步强化，将电子邮件主题的空间留出部分来推广品牌是很有必要的。因此电子邮件主题一定要尽量完整地体现出品牌或者产品信息，尤其在用户对于企业品牌信任程度不高的情况下，这一点更显重要。

4.含有丰富的关键词

由于部分用户收到电子邮件后并不一定马上对邮件中的信息做出回应，有些客户甚至可能在1个月之后才突然想到曾经收过某个邮件中含有自己所需要的信息。因此电子邮件主题要含有丰富的关键词,一方面可以增加用户的印象,另一方面也是为了让用户在检索收件箱中的邮件时增加被发现的机会。

5.不宜过于简单或过于复杂

尽管没有严格的标准限制主题的字数,但保持在一定合理的范围之内,既能反映出比较重要的信息,又不至于在邮件主题栏默认的宽度内看不到有价值的信息。一般来说,电子邮件主题应保持在8~20个汉字范围内比较合适的。

（二）电子邮件内容

电子邮件内容质量的好坏是电子邮件营销成败的关键。邮件的内容大致可分为两种:一是告知信息,留下联系方式,等待成交,文本内容应该用尽可能简短的文字描述出你能给客户解决什么问题;二是尽量将目标客户引导到网站上,这就需要更简单、更有诱惑力的文字,引发消费者的购买兴趣。因此邮件的内容设计要在对客户需求充分了解的基础上,推送客户最感兴趣、最容易让他们购买的信息。另外,电子邮件内容应当展示清晰,包括产品信息、优惠活动、活动截止时间等,这些都是直接影响邮件转化率的重要因素。

电子邮件营销的方式随着互联网行业的变化也在不断地变革,企业通过电子邮件营销能够有效地维护用户关系,同时还能增加用户重复购买的概率。对于跨境电子商务行业来说,在塑造公司的品牌形象、与用户保持持续沟通上,电子邮件营销凭借其独特的优势能够帮助企业获得更好的用户体验与转化。

（三）电子邮件创意

在日常电子邮件营销中,围绕产品服务,利用节日、文化、突发事件等热点巧借力、妙整合,设计制作激发用户需求、吸引用户眼球的电子邮件内容,可以为电子邮件营销时不时带来些井喷的效果,甚至成为全年营销中的亮点。亚马逊的全球尖货TOP榜专题邮件、京东的情人节定制鲜花专题邮件,都是很好的营销创意思路。

（四）电子邮件效果

电子邮件营销的效果可以用打开率、点击率、转化率等指标来衡量。

1.打开率

对于邮件营销来说,较高的邮件打开率可以获得更多的利润回报,影响邮件打开率的因素主要有3个:邮件用户的相关性、邮件主题和邮件能否及时发送。只有对用户精准细分,针对不同类型的用户策划不同的主题,才会真正给用户带来价值,进而提高邮件营销的打开率。邮件标题中明确表明身份或添加品牌标志能让收件人放心打开。通常情况下,可以通过设置邮件客户端的回执或者通过第三方的邮件跟踪网站查到自己发送的邮件是否被对方打开过。

2.点击率

点击率对于所有电子邮件营销人员来说是一个非常重要的跟踪指标。可以直接统计有多少客户对邮件内容感兴趣及想了解更多关于品牌的信息。点击率与打开率密切相关,首先要确保较高的打开率,才可能有较高的点击率。通过对用户数据的整理与分析,给用户推送个性化的电子邮件,能够有效地增加电子邮件的点击率。

3.转化率

电子邮件营销的转化率是指在一个统计周期内,完成转化行为的次数占推广信息总点击次数的比率。邮件收件人点击了邮件之后,下一个目标通常就是让点击的客户通过邮件转化他们的实际购买行动。转化率是网站最终能否盈利的核心,提升网站转化率是网站综合运营实力的结果,是决定电子邮件营销成功与否的最重要的衡量参数。邮件内容应当展示清晰,包括产品信息、优惠活动、活动截止时间等,这些都是直接影响邮件转化率的重要因素。

中国跨境电商产业在中东欧、拉丁美洲、中东和非洲等地区,都有望在未来获得较大突破。跨境电商也正在告别以往野蛮增长的状态,进入竞争日趋激烈的发展期,跨境电商在电子邮件营销上只有更加精细化才能获得相对竞争优势。如何保证邮件发送数量和质量;如何打造适合境外用户习惯的个性化邮件模板;如何合理搭配组合商品进行营销,并完善用户关怀、售后服务等邮件产品线;以及如何以有创意和有吸引力的邮件内容及设计来拉动客户持续访问网站,维护客户关系,提高客户忠诚度和重复购买率等,是中国跨境电商邮件营销在境外市场获得成功的关键。

第六节　搜索引擎营销推广

搜索引擎营销从 1994 年产生到现在只有 20 多年的历史,但是它的技术已经相对比较成熟,商业模式也由最初的免费模式,发展到今天的收费模式,成为推动企业壮大市场的强大引擎。

一、搜索引擎营销的定义

搜索引擎营销(search engine marketing,SEM),就是根据用户使用搜索引擎的方式,利用用户检索信息的机会尽可能将营销信息传递给目标用户的营销方式。简单来说,搜索引擎营销就是基于搜索引擎平台的网络营销,利用人们对搜索引擎的依赖和使用习惯,在人们检索信息的时候将信息传递给目标用户。搜索引擎营销的基本思想是让用户发现信息,并通过点击进入网页,进一步了解所需要的信息。

二、搜索引擎的基本原理

搜索引擎营销的基本思想是让用户发现信息,并通过(搜索引擎)搜索点击进入网站/网页,进一步了解他/她所需要的信息。在介绍搜索引擎策略时,一般认为,搜索引擎优化设计主要目标有两个层次:被搜索引擎收录、在搜索结果中排名靠前。简单来说,SEM 所做的就是以最小的投入在搜索引擎中获得最大的访问量并产生商业价值。多数网络营销人员和专业服务商对搜索引擎的目标设定也基本处于这个水平。但从实际情况来看,仅仅做到被搜索引擎收录并且在搜索结果中排名靠前还很不够,因为取得这样的效果实际上并不一定能增加用户的点击率,更不能保证将访问者转化为顾客或者潜在顾客,因此只能说是搜索引擎营销策略中两个最基本的目标。

搜索引擎营销的基本要素有5个：信息源、搜索引擎信息索引数据库、用户的检索行为和检索结果、用户对检索结果的判断分析及对选中检索结果的点击。其中信息源是基础，需要通过对用户、网站管理维护和搜索引擎的优化来构造适合搜索引擎检索的信息源。搜索引擎营销的实现过程，是企业将信息发布在网站上成为以网页形式存在的信息源；搜索引擎将网页或网站信息收录到索引数据库；用户利用关键词进行查询和检索；检索结果罗列相关的索引信息及链接URL(uniform resource locator，统一资源定位器)；用户选择有兴趣的信息并点击URL进入信息源所在的网页，从而完成了企业从发布信息到用户获取信息的全过程。由于大多数网民的检索习惯仅仅是关注搜索结果的前几页，如果企业信息出现的位置比较靠后，被用户发现的机会就很低，因此应尽量让网站信息出现在搜索结果中比较靠前的位置。

三、搜索引擎营销的优势与劣势

（一）优势

网络方面的营销有电子邮件营销、搜索引擎营销、网络广告营销、交换链接/广告互换的营销、在BSB网站上发布信息或登记注册的营销、在新闻组或论坛上发布网站信息的营销，还有靠病毒、恶意代码等方式进行的营销。弗雷斯特市场咨询公司(Forrester Research)一项研究显示，近78%受调查的广告主表示，他们认为未来几年搜索引擎营销的效果最好。

调查发现，在所有网络推广方式中，认为搜索引擎是最有效的网络推广方式的企业占比高达75.30%，远高于其他网络营销手段。此外，网络黄页占比为2.42%、在线图片广告占比为2.00%、电子邮件推广占比3.10%、网址类占比3.00%、文字链广告和网上交易平台分别占比1.00%。

相比其他网络营销方式，搜索引擎营销效果最好。因为搜索引擎营销是许可式营销，客户是通过搜索引擎主动寻找他们想要的产品与服务，客户主动找上门来，更容易为买卖双方所接受，达成交易的可能性大大提高。而其他网络营销方式是打扰式营销，客户是被动或者被迫知道企业的产品与服务的，没有内在的需求，达成交易的可能性当然小。针对客户内在的需求的定向营销，是搜索引擎营销最大的竞争优势。

（二）劣势

(1)投放搜索引擎广告，使得同一领域热门关键词竞争越来越激烈。为了出现在搜索结果中并且使广告位置靠前，就不得不支付更高的广告费。付费关键字广告价格不断上升，企业投入增加，营销效果下降。

(2)对搜索引擎的依赖导致营销效果的被动性与不稳定性。搜索引擎数据不断更新，算法不断调整，从而使搜索引擎营销效果充满变数。如果不慎使用了违规营销手段，网站还可能遭到搜索引擎平台的处罚。

(3)用户对于付费搜索引擎广告的信任度不高。调查表明，消费者对广告信息最信任的方式包括：其他消费者的推荐(87%)、品牌网站(73%)等，而对于搜索引擎广告信任的比例只有34%，远低于其他一些广告方式。

四、搜索引擎营销的基本模式

搜索引擎营销的基本模式主要包括：免费登录分类目录、付费登录分类目录、搜索引擎优化、关键词竞价排名、固定排名等。

（一）免费登录分类目录

免费登录分类目录是传统的网站推广手段，由于目前大多数搜索引擎都已经开始收取费用，免费登录分类目录的营销效果不尽如人意，以当前的发展趋势，这种方式已经逐步退出网络营销的舞台。

（二）付费登录分类目录

付费登录分类目录是指网站缴纳相应费用之后才可以获得被收录的资格。固定排名服务是在付费登录基础上展开的。此类模式与网站本身的设计基本无关，主要取决于费用，但其营销效果也存在日益减弱的问题。

（三）搜索引擎优化

搜索引擎优化的具体优化方式为：按照一定的规范，通过对网站功能和服务、网站栏目结构、网页布局和网站内容等网站基本要素的合理设计，增加网站对搜索引擎的友好性，使得网站中更多的网页能被搜索引擎收录，同时在搜索引擎中获得较好的排名，从而通过搜索引擎的自然搜索尽可能多地获得潜在用户。

（四）关键词竞价排名

竞价排名即网站缴纳费用后才能被搜索引擎收录，缴纳费用越高者排名越靠前。竞价排名服务是由客户为自己的网页购买关键词排名，然后按点击计费的一种服务。通过修改每次点击付费价格，用户可以控制自己在特定关键词检索结果中的排名，也可以通过设定不同的关键词捕捉到不同类型的目标访问者。

1.选择搜索引擎

首先要选择用户使用数量比较多的搜索引擎，但同时还要考虑同一关键字的竞争情况，如果同一关键字使用率过高则降低了营销效果。所以要综合考虑性价比较高的搜索引擎。此外，可以选择多个搜索引擎同时进行营销活动，这样更能增加点击率，达到增加营销的目的。用户应该增加关键字的数量，因为单一的关键字具有分散型，用户很难精确查找，效果就会受到制约，如果选择多个关键字，用户覆盖面广，会增大被搜索的频度，从而增加营销的收益。关键字的选择需谨慎，不能盲目，有些热点关键字虽然比较流行，但因为价格高，用户选择几个相关度较高的关键字代替，也是一种不错的方案。

购买关键词广告即在搜索结果页面显示广告内容，实现高级定位投放，用户可以根据需要更换关键词，相当于在不同页面轮换投放广告。关键词广告显示的位置与搜索引擎密切相关，有些出现在检索结果的最前面，有些出现在检索结果页面的专用位置。

2.关键词的确定

搜索引擎营销的首要工作就是为网页确定关键词，进而确定网络营销的市场。关键字选择的合理与否意味着是否能给企业网站带来极具针对性的访问量。合理的关键字是指与公司网站内容相关并被网民经常使用的关键字。如果企业购买的关键字与其网站内容相关性不高,搜索引擎会将这样的网站排名靠后,甚至不纳入排名范围。因此关键词的选择要少而精,并且避免热门词汇。同时要把关键词部署在各个环节中,包括页面内容、标题等重要环节。一般而言,关键词在页面中出现的频率越高和用户搜索的相关度就越高,就越容易被提前检索,但是不能过多地分布关键词,会被认为是恶意行为而禁止检索。

3. 企业在选择关键词时,需要考虑产品的定位

对企业来说,挑选的关键词必须与自己的产品或服务有关。在挑选关键词时还要注意避免选择一般性词语作为主要的关键词,而是要根据你产品的种类,尽可能选取具体的关键词。

4. 关键词的监测

选好关键词,还要根据显示效果和外部竞争情况的变化,随时对这些关键词进行修改。通过搜索引擎提供的广告的特点,用户可以随时跟踪每个关键词的变化,并能及时对关键词进行更新替换。

5. 选择恰当的时间发布

目前我国网民在一天中有 3 个上网的峰值时间段:第一个峰值时间段为早晨 9:00—10:00,网民上网比例为 22.8%;第二个峰值时间段为下午 2:00—3:00,网民上网比例为 28.2%;晚上的 20:00—21:00 达到一天中的最高峰,网民上网比例为 48.6%。和以往的结果相比,晚上上网的网民比例有明显增加。显然,如果在这 3 个时段内,企业发布广告并加大晚上推广的力度,企业广告效果会更好,选择好时机对营销意义重大。

(五)固定排名

固定排名是一种收取固定费用的推广方式,企业在搜索引擎购买关键词的固定排位,当用户检索这些关键词信息时,企业的推广内容就会出现在检索结果的固定位置上。这种方式可以避免非理性的关键词价格战,但当某关键词变成"冷门"时,可能会造成企业资源浪费。

五、搜索引擎优化策略

(一)搜索引擎优化的概念

搜索引擎优化是指从自然搜索结果中获得网站流量的技术和过程,是在了解搜索引擎自然排名机制的基础上,对网站进行内部及外部的调整优化,改进网站在搜索引擎中的关键词自然排名,获得更多的流量,从而达成网站销售及品牌建设的目标。搜索引擎优化是完善搜索引擎技术的过程,让网页设计更适合搜索引擎的检索原则,从而获得搜索引擎收录并在排名中靠前的各种行为。

搜索引擎优化可从搜索引擎的技术、检索内容和搜索引擎的服务 3 个方面开展。搜索引擎技术的优化是搜索引擎自身优化的基础,可直接作用于搜索引擎的知识信息组织及其服务。通过其技术的优化能进一步促进知识信息内容及组织方式的优化,从而改进和完善

搜索引擎服务。搜索引擎的知识信息内容及其组织方式是搜索引擎系统的核心,直接决定其服务水平的高低。搜索引擎服务直接面向搜索引擎用户,通过与用户的信息交互,可以发现搜索引擎的优势和不足,完善和发展优势,修正和改进不足。

1.选择合适的搜索引擎

目前,不同的搜索引擎有各自的特点和优势。不同企业可以根据自身的需求、预算和潜在客户特征去选择合适的搜索引擎。随着互联网上信息量的不断增多,综合性的搜索引擎在检索某些类别的信息时显得不够精确,虽然它可以汇聚无数的文档,却无法更精准地判断用户的搜索意图。针对这样的缺陷,各行各业的专业型搜索引擎纷纷出现,可以使用户更精确地搜索到所需信息,用户也使用专业的搜索引擎来寻求信息。所以,不同企业应该根据自己的需要选择适合自身发展的搜索引擎。

搜索引擎搜寻信息最重要的标准就是过滤和排名。过滤即对每个搜索请求,搜索引擎决定将哪些网页列在结果列表中,如果网页达到过滤标准,它就会被放到列表中。排名即对每个搜索请求,搜索引擎根据相关程度对搜索结果排序,决定哪些网页显示在列表的顶端,网页内容越好,和搜索请求越匹配,排名越高。

我们先看看过滤的要求,过滤器主要以语言过滤器、国家和地区过滤器两种为主,前者对搜索引擎营销人员而言,重要的是搜索引擎知道页面所使用的语言。如果网页没能被正确地识别,可能就会从本应发现它的搜索者面前消失,从而降低你的引荐访问率。多数情况下,搜索引擎会自动正确地判断网页的语言,对只有很少几个词的网页,要保证网页被正确识别,正确的编码语言和字符标签很重要。如果搜索者不想将结果限定到一种语言上,他们想要的是在一个特定国家(地区)内的所有结果,也想要从一个使用本国(地区)货币的国家(地区)的供应商处购买,且不想付高额的运费,语言过滤做不到这点,国家和地区过滤器则可以做到,搜索者只要通过高级搜索界面来指定搜索页面上的国家、地区或者语言等过滤器就可以实现。

如果你的网页针对某个特定的搜索请求通过了过滤器,于是排名算法会接管过来,查看每个含有这些词的被接管网页,并决定你的那个搜索请求网页与其他网页的比较结果。对搜索引擎来说没有对与错,它们只是尽力发现符合搜索请求的最高质量的页面,排名算法包含了很多要素,如果你的排名算法的要素得到高分,那么就会在结果显示中排在前面。

主要的排名要素是页面要素和搜索请求要素。页面要素,即网站搜索排名算法更多依赖于输入的与搜索请求无关的组成部分,例如到网页链接的力度,网页访客的数量等,这些要素对网页上词的任何搜索的排名都有推动作用。搜索请求要素,即搜索者输入的特定搜索请求会有很大权重。搜索请求中的词的出现次数,它们在网页上被发现的位置等,还有很多其他的要素被搜索引擎在决定排名结果时使用。

2.对登录页面进行优化

对登录页面进行优化主要从页面设置、网站链接的数量和质量方面考虑。为每个页面设置一个相关的标题,用户在检索所需商品时,他所关心的不是厂商的名字,而是产品本身,因此在设计网站标题时,不一定首先把公司的名称推给客户,而是要先告诉客户,你所提供的产品和服务。同时这些标题核心词汇不应该是生僻词汇,或者过于通用的词汇,因为没有人会盲目地检索。

在网页设计中应该以静态网页为主,而不是动态网页。目前的搜索引擎技术通常是针对静态文本信息进行检索的,因此为了获取检索的机会,网站设计应尽可能使用文字信息,而不是图片或是动画。

注重外部网站链接的数量和质量,这主要是针对搜索引擎的搜索技术而言,网站被外部高质量的网站所链接非常重要,这将加大被访问的机会。当然搜索引擎并不把外部链接数量作为评价标准,同时还要看外部链接网站的质量,一个高质量网站链接所带来的收益远远高于低质量网站的链接效果。因此,既要注重链接的广度又要注重链接的质量。交换链接与交换广告是网站合作推广最常用的两种方式:其一,企业可以通过登录高质量的分类目录网站或者与合作伙伴之间进行网站链接交换来提高网站的外部链接数量,增加链接的广度和链接的质量,从而获得更多的访问量,提高企业在行业内的认知度、认可度及在搜索引擎中的排名;其二,企业还可以与互补性的网站交换广告,利用对方的网络流量来获得新的访问人群。

(二)搜索引擎优化的做法

1. 放大流量入口

在跨境电商中,SEO 是指产品搜索排名优化,即在现有的跨境电商平台网站搜索规则下,使目标产品在顾客通过关键词搜索时能够被网站系统抓取。搜索引擎优化最重要的一点就是增加商品的曝光率,获得更多的流量。那么应该从哪几个方面放大流量入口呢?下面以速卖通为例,介绍一般的流量起点来源。

通过速卖通首页,可以看到当顾客点击进入这个网站的时候,有以下几个流量导向:一是在搜索框通过关键词搜索,二是点击左侧已细分好的类目,三是点击进入平台的活动banner(横幅广告),四是直接访问购物车和收藏夹,五是访问 top selling(畅销品)和平台推广的商家及商品。由此可以看出,在买家进入速卖通首页后,可以通过以上 5 个渠道进行搜索,寻找自己所需要的目标产品。当买家进入店铺或产品详情页时就会产生后台数据 PV(page view),即页面浏览量。接下来我们从商品属性优化、商品标题优化、规则分析优化几个方面详细介绍如何进行搜索引擎优化。

(1)商品属性优化

①销售属性的优化

在商品 Listing(详情页)的左侧,我们可以看到各种属性选择栏。从图 4-1 的左侧属性选择栏我们可以看到,商品被细分为 Brands(品牌)、Size(尺码)、Color(颜色)、Material(材质)、Sleeve(袖子)等几种属性。买家通过平台已经罗列出来的商品属性,可以更加快速、精准地找到其所需要的目标产品。

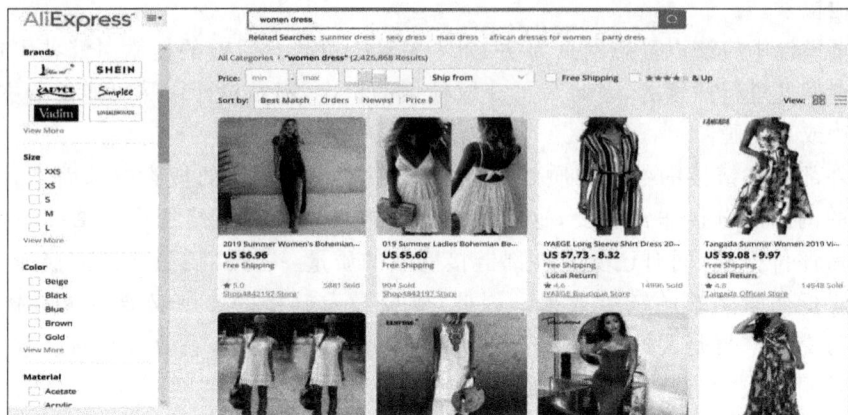

图 4-1　左侧属性选择栏

产品的属性远不止以上所说的几种。买家通过属性的选择,最终能够精准地找到其需要的目标产品。通常这种曝光的转化率非常高,不仅可以使新品快速地出单,增加新品的搜索排名,而且还能不断地提升后续的曝光,增加其成长空间。不过需要强调的是,无论是什么产品,产品的属性填写率必须高于所要求的78%。这样一方面可以体现出卖家对产品的了解程度,另一方面也可以看出卖家对这类产品的市场把握能力。产品属性的填写一定要注意精准化,属性具有不可变性,一旦填写,就无法改变。

②商品自定义属性的优化

除了商品销售的属性外,还可以添加商品自定义属性。自定义属性可以理解为一些偏向于主观因素、可控制的产品属性,如产品的风格、规格颜色、流行元素、会员价等。可以通过丰富自定义属性,来优化产品的精细化搜索,从而达到增加产品流量、提升产品转化率的目的。具体如何选择产品的边缘化属性,可以参考后台的平台热销和热搜属性。

(2)商品标题优化

①标题的电商作用

在速卖通平台的搜索系统中,标题不仅展示产品,显示产品的信息,而且其每个字符都具有丰富的电商意义。一个读起来并不通顺的标题其实承担着被平台搜索抓取曝光并提升排序的重要任务。当买家用关键词进行搜索时,系统就会自动抓取产品标题中与关键词相关且匹配度高的词汇,从而找到买家想要的目标商品,这个过程我们称之为相关性抓取。下面以"women dress"为例为大家简单讲解,如图4-2所示。

当买家输入关键词"women dress"搜索时,系统就会以中间的空格为分界点,将关键词拆分为"women"和"dress",然后分别抓取标题中含有的关键词"women"和"dress",如果标题同时出现"women dress"则相关度最高,优先抓取排序。因此,可以看出关键词词汇的紧密度会影响搜索的相关性。在关键词搜索"women dress"时,一般情况下,相关度的紧密排列顺序是"women dress">"dress women">"dress …women">"dress">"women"。如果商品标题中正好有"women dress",该商品就会被系统优先抓取,当所有标题中含有"women dress"的商品全部抓取完之后,系统开始抓取有"dress women"标题的商品,依次类推,最后抓取完所有标题中只要含有"dress"或"women"的商品。

在这里,有的卖家可能会问,商品关键词前后顺序变化对商品的相关性有影响吗? 当我们在搜索栏中输入关键词"dress women"搜索商品时，搜索结果竟发生了完全不同的变化。"women dress"和"dress women"同是表达女裙的意思，却因为词前后顺序的颠倒，使平台搜索系统对商品相关性的抓取完全不同。这也提醒我们在设计关键词时，要考虑到同一商品的多种表达方式，以及目标国家语言的使用习惯，这样商品才能最大限度地被系统抓取曝光。

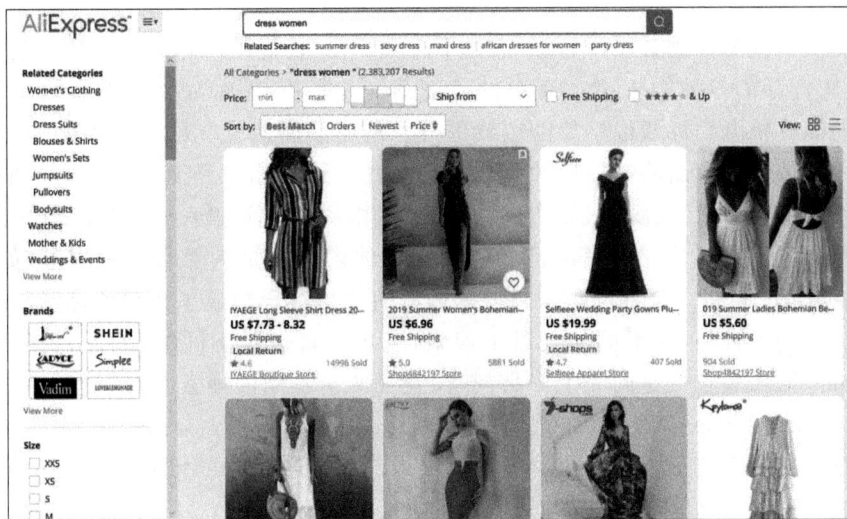

图 4-2　关键词顺序变化的影响

这时候可能卖家会问，当搜索引擎抓取了所有与关键词具有相关性的商品后，这些商品又是按照什么标准进行排序展示的？在这里引入一个商业性得分的概念，可以将它理解为，每一个商品本身所具有的分值。当搜索引擎找到相关性的目标商品后，会通过这些商品的商业性得分对商品进行排序，按照页面显示的从左往右、从上到下的顺序。商品被系统抓取并曝光的顺序是展示商品的一个非常好的机会，也是一个绝佳的平台资源。当系统对这些商品的成交可能性表示信任，给予肯定时，就会把搜索结果页面展示商品的位置留给有较强竞争力并且对买家有吸引力的商品。系统判定的商品商业性得分与商品的转化率、好评率和 PV 基数等密切相关。这同时也解释了另一个问题，有的卖家看到平台热销的商品，复制该商品的标题和图片上传到自己商品，然而通过关键词搜索，结果页面显示的排序靠前的仍然是平台上原来热销的商品。通过以上分析我们了解到"women dress"和"dress woman"其实是两个完全不同的流量入口，那么应该如何放大这个入口，增加商品的曝光率，提升排序呢？我们可以借助后台的搜索词分析工具来增加曝光率。

通过搜索词分析页面，在行业中找到服装/服饰配件，在这个大类目下，可以看到买家的热搜词，这些词都是买家在搜索时所用的关键词，同时也是曝光次数非常高的词。可以按搜索人气、搜索指标、点击率、成交转化率等指标进行排列，从中找出有帮助的关键词。一般建议将点击率和成交转化率两个指标进行由高到低的降序排列，然后选择曝光率高的词优化自己的标题，增加流量入口。

但也有卖家确实是按照这个方法做的，使用了这些高曝光率的词，而自己的商品却没有任何的曝光。这里就要提到之前所说的商品商业性得分的概念。对于每一项指标，平台系统都有一套属于自己的计算方法。商品曝光的一个计算方法，即

$$商品曝光＝商业性得分×相关性搜索曝光基数$$

通过公式可以看出,如果商品商业性得分为零,那么在标题中即使设置了再高的相关性搜索曝光基数,结果还是零。

因此,我们之前提到的放大商品流量入口的内容是针对有商业性得分基础的商品的,在这基础之上需要我们做的是让商品获得更多的曝光,从而增加商品的点击率和订单转化率。

②标题模板设计

一个优质的商品标题必须要简练,字数不能太多,并且能用一句完整的话来充分描述商品,其中涵盖商品的各种信息,比如商品的属性、颜色、规格、参数、品牌、材质、数量等。

商品的属性信息是标题很重要的组成部分。从商品属性优化的内容我们了解到,一个商品属性的组成包括商品的销售属性和自定义属性。销售属性是商品本身自带的,填写后是不可以改变的,而自定义属性(如产品的款式、风格和流行元素)是可以改变的,因此我们可以对这部分属性进行优化。商品标题中最关键的内容还是大类目搜索词汇,如"women dress""casual dress"等。属性与大类目搜索词汇的简单组合构成了完整的标题。同时根据上文的分析我们了解到,在不同的类目下搜索,流量入口也是不同的,如"women dress"和"dress women",虽表达的是同一个产品,却代表着两个不同的搜索入口。也就是说买家想找到裙子,可能从"women dress"端搜索目标产品,也可能从"dress women"端搜索。因此,在设计标题时就要满足不同搜索端的买家需求,让产品在"women dress"和"dress women"两个不同的搜索入口都能被抓取,实现产品曝光的最大化。

此外,还需要考虑新品的抓取曝光。在设计标题时,可以结合产品的属性信息、参数、风格、流行元素等词汇形成长尾词来提高产品搜索的精准度,从而促进订单成交提升新品搜索排序,增加曝光机会。

综上所述,我们可以得出如下的万能标题模板:A 大流量搜索词 1＋B 大流量搜索词 2＋C大流量搜索词 3。标题模板中的"A""B""C"是产品的属性信息、风格、参数、流行元素等词,这是卖家自己添加的,这些词可以参考平台后台数据中人气高、转化率高的词。

下面来分析这个模板的万能之处。使用大流量搜索词的目的是放大商品的流量入口,因为只有增加流量才能使标题最大限度地被抓取。可以通过模板中的 3 个大流量搜索词放大商品的流量入口,增加曝光路径。也就是说买家通过搜索"大流量搜索词 1"可以快速有效地找到商品,通过"大流量搜索词 2"和"大流量搜索词 3"也是如此。这样我们可以使该商品通过 3 个大流量搜索词实现曝光的最大化。

上述标题是由"A 大流量搜索词 1""B 大流量搜索词 2"和"C 大流量搜索词 3"3 个部分组成的,以实现这 3 个长尾词的精准定位。通过这个模板我们还可以进行长尾词组合,从而变换成新模板,如"A＋大流量搜索词 2"、"B＋大流量搜索词 3"、"A＋B 大流量搜索词 3"或"A＋B＋C大流量搜索词 3"等,更大范围地覆盖非紧密的长尾词搜索,从而达到高流量入口的覆盖和高密度长尾词精准搜索的覆盖。

(3)规则分析优化

要打造一个优质的爆款,我们需要在平台规则允许的范围内不断微调与优化产品。下面我们看一条速卖通平台规则——速卖通平台更换产品行为规范。

适用范围:为促进公平的交易环境,卖家不得以更换产品的形式在速卖通平台发布新产品,而应该选择重新发布的形式。更换产品的行为将在速卖通平台受到处罚。更换产品的行为是指通过对原产品的修改来发布不同的产品,包括但不局限于更换产品图片、标题、价格、关键字、类目等;但是如果修改只涉及对原有产品信息的补充、更正而不涉及产品,则不视为更换产品的行为。

如卖家更换产品,速卖通平台将移除该产品所有累积的销量纪录等信息。速卖通平台将保留对更换产品影响恶劣者追加处罚的权利。

速卖通平台建议您选择重新发布产品,尽可能不更换原有的产品,避免之前累积的销量纪录等被清空。

从速卖通平台的规则可以看到,平台对于更换产品的行为是严格禁止的,处罚也非常严厉。但是通过细心分析,我们会发现规则明确界定了该行为,是指通过对原产品的修改来发布不同的产品,这就说明商品信息的补充和更正不属于违规范围。因此,可以在一定范围内修改和优化产品的属性、标题、关键词甚至是图片,从而优化产品信息,增加曝光机会。

2. 未付款订单处理

相信大多数的卖家在日常的经营中都遇到过这样的情况,出于各种原因买家下了订单却迟迟没有付款,有些订单因为时间原因而被系统自动取消。面对这样的情况,有些卖家并不在意这些订单,认为它们是无效的,买家不付款表示不想买了,就算劝说也是徒劳,有的则是敷衍地进行一次紧急催款。这些处理方式都忽视了未付款订单的重要性。订单转化率是影响商品排序的很重要的一个因素,提高产品订单转化率能提升商品排序。如果买家没有完成支付这一步,则表示这是一次无效的商业性得分,并且它还会直接拉低商品的转化率,降低商品的排序。因此对于未付款订单一定要足够重视,竭尽全力完成最后一步的转化,具体做法可以分为以下3个步骤。

首先,根据买家的信息观察其情况。例如,如果是一个新手,他注册账号的时间并不久,很有可能是支付时遇到了问题,对支付流程不熟悉,甚至有的根本不会支付。可以通过站内通信或者订单留言的方式引导买家购买并完成订单支付。

其次,如果卖家是一个曾有购买记录的客户,应该是对商品购买产生了犹豫。那么应该与其积极进行沟通,并表达出随时提供帮助的意愿,实在不行可以用小赠品促使其完成订单支付。

最后,如果连赠品都不能引起买家的购买欲望,那么可直接通过修改价格的方式来吸引买家支付,完成产品订单的转化。

3. Cart 和 Wish List 的订单转化

与未付款订单相似,Cart(购物车)和 Wish List(愿望清单)的订单也往往容易被卖家忽视,Cart 和 Wish List 的产品都是买家浏览页面后并没有完成转化的潜在订单。可以通过优惠券的定向发放来促进订单的转化率,具体是指在利润合理的范围内,针对 Cart 和 Wish List,给目标顾客发放一定限额的优惠券,从而达到完成订单转化的目的。

第七节　付费广告推广

以速卖通直通车为例,直通车是速卖通平台会员通过自主设置多维度关键词、免费展示产品信息、大量曝光产品来吸引买家,并按照点击付费的全新网络推广方式。简单来说,速卖通直通车就是一种快速提升店铺流量的营销工具。下面分别从前期准备、直通车运营、直通车优化与提高等方面介绍直通车推广的操作方法。

一、前期准备

(一)选品策略

一个店铺如果想持久运营下去,能够源源不断地引进大量的流量是必不可少的,而热销爆款便是帮助店铺持续引进流量的重要条件。因此,每一位卖家都希望通过各种方法和途径增加店铺内某一款或几款商品的销量。只有选择买家所需要的产品,并结合自身产品的特点进行推广,才能快速地打通市场,快速地提升推广商品的销量。这里简单介绍两种选品策略:流行趋势选品和数据化选品。

1. 流行趋势选品

平台上的热销爆款都是大多数买家所喜欢的,代表着流行趋势,跟着流行趋势走总不会错的。可以对卖家后台的热搜与热销商品的属性进行分析,并将自己的商品属性与之相比较。找出自己的商品中与热销爆款类似的商品,这就是要推广的商品。

2. 数据化选品

数据化是电子商务最大的特点之一,所有的事务都可以通过数据来分析、控制和改进完善。通过数据更能客观地显示商品在市场上被买家接受的程度。因此,我们在选择推广产品的时候,可以以后台该商品在一段时间内的相关数据作为参考,如店铺商品最近一段时间的曝光量、访客数、浏览量、点击量、转化率等多维度数据,判断该款商品是否适合进行重点推广。

(二)提升转化率

直通车运用最关键的因素不是浏览量,也不是点击率,而是转化率。当然流量是前提,没有流量也就不存在转化率的问题。提升商品转化率的关键是将推广的商品精准地投放给购买意愿高的买家,并通过商品个性化的特征(如有创意的产品图片)吸引买家的兴趣。我们可以从以下几个方面提升商品转化率。

1. 尽可能使用精准关键词

精准关键词一般是指与商品匹配度较高,根据用户的搜索习惯选择的、属性表达明确的词。通常精准关键词有明确的指向性,也就是说买家搜索这个关键词时对于属性的购买倾向是非常强的。常见的表达形式是"属性词＋类目词",如 lace dress(蕾丝裙),该词表明买家对于具有蕾丝属性的裙子有很强的购买意愿。因此,若直通车推广时采用精准关键词,会大大提升其商品的转化率,而且明显比非精准的大类目词的转化率要高。需要说明的是,并不是不建议使用非精准的大类目词,如 dress、bag、shoes 等,搜索热度高的大类目词也会带来不少的点击量及成交量。因此,最好是将两类词结合起来,且要特别重视精准关键词。

2.创意图片体现商品个性化特征

参与直通车推广一般需要卖家设置创意标题和创意图片。创意图片,一般展示在搜索页面的右侧和底部,向买家传达商品的个性化特征。所以,创意图片一定要清晰、有创意、个性化。这些个性会吸引买家点击购买,设计创意图片可以参考以下方法。

(1)充分地表达出商品的一些主要属性,特别是区别于其他商品的个性信息。

(2)标题的前几个词尽量用富有吸引力的属性词,以吸引买家眼球。

(3)注意色彩搭配,底色要鲜明,避免有其他商品的信息,而且商品占整个图的比例尽量要大。

(4)若图片有多种颜色,则重点突出一种颜色来清晰地展示个性。

3.从细节入手提高买家购物体验

买家的购物决策是一个非常复杂的过程,除了受到对商品本身属性偏好度的影响外,商品详情页里的各种信息要素也是影响买家购物的重要因素,包括详情页的整体设计、销量、买家评价、品牌介绍、各种属性值等,这些细节都会影响买家购买决策。因此要提高商品转化率,以上各种要素在直通车推广时都要不断地改进、完善,从细节入手提升买家的购物体验。

二、直通车运营

(一)关键词选词技巧

关键词是直通车推广的基石,关键词选词的数量和质量直接关系到直通车的推广效果。关键词的数量方面的要求是要尽可能多地使用表达商品信息的词,关键词的质量要求是指关键词与商品的匹配度要高,而且要求精准关键词尽量多。如何选择精准关键词呢?我们可以通过直通车后台强大的关键词工具进行选词,根据不同的商品推广需要,关键词工具的使用可分为升序排列法、降序排列法和关键词联想法。

1.升序排列法

在选择好行业和类目后,按照"30 天搜索热度"升序排列,然后从上到下依次排列;应将与商品匹配的关键词,放入左边的"加词清单"中进行推广。在此过程中,需要注意应该直接排除与商品根本不匹配或匹配度较低的词。使用升序排列法有很多优点,比如,选择的关键词都是热搜或热销的词,这样减少推广时才能获得更多的曝光。选的词都是高精度的词,这样可在最大程度上减少非意向买家的无效点击。如此,将大大提高商品的转化率,并提高商品在直通车推广中的排序。但这种方法也存在一些问题,比如热搜热销的词一般竞争非常大,而且出价要求也非常高,这样就会增加产品的推广成本,降低利润。因此,卖家在选词时可采取关键词工具升序排列法和降序排列法相结合的推广方法。

2.降序排列法

卖家在选择直通车关键词时一般都会选择搜索热度较高的热词。但热搜的词一般竞争度也较大,而且出价高。有很多词属于搜索热度适中且竞争度非常低的词,因为竞争度极低,所以出价也非常低。如果能够学会利用这些词作为关键词,将有利于在直通车推广时避开激烈的竞争,并且因为热搜度适中还能获得一定的点击量和订单量,从而大大地降低直通车推广的费用,增加商品的利润。

3. 关键词联想法

关键词联想法是一种发散性的思维方法,具体的操作就是将某个关键词作为原词,然后从这个原词开始不断地联想其他的相关词,通过直通车后台的关键词工具对所联想到的词进行搜索热度的检验,热搜度高就留,热搜度太低就直接删除,通过这种方法往往还能找到"热搜度适中、竞争极低"的好词。一般最常用的关键词联想方式就是相近词代替。例如,通过关键词 long dress 可以联想到 dress long。接着从 long 出发,找出相关的替代词,可以是描述 long 的更加具体的词,比如 ankle length 和 floor length,组成"ankle length dress"和"floor length dress"两个关键词,如果再从"ankle length dress"做进一步联想,很容易想到"ankle dress"这个词。如此反复联想拓展,将得到更多的词。

(二)关键词出价策略

使用直通车关键词一定要慎重,每一个关键词能为商品带来曝光流量,增加点击,促进成交,但同时也需要大量的费用,因为买家的每次点击都有相应的成本。所以,关键词出价一定要掌握好一个度,一个盈亏的度,如果出价过高可能亏损,那么一切都是白费功夫,出价过低受到直通车推广的力度一定很小,同样不能给店铺带来任何好处。在介绍出价技巧之前,先了解一下直通车推广排名综合得分的计算公式

$$直通车推广排名综合得分 = 关键词出价 \times 推广评分$$

通常关键词在直通车中推广的排序是推广排名综合得分决定的,而这个综合得分是由关键词出价和推广评分两个因素决定的。推广评分分为优、良、差 3 个等级,推广评分为"差"就没有任何的曝光机会。在这里可以将推广评分理解为直通车对于某个关键词是否适合推广这个商品的系统判断,如果非常适合,评分就会高,如果认为关键词和商品没有关系,则评分非常低。影响推广评分的因素主要包括关键词与商品之间的匹配度、商品的相关信息是否完整、买家的需求等。在提交推广计划时,系统就会自动对所有的推广关键词给出一个初期的推广评分,后期根据直通车的运营推广情况,如商品的浏览量、点击率、转化率,推广评分也会不断地变化。直通车的关键词出价是一个复杂、动态的过程,卖家可以根据推广的不同时段、关键词的精准度等设置不同的出价,并积极地进行管理。具体的出价策略有以下 3 种。

1. 根据不同的推广阶段设置不同的出价

刚刚进行直通车推广时,流量少,点击率低,基本没有客户评价,因此转化率也很低。在直通车前期推广阶段,可以适度降低关键词的整体出价,在一定程度上适度控制推广成本。后期随着商品订单的不断增加与好评反馈,商品销量、人气会渐渐提升,这样会提升商品的点击率,促进更多订单成交。随着商品转化率的稳步提升,可以再调整关键词出价,适当提高出价水平,从而获得更多的曝光流量。

2.根据关键词的精准度与匹配度设置不同的出价

如果我们使用的直通车关键词的精准度与匹配度都比较高,则买家通过关键词搜索能迅速找到该店铺的目标商品,购买下单的可能性就很大,因此商品的转化率就会很高。针对这样的关键词可以适当调高其出价,得到直通车更多的推荐,从而获得更多的流量。如果关键词的精准度和匹配度较低,应该适当调低其出价。

3.初期亏损比例控制法

一般进行直通车推广时,商品的订单销量会随着销量、人气的累积而不断地提高,因此可以使用亏损比例控制法判断初期出价是否合理。具体的公式如下

$$亏损比例=(直通车推广成本-净利润)/单价$$

比如初期将亏损比例控制在 10%,若亏损比例大于 10%,应该适当调低出价;若低于10%,可以适当提高出价水平。通常在直通车推广初期,销量人气低,亏损是正常的。但是需要注意把亏损控制在可接受的合理范围内,随着后期订单量的增加,转化率将会逐渐提升。

三、直通车优化与提高

通过直通车后台的商品报告和关键词报告的数据查看直通车推广效果。

(一)商品报告

商品报告中的主要参考数据有曝光量和点击量,曝光量与点击量直接体现了直通车推广的整体效果。

如果曝光量和点击量都高,则说明关键词与商品的匹配度高,客户对于该商品的购买意愿高,只需要对单次点击付费进行优化。如果曝光量高,但点击量低,则说明关键词与商品的匹配度高,但该种商品对顾客的吸引力非常低,可以对商品的图片进行优化或者使用打折促销手段。如果曝光量低,则说明关键词与商品的匹配度低或者关键词不多,要优化关键词。

(二)关键词报告

关键词报告中的主要参考数据有点击率和平均点击花费,体现的是具体关键词的推广效果。

如果点击率高、平均点击花费高,则说明该关键词多数是热搜词或者是类目词。这类词的平均点击花费大,在卖家预算不多的情况下,应该适当保留一部分这类关键词。

如果点击率高、平均点击花费低,则说明该关键词多数是长尾关键词。这类关键词精准度较高,但是曝光量比较低。对于这类词应该多多挖掘,并将合适的关键词添加到重点推广计划里。

如果点击率低、平均点击花费高,则说明这类关键词和商品的精准度与匹配度可能都比较低,重点是推广费用高,因此建议删除此类关键词。

如果点击率低、平均点击花费低,则说明针对这类词可以先提高单次点击花费,等到其曝光量提升时再观察其点击率和转化率有没有相应地提升。如果提升,则保留此类关键词,反之则删除。

四、直通车爆款打造策略

（一）选品

这里介绍两种选品方法：方法一，如果店铺中有些商品已经有一定的销量，而且客户评价记录很多，好评率也很高，并且商品的转化率正处于一个稳步上升的趋势，同时在价格上有优势，有一定的利润空间，则我们可以考虑选择此类商品作为爆款打造的对象。方法二，商品经过一段时间的推广后，会慢慢积累一些数据，可以通过对商品数据报告的分析，从中选择一些表现比较好的商品作为重点进行推广，将其打造成平台爆款。

（二）商品信息的优化

1.价格优化

通常做法是将要推广的商品与平台同类商品的价格进行比较。特别是销量高的商品，在一定的利润空间下，尽量不要高于同类销量高的商品的价格。在设置价格时，我们可以先定个专柜价、原价，并且可以设置得稍微高一点，然后再设置一个促销价，并用一些促销工具展示出来，这样更能吸引买家的兴趣。

2.创意优化

在直通车的重点推广计划中，每个推广单元可以设置两组创意，推广标题和图片都可以随时修改。可以分别设置两组创意，通过商品的点击量和转化率测试出买家喜欢的标题和图片。如果某一组创意曝光量高、点击率高，表明此组创意符合买家的偏好，就要不断地优化，重点推广。

3.详情页优化

通过商品价格优化和创意优化，可为平台引来更多的流量和点击量。打造一个爆款，光有流量是远远不够的，只有订单转化率提升才能真正达到推广目的，获得更多的利润。可以从详情页着手提高商品转化率，不断优化其细节。一个好的详情页面有以下几点要求：首先，详情页面的内容要完整，比如商品的图片展示、商品的属性信息、尺寸大小、模特展示效果等。其次，要能突出商品的个性特点，符合买家需求，能引起买家的兴趣，激发买家的购买欲望。最后，一定要在内容、细节处与顾客产生共鸣，让顾客觉得这就是他需要的产品，最终下单购买。

（三）建立方案

（1）第一步：要先新建一个直通车推广方案，再建立重点推广方案，选择所需要重点推广的商品及其推广关键词，为关键词设置出价。

（2）第二步：对新建的重点推广计划进行调整管理，添加更多高精准度和高匹配度的关键词。

（3）第三步：关键词竞价。按照推广评分的优、良、低 3 个等级将关键词划分为优词、良词和质量差的词。不同质量的关键词竞价方式不同。

优词应该在自己推广费用范围内进行合理出价。优词还可细分为精准词、蓝海词和大类热词。

①精准词:应该全力竞价到推广首页。例如,对豹纹西装来说,"suit"就是精准词。

②蓝海词:全部竞价到推广首页。例如,对豹纹西装来说,"leopard suit for man 2016"就是蓝海词。尽管蓝海词的搜索量不大,但是竞价往往比较低,重要的是搜索这类词的买家有很强的购买意愿。

③大类热词:建议竞价到第3~5页。例如,对豹纹西装来说,"man's clothes"就是大类词。这类词搜索量大,平均出价也都非常高,但订单转化率却比精准词和蓝海词低。因此,建议这类词不要出很高的价格,能起到一个推广宣传的作用就可以了。

对于良词比较好的方法是,选择同类目下与自己产品相关性强的关键词竞价。

质量差的词需要对其产品信息进行优化。这类关键词的匹配度很低,可以直接删除。

(4)第四步:设置创意。在直通车的重点推广计划中,每个推广单元可以设置两组创意,推广标题和图片都可以随时修改。通过商品的平均点击率、点击量和转化率推测出买家喜欢的标题和图片,从而确定最佳的创意。设置符合买家需求和偏好的创意,还能增加商品关键词的推广评分。

(四)不断调整优化

前面所说的内容,从选择推广爆款到建立重点推广方案、选择关键词、设置出价、设置创意,都是爆款推广方案的第一轮。在第一轮设置结束后,如果产品和关键词的选择正确,商品的销量就会不断地增加,后台会慢慢积累反馈数据,如每天的推广成本、曝光量、点击量、订单量。根据对后台推广数据的分析,进行调整和优化,开始第二轮的推广。第二轮推广可以从以下几个方面进行优化。

1.优化关键词出价水平

打开爆款推广详情页面,选择曝光量从高到低按降序排列,并且分析推广评分、点击量和出价数据。

(1)优词,曝光量高、点击量高的关键词,可以调整出价,将排名控制在第1~3页。

(2)优词,曝光量高、点击量低的关键词,可以调整关键词出价,将排名控制在第1~4页。对创意标题和图片进行修改,设置商品的促销价格,从而吸引买家点击。

(3)优词,曝光量低的关键词,适当提高出价,增加曝光率。如果曝光率仍然很低,则删除这个关键词。

(4)良词,数据表现理想的关键词,则优化相关属性,尽可能让这个关键词变优。

2.添加或删除关键词

优词,曝光量高,点击量高的词保留;曝光量高,点击量低的词进行优化,效果不好的删除,推广差的删除;良词,相关属性优化,曝光量、点击量数据理想的保留,优化后仍然不理想的删除。

3.创意的优化

通常有两种常用的优化创意的方法:①测试推广主图的效果,如不同主图,相同标题;②测试推广标题的效果,如不同标题,相同主图。

（五）持续引爆

持续引爆是指在打造爆款的成熟期时，能带出一个次爆款。建议在选择主爆款时，同时次爆款也一起选择。如果整个推广过程中爆款到了衰退期，次爆款可支撑店铺的整个流量，保证店铺流量持续地引进。

第八节　SNS站外流量引入

SNS全称为social networking services，即社会性网络服务，国际上以Facebook、Twitter、Instagram、Pinterest、VK（俄罗斯社交网站）等SNS平台为代表，专指旨在帮助人们建立社会性网络的互联网应用服务，也指社会现有已成熟、普及的信息载体，如SMS（短信息服务）。SNS的另一种常用解释是social network site，即社交网站或社交网。SNS也指social network software，即社会性网络软件，是用分布式技术构建的下一代基于个人的网络基础软件。SNS营销策略主要包括社交网站老客户二次营销推广、社交网站新客户开发，以及社交网站三大核心营销策略。下面为大家详细解说这几个策略。

一、老客户二次营销推广

（一）SNS网络营销推广特点

(1)直接与消费者接触，目标人群集中，身份信息真实可靠，可信度高，非常适合口碑推广。

(2)大多数是通过开展活动带动产品销售的，投入少，见效快，利于资金迅速回笼。

(3)人群集中，可以针对特定的目标人群进行重点宣传。

(4)直接掌握消费者所反馈的信息，获得一手资料，可以不断地调整优化其产品。

SNS的这些推广特点，为很多企业形式的互动营销提供了一个很好的平台。通过互动营销，企业能够获得消费者的各种建议，并将这些建议纳入产品的开发设计中，设计出符合消费者需求、体现其个性的产品，并可以开展具有指向性的营销活动。如今，很多跨境电商平台中实力强的大卖家经常通过与消费者沟通交流，实现与消费者的良性互动，以对当地的产品市场有更进一步的了解和认识。同时企业在互动中还可以对其产品进行品牌宣传。SNS用户信息的真实性及企业与用户之间的友好互动，可以有效地提高企业产品的销量。资金雄厚、实力强的企业还可以建立客户数据库进行客户管理和分析。

一般SNS营销都是基于即时通信，如发送邮件、站内信等方式，让客户添加企业的社交账号，然后就可以通过发送聊天信息，如店铺商品的信息、打折促销活动等进行老客户营销推广。

（二）老客户营销的操作步骤

(1)通过后台数据反馈，卖家将购买次数多并且订单金额多的优质老客户加入其Twitter、Facebook等社交账号中，或者给客户发邮件，让客户主动添加。

(2)积极与老客户进行交流，实行互动营销。

(3)经常为老客户专门举办一些打折促销活动。

3.SNS老客户营销的好处

Facebook、Twitter等SNS账号中,用户都是实名注册登记的,用户的身份信息真实可靠。不同的社区将有相同的兴趣爱好、需求、审美等的用户聚集在一起,这也为企业实行营销活动提供了精准的客户数据,更有利于企业开展营销活动。因此对于跨境电商卖家来说,可以根据自身产品的特点及产品的目标客户和目标市场,选择合适的SNS社区,通过与客户开展互动营销活动,有效传播产品信息,塑造产品良好形象,推广产品、品牌,提升产品销售和推广排名。

SNS附件中有相册、游戏、应用和投票等功能,卖家应有效利用这些功能,增加互动营销的娱乐性和趣味性,丰富互动营销内容,提高客户参与的积极性,从而增强老客户黏度。另外,SNS中的分享机制、订阅提醒和及时聊天,不仅仅丰富了互动营销的互动方式和互动渠道,更加快了信息传播速度。

二、社交网站新客户开发

要开发SNS社交网站的新客户,最关键的就是要增加粉丝数量。下面就以Facebook为例,Facebook企业推广技巧如表4-4所示,Facebook企业推广需要准备的相关材料信息如表4-5所示。

表4-4　Facebook企业推广技巧

序号	推广技巧
1	准备公司简介信息,创建若干Facebook个人账号和一个企业专页
2	定期更新状态保证活跃度
3	组建和加入群组
4	评论或者点赞增加潜在粉丝
5	Facebook红人推广
6	Facebook付费推广
7	准备营销方案,创建店铺活动

表4-5　Facebook企业推广所需资料

序号	所需资料
1	活动付费运算和活动时间安排
2	整理出同行业组群和红人信息
3	活动策划书
4	公司相关信息(公司简介、公司规模、公司地址、公司宣传视频)
5	产品相关信息(产品图片、认证证书、使用视频、产品买家秀)

三、社交网站三大核心营销策略

社交网站营销的核心在于关系营销,庞大密切的关系群是营销的关键。社交网站营销的要点在于建立新客户关系,巩固老客户关系。无论是企业还是小店铺,都需要建立属于自己的关系网络,为其产品的销售寻找目标顾客来支持其业务的持续发展。社交网站毕竟是个社交圈子,以社交为主,如果过于商业化,反而容易被客户屏蔽。因此,针对社交网站进行营销,需要掌握相应的营销策略。

社交网站三大核心营销策略可总结为:三大营销技巧、4H营销法则、五大社交误区。

(一)三大营销技巧

社交网站三大营销技巧主要包括:事件营销、红人营销、信息流营销。

(1)事件营销:通过社交网站的分享功能,可以将店铺的活动和促销信息分享到社交网站上,让更多的用户看到,并了解产品。

(2)红人营销:主要是通过网络达人等试用产品体现效果。

(3)信息流营销:主要是指对跨境电商网站上的产品直接进行分享。

(二)4H营销法则

社交网站聚集了大量的不同用户,用户根据自己的喜好和关注等选择适合自己的小圈子,在里面与其他用户探讨共同感兴趣的话题。如果企业能把自己带入这样的圈子中,并运用适当的营销技巧,便能获得大量的免费流量。如何有效地进行营销推广而且还能避免被用户厌恶呢?我们可以考虑采用4H法则。

4H法则即幽默(humor)、诚实(honesty)、有趣(have fun)及助人(help people)。幽默:可在社交账号的个人资料信息中,添加些介绍自己的幽默风趣的文字,或者具有创意的搞笑图片,来吸引粉丝的关注。诚实:坚持诚实的原则,诚实能赢得别人的信任,获得更多的朋友。有趣:在推广产品时,巧妙运用有意思的事情能够增加营销的趣味性。在社交网站中,能认识新朋友,学习新知识,与此同时可以从中得到流量而赚钱。助人:帮人帮己,通过邮件等方式回答别人的问题;在别人需要帮助时,积极慷慨予以相助;及时与别人分享活动信息。

(三)五大社交误区

五大社交误区分别指卖家回复不及时、错失品牌推广机会、缺少清晰的社交营销战略、信息流不连续、文章错误百出。

1. 误区一:卖家回复不及时

卖家需要定期维护社交账号,并且查看相关的顾客消息,特别是针对一些网友的回帖和评论要积极响应。对一些买过产品的老客户,如果在页面有消极的评论甚至是言语攻击,一定要及时处理,慎重对待,因为老客户对于产品的态度,是其他顾客购买的一个参考,而且影响力还很大,对产品的销量影响也是非常大的。

2. 误区二:错失品牌推广机会

很多网站都设置了个性化的选项,用户可以填写相关的信息对品牌或产品加以详细介绍。可惜的是,往往很多用户都把那些地方空着。其实这是一个很好的企业品牌推广的机会,企业可以借助这类选项的填写,对企业的文化、宗旨、理念及产品加以介绍,以达到宣传企业文化、塑造品牌形象的目的。

3.误区三:缺少清晰的社交营销战略

在决定通过社交网络对产品进行营销宣传时,要明确目标,制订详细的社交营销计划,并按照计划一步一步地实行。

4.误区四:信息流不连续

在培养用户习惯的初期需要企业的坚持。制订了营销计划后,企业应该在营销社交网站上连续发帖子。为避免帖子更新不及时,或者信息内容不够充分,企业应该事先制订相关策划方案,使用户通过一段时间的关注和了解,对品牌有所认知,增加对产品的认可度。

5.误区五:文章错误百出

如果一个企业在发布的帖子中含有明显的错误信息,则会降低粉丝的好感度,而且还会显得不够专业。因此在发表文章之前,一定要对文字进行检查,避免出现错别字,语句不通等现象,给用户留下好的印象。

第九节　跨境电商站内营销活动

一、平台活动

阿里巴巴速卖通的平台活动是专门为卖家提供的一项引流推广服务,是完全免费的,不过有的活动需要满足一定的条件才有资格参加。卖家可以在平台的营销中心板块浏览当期的活动内容,自主选择符合条件的活动进行报名。如果平台审核通过,卖家申报的商品就会被平台活动推广,获得大量的免费流量。

平台活动主要包括 Super Deals(聚划算)、团购活动、行业/主题活动和一些大型促销活动。

(一)Super Deals

报名参加 Super Deals,有可能获得单品在首页曝光的机会,比较适合店铺推广新品或者打造爆款。Super Deals 包括 Today's Deals(今日促销)、Weekend Deals(周末促销)和 GaGa Deals(限时秒杀)3 种活动。

(二)团购活动

团购活动主要是针对不同的国家(地区)进行的营销活动。目前平台只开通了俄罗斯、巴西、印度尼西亚和西班牙 4 个国家的团购活动。

(三)行业/主题活动

行业活动是根据不同行业的特点,开展属于自己行业的一些营销活动,比如服装行业推出的 Clean Out Your Wardrobe(清理你的衣橱)。主题活动是针对特定主题设定的专题营销活动,比如感恩节促销活动。

(四)大型促销活动

通常平台大型促销活动一年会开展 3 次。根据实际情况,平台会适当地增加或减少活动次数。大型促销活动促销力度很大,流量也非常大。例如年初的 Shopping Festival(购物节)、年中的 Supernova Sale(超级甩卖)及年底的 Double Eleven Carnival(双十一)等。

二、联盟营销

联盟营销(affiliate marketing),通常是指网络联盟营销,实际上是一种按营销效果付费的网络营销方式,它是境内最大的境外网络联盟体系之一。加入速卖通联盟营销的卖家可以得到境外网站曝光机会,并且享有联盟专区定制化的推广流量。速卖通联盟卖家加入联盟营销无须预先支付任何费用,推广过程完全免费,只需为联盟网站带来的成交订单支付联盟佣金,不成交不付费,能够全球覆盖,精准投放,是性价比极高的推广方式。

联盟营销由联盟看板、佣金设置、我的主推产品、流量报表、订单报表、成交详情报表 6个部分组成。下面对每个板块一一进行讲解。

(一)联盟看板

通过联盟看板功能模块能清楚地知道联盟营销近 6 个月的营销情况,包括联盟带来的订单金额、支付的佣金、投入产出比等。

(二)佣金设置

每个类目要求的佣金比例都是不一样的,在 3%～50% 不等。一般加入联盟营销是所有的产品都加入,所以在设置佣金比例时一定要考虑所有产品的利润率是否支持。

(三)我的主推产品

联盟营销可以有 60 个产品作为主推产品,一定要充分利用好这一功能。主推产品和店铺的其他产品是不一样的,只有主推产品才能参加联盟专属推广活动,最好能选出店铺比较热销的产品,这样推广起来更有效果。

(四)流量报表

通过流量报表,可以知道联盟营销近 6 个月内每天的流量状况,包含联盟 PV、联盟访客数、总访客数、联盟访客数占比、联盟买家数和总买家数。

(五)订单报表

订单报表主要包含联盟营销每天带来的订单数、支付金额、预计佣金、结算订单数等。通过订单报表可以清楚地知道近 6 个月内联盟营销效果,即每天的订单数。需要注意的是,联盟带来的订单数不等于结算订单数,同样地,联盟带来的订单销售额的佣金也不等于实际佣金,因为发生退款的订单数和订单金额会被排除在外。

（六）成交详情报表

成交详情报表能清楚地反应联盟营销的效果，以及在某个时间段内，联盟营销带来的每一笔订单和收取的佣金等。

三、跨境电商移动营销

（一）移动端购物概述

移动端购物，也叫无线端购物，是脱离传统 PC 网线束缚之后的一种主流在线购物方式。主要指买家用智能手机、平板电脑等移动终端，通过无线局域网或移动数据网络在线浏览、生成订单并付款的过程。

目前主流网购人群在上下班途中或者候车、候餐等碎片时间用智能手机在网上购物已经成为常态。手机配置越来越高，价格越来越便宜，功能越来越多，并且无线端的流量越来越多，进一步促进了手机购物的普及。

近几年随着智能手机的快速发展，移动电子商务发展迅速，移动购物的规模也在不断上升。相比于 PC 端，移动购物具有以下特点。

（1）移动性。移动购物并不受互联网光缆的限制，也不受接入点的限制，用户可以随身携带。

（2）便捷性。移动通信设备的便捷性表现在用户可以不受时间地点的限制进行购物，同时携带方便。

（3）即时性。人们可以充分利用生活中、工作中的碎片化时间进行购物。

（4）精准性。无论是什么样的移动终端，其个性化程度都相当高，可以根据用户的浏览和购买习惯向其推送相关的产品，针对不同的个体，提供精准的个性化服务。

（二）移动端客户习惯

分析移动端用户的购物习惯，会发现下面几点。

1.偏重长尾词

与 PC 端的买家相比，使用移动端的买家更加喜欢在搜索栏里输入一两个词，然后再选择搜索下拉框里推荐的关键词，这样，无线端的长尾关键词的流量更大，也就导致了无线端的关键词长尾化。

2.收藏加购多

移动端买家喜欢看到中意的商品就收藏或加入购物车，其在商品页面停留时间越久，就越有可能收藏或者加入购物车，最后通过比较购物车或收藏夹中的商品，选择最中意的。

3.后期转化大

通常买家喜欢把看中的商品收藏加购，之后对所有购物车中或收藏夹中的商品进行比较，然后再选择要购买的商品，所以移动端买家很多都是先看，看中的保留，然后再比较，最后选择成交。

4.重视个性化

相对于 PC 端来说,无线端的商品展示更加注重个性化,因为手机的屏幕比 PC 端要小很多,移动端单屏展现的商品数量很有限,所以,如何让买家更快地找到自己想要的商品,就尤为重要了。

5.访问时间长

通常移动端被访问最多的时间段多出现在周末和晚上,因为在这两个时间段中买家的休闲时间比较多,通过移动端下单的可能性也较大。同时由于移动端具有移动性和便捷性,买家通过移动端浏览商品的时间呈现出多频次、短时间等特点。

当然,这里我们需要注意不同国家(地区)的时差。

同时我们还要注意移动端的视觉效果一定要突出产品、突出活动展示,简单直接地展示活动与产品专区。不需要烦琐的细节描述、不需要让消费者有太多的计算,采用简单、直接、明了的方式,转化率和点击率才会更高。

(三)移动端活动

和 PC 端相似,移动端店铺活动也有限时限量折扣、全店铺满立减、店铺优惠券 3 种类型,由于之前对这几种活动已经进行了详细的讲解,这里就简单介绍,大家熟悉了 PC 端的店铺活动,对移动端活动也就很好理解了。

1.限时限量折扣

目前移动端的限时限量折扣活动,有以下 3 种类型。

(1)只设置全站折扣,即 PC 端和移动端显示的是折扣,折扣率为设置的全站折扣率。

(2)只设置手机专享折扣,即只有移动端展示折扣率为设置的手机专享折扣率,PC 端显示的是原价。

(3)同时设置全站和手机专享折扣,即 PC 端显示的是全站折扣率,移动端显示的是手机专享折扣率。

需要注意的是,同时设置时,要求手机专享折扣率必须大于全站折扣率,也就是说移动端显示的价格要比 PC 端低。

2.全店铺满立减

全店铺满立减是促进买家多买、提高客单价和提升转化率很好的方法,我们可以把全店铺满立减作为平时的日常活动挂在店铺里。

移动端的全店铺满立减活动同样可以设置多个梯度,而且第二梯度要比第一梯度的优惠大。例如,第一梯度为满 99 美元减 10 美元,第二梯度可以设置为满 199 美元减 20 美元。只要买家下单金额满足满减条件,系统就会自动减价,而且是减最大梯度的优惠额。如在店铺的移动端全店铺满立减活动期间,一位买家在该店铺任意选购的商品订单金额为 205 美元,当他下单时,系统就会根据满减梯度自动减价 20 美元,即实付金额为 185 美元。

3.店铺优惠券

和 PC 端相同,移动端的店铺优惠券也有活动开始时间到结束时间的说明、优惠券的面额、发放数量、使用条件和有效期等活动信息。

比如我们在 PC 端设置一个面额为 10 美元,使用条件是订单金额满 99 美元,使用期限为在买家领取成功之后 3 天内有效的店铺优惠券。当买家在移动端 APP 领取了该张优惠券后,可以在后台的"我的优惠券"中查看该张优惠券的详细信息及优惠券的使用情况。只要用户在有效期内,在该店铺一次性下单总额满 99 美元时,就可以使用该优惠券。

第十节　社交媒体营销

社交媒体也称为社会化媒体,是指允许人们撰写、分享、评价、讨论、相互沟通的工具平台,在这些社交平台上,可以积极参与话题、分享、转发、发表行业见解,解决行业难题,让越来越多的行业人士成为你的粉丝。社会化媒体主要是指一个具有网络性质的综合站点,而它们的内容都是由用户自愿提供的,而不是直接的雇佣关系。这就需要社交思维,而不是传统思维模式。社会化媒体的崛起是近些年来互联网的一个发展趋势。随着 Facebook、Twitter 等社交网络的繁荣发展,企业开始踏入互动式的关系导向型营销时代,极大地改变了人们的生活,将人们带入了一个社交网络的时代。

一、社交媒体营销的定义

社交媒体营销有两种含义,一种是这些媒体营销自己,另一种是其他公司利用这些媒体营销自身的产品。跨境电商社交媒体营销主要是指第二种,利用社交媒体营销推广企业的产品或品牌。利用网络社交媒体进行营销以成本低、能够锁定目标客户、交互性强、信息反馈完整等优势,受到很多跨境电商企业的欢迎。

二、社交媒体营销的优势

基于社交媒体的参与性、互动性和社区化等特点,以及社交媒体营销的显著特征,越来越多的企业纷纷将品牌营销策略的重心转移到社交媒体上来,运用社会化媒体进行产品宣传推广、品牌形象塑造及与潜在消费者互动交流等,以取得相较于传统媒体营销更显著的营销效果,达到营销的目标。因此,企业社交媒体营销的优势有以下几点。

(一)易于积聚消费者群体

在企业运用社交媒体营销的过程中,通过社交媒体独特的属性可以在短时间内将营销信息发送至特定的人群。这些人因为有着共同的话题或爱好形成了一个自己的社区,他们更容易对其中某人所认可的产品产生认可,并再次转发至自己的社交媒体平台之上。如此一来,更多的潜在消费者对企业的产品产生了关注。

(二)成本低、透明度高

任何个人或企业只要注册账号就可以免费使用社交媒体。因此,企业利用社交媒体进行产品营销推广的成本会远远低于传统媒体。企业通过社交媒体平台数据的分析,可以更准确地定位消费者群体,掌握消费者的消费习惯,同时消费者也可以通过社交媒体充分表达自己的想法与意见。

（三）与消费者双向传播，互动性强

消费者不再单单是产品信息的接受者，他们可以切身参与到企业的社交媒体营销当中。在消费者通过社交媒体评价了企业及产品后，他们同时变为新的产品信息发送者。由于消费者与企业都是社交媒体之中的用户，企业也可以通过社交媒体对客户的舆论进行实时监控，随时得到最新的反馈信息。

三、社交媒体平台的选择

社交媒体平台非常多，但是每个社交媒体平台都有自己的特点，跨境电商企业在选择社交媒体平台的时候，要考虑多方面的因素，集中做一个或几个平台。

（一）要定位自己产品所属的行业

平台越多，企业能分享的内容类型也就越多，这样不仅可以接触到更多的受众，还能使分享的内容更多样。但是企业必须确立传播什么类型的内容，再根据内容的类型选择合适的平台。并不是所有的平台对某个特定的行业都适用。像时尚、美容、餐饮这些常靠视觉驱动的行业，对这类商家来说，可能 Instagram、Pinterest、Snapchat 等平台更加适合。如果以文字为主，或者图文结合解释推广的产品，如 3C 电子产品之类，就比较适合选择 Twitter 等。因为他们可以在 Twitter 上展示自己的文本内容，引导用户进入他们的网站。如果经营的产品是可以用图片展示来表现产品优势的，那么以图片为主的 Instagram、Pinterest 之类的社交媒体平台就很适合跨境电子商务营销。

（二）充分考虑产品的目标受众

跨境电子商务活动中，无论在哪个平台做营销推广，定义目标客户群体都很重要。社交媒体的选择也要根据目标受众群体的偏好来决定，因此需考虑的是目标受众喜欢使用哪个社交媒体平台。例如，产品的受众是大龄人群，那么新潮的社交媒体就可能并非适合他们。

（三）大型的社交媒体平台并不是唯一选择

众所周知，世界上最出名的社交媒体平台是 Facebook、Twitter 等。这些知名的社交媒体常为跨境电商进行社交媒体营销的首选。但是在实际运营中，也不能忽略某些小众平台的优势。一些小众网站如本地社交网站或者论坛，因为用户属性集中，因此比较容易进行针对性的推广，竞争也相对不那么激烈。互联网时代适合跨境电商产品的社交媒体营销平台其实是非常多的，因此跨境电商企业不要忽略了小众平台。小众平台有小众平台的优势，虽然用户量可能没那么大，但是它们定位一般比较准确，而且可能是某一领域内的专业平台等。

四、社交媒体营销策略

（一）精准定位

首先，企业应该明白自己的定位和目标群体，不同的社交平台有着不同的用户群特征，

企业第一步就是要根据自身定位和客户群特征来判断和选择适合企业的社交平台,客户群体在哪里,企业就应该在哪里。由于社交媒体具有强烈的交互能力,所以当一个人对一个活动的参与度越高时,记忆就会越深刻。因此要整合内容营销和社交媒体方案,明确内容的目标受众,然后围绕目标受众提供有价值的内容。

(二)互动营销

社交媒体讲究的是分享和参与,它和传统的营销模式还是有区别的,传统的营销模式要想对品牌进行推销必须要深入客户的生活中,和客户面对面地交流和互动,打感情牌和消费者建立情感,这样就和消费者越来越近了。但是现在的消费者对传统的营销模式已不感兴趣,他们喜欢买完商品后把自己的感想表达出来,他们更依赖于社交媒体这个平台。在网上我们随时可以看到消费者在购买商品后对商品的评价,还可以分享给朋友,这也是商家乐见的。商家会根据他们的评价给予奖励或者是给予评价好的客户返还现金等鼓励。这样不但让消费者获得了心理上的满足,也给品牌做了推广。

(三)口碑营销

在网络发达的时代,消费者在网上购买产品留下的评语已经影响了整个市场。消费者的口碑很重要,消费者在购买商品的时候往往习惯看以往买家的评价,评价好的产品就会让消费者有继续买的动力,评价不好的产品就会让买家一分钟都不会停留。可见消费者的评价可以帮助其他消费者减少购买风险。虽然这些评价都是消费者自己去传播的,但是商家也要经常去维护,社交媒体上的评价可以让品牌口碑越来越受到认可,也可以让品牌口碑陷入万丈深渊。

(四)内容营销

社交媒体承载的内容丰富多彩,形式多种多样,可以将一段较长内容的视频缩短为一个短视频或者是一段文字。在这个快节奏的时代里,人们得到的信息量越来越大,但是观看内容的热情度就只有几分钟。所以媒体更重视传播信息时间的长短,内容的精简。许多品牌的口碑都是在短短的视频中建立起来的,并且取得了很好的营销效果。比如杜蕾斯品牌的经典营销案例就是借助北京下大雨,网友们一直在微博上抱怨积水多,然而杜蕾斯的微博团队就是利用人们对暴雨的关注,进行了一场营销策划,第二天"杜蕾斯套鞋防止被淋湿"就登上了微博头条新闻。可见杜蕾斯微博团队正是看到了网友的力量才进行了这一场营销活动,不仅宣传了自己的产品也树立了良好的品牌感官。

(五)情感营销

营销的最高境界不是将企业的产品推销出去,而是将产品卖给客户的同时,也让客户真心实意地接受它。也就是要将商品卖到客户的心坎里,从开始推销让客户被动接受到最后主动喜欢上这个产品。人们都是感情动物,运用感情牌进行营销必将事半功倍。产品质量固然重要但情感的投入更是打动消费者购买产品的法宝。情感营销不仅让消费者爱上你的产品,而且还会带动客户为你推广并给公司吸引来更多的顾客,这是每个企业都应该掌握的营销技巧。

（六）粉丝营销

在这个社交媒体时代,粉丝必然是最强购买力,且粉丝可以为企业带来更多的粉丝,得到粉丝后如何更好地留住粉丝呢?那就需要让粉丝时刻都关注你的企业与产品,经常和粉丝进行互动,互动不一定是面对面的互动,可以借助社交媒体进行线上和线下互动。建立一些品牌群让粉丝进入体验,然后写下体验后的感受。一般情况下,只需利用社交平台推送一些热点就能达到一定效果,粉丝们对实时热点一向都很热情。许多企业会选择在微信上推送热点,这样可以吸引粉丝去点击。比如杜蕾斯公司推出了自己的产品,又结合了微博上的实时热点,成功吸引了粉丝们的好奇心,该品牌不仅在这个平台上成功推出了自己的产品,而且点击率也得到大幅上升。值得注意的是,人们在社交媒体上阅读的时间很多是零碎拼凑出来的,因此更乐于观看简短易懂的文章或者是视频,因此在营销内容上一定要简明扼要。

（七）价值观营销

消费者购买产品经过了3个阶段,以产品为中心的营销时代,以消费者为中心的营销时代和以价值为中心的营销时代,每个营销时代都有一个共同的特点,就是把产品推销到消费者的手中,满足消费者的需求和服务。现在的消费者不仅仅是要得到购买后的快感,更需要一种体现价值的产品。比如,从"累了困了喝东鹏特饮,年轻就要醒着拼"的广告词,可以看出东鹏特饮是被定位为功能性的饮料,传达出给拼搏中的年轻人加油鼓励的正能量。

（八）事件营销

社交媒体可以通过制造一个事件来达到推销品牌的目的。有些人会对社交媒体持怀疑的态度,这对企业来说并不是一件坏事,它可以让你再继续制造另外一件事情来达到营销的目的。利用社交媒体进行营销,要结合最具影响力的事件和最新的数据,这样才能让企业收获更大的利益。随着时代的进步,事件影响已经成了新媒体下的最有利的营销策略手段,不管你是在线下还是在线上,只要这件事情成功了,那么你的品牌也就成功被大家所认知。在事件营销这方面有很多平台可以选择,比如微信、微博等,你可以写一篇文章吸引客户的注意力,这在无形中就拉动了客户,让他去了解你的品牌。通过社交这个平台,让更多的人看到你的品牌,这样不仅让客户在这个社交媒体上了解了公司,同时也对品牌进行了推广,让你公司有更多的热度。还有社交媒体策略不是单纯地推销产品,而是重在学习和客户建立好的关系,拉近与客户的距离,增强客户的信任感。

（九）整合营销

社交媒体的营销并非想象中那么简单,建个账号、发发新闻等远远不够。账号矩阵的建立、内容的规划、互动反馈机制的建立及危机公关等方面,都需要企业进行详细的分析规划。详细的规划可以使品牌的定位、媒体平台的选择符合品牌特征。社交媒体的最大价值在于互动性,体现在影响力和口碑价值上。既然互动就有两面性,正面、积极的互动能够提升品牌价值,但负面、消极的互动只会让品牌价值贬值。如何引导好积极的互动、控制好消极的互动是社会化媒体营销永恒的话题,知名企业也难免会有失误,一般的企业就更难做到十全十美。因此,社交媒体营销只是种辅助手段,不能独立支撑起品牌的塑造和推广,需要配合系统的营销管理体系,建立全面的营销策略,并长期维护下去,一定会为企业带来价值。

(十)数据监测

实时的监控和定期的数据分析是必不可少的。企业需要有一套监控机制来服务,找到关心的问题和相关人物:哪些客户在社交网络上提到了自己? 他们对品牌的评价如何? 哪些人是最关心自己的? 他们是否有消费的需求? 企业需要找到这些内容,并加以回馈。但通过社会化媒体营销提供的数据,只能是转载量、评论量、搜索量等数据,其质量和效果其实是比较难以监测和定论的。因此,定期的报告和总结也是推动企业社交媒体营销的关键,互联网上的信息千变万化,企业的营销策略也应该与之相适应。企业更需要加强监控和反馈机制,或采取技术手段来实现精准营销。

借助 Coupon 流量入口让你的爆款锦上添花

【课后思考】

1.简述 4P、4C、4R、4I 营销理论。

2.简述跨境电商平台店铺的运营策略。

3.简述运用测试定价法的主要操作步骤。

4.论述节假日营销运营策略。

5.如何进行搜索引擎优化?

6.如何进行直通车爆款打造?

7.简述 SNS 营销策略。

8.简述店铺自主营销活动的营销工具。

9.简述联盟营销的构成要素。

10.假设你是某 3C 电子产品的电商企业的市场部工作人员,贵公司将在美国进行网络营销,你会怎么做?

第四章课后练习

第五章

跨境电商商品呈现

【学习目标】

可以说出什么是搜索引擎及常用的跨境电商平台搜索排序规则,可以列出、掌握跨境电商平台商品呈现的主要途径,可以辨析跨境电商商品属性填写的几个误区,能够说出跨境电商商品标题的构成要素、跨境电商商品详情页的基本框架、跨境电商商品详情页的具体作用,可以辨析制作好的跨境电商商品详情页的要点和常用的跨境电商商品定价策略。

【章节纲要】

跨境电商平台的商品呈现体现在多个方面,如选择商品类目、设置商品属性、设置商品标题、制作商品主图、撰写商品详情页、设置商品价格等。而在对商品的这些属性进行配置之前,更需要先对所入驻的跨境电商平台的搜索排序规则进行了解与学习,以达到更有效的搜索率与更高效的转化率。

第一节　跨境电商搜索排序基本原理

搜索引擎是指根据一定的策略、运用特定的计算机程序从互联网上搜集信息,在对信息进行组织和处理后,将与用户检索相关的信息展示给用户的系统。搜索引擎包括全文索引、目录索引、垂直搜索引擎、集合式搜索引擎、门户搜索引擎与免费链接列表等。搜索引擎优化在跨境电商卖家圈中是一个热门的话题,很多卖家都投入了大量精力对 SEO 技术进行研究,以获得自然搜索流量这块大"蛋糕"。

各大跨境电商平台自然搜索排序规则绝对是机密,你不可能知道其具体的算法是什么。所以,很多时候跨境电商运营者只能去猜,只能去测试。同时,只要你经常关注平台的政策变化,关注平台的一些官方言论,了解当前大环境的一些趋势,就可以找到这些规则。

谈到搜索引擎,不得不提谷歌和百度等常规的搜索引擎。常规搜索引擎和电商平台搜索引擎的区别在于,常规搜索引擎以用户体验为衡量搜索结果质量的指标,电商搜索引擎则以用户的购物体验为衡量搜索结果的指标。接下来介绍几个跨境电商平台搜索排序基本原理。

跨境电商搜索引擎

跨境电商搜索引擎优化

一、速卖通

（一）搜索排序规则

速卖通的整体目标是帮助买家快速找到想要的商品并且获得较好的采购交易体验,而搜索原则就是要将提供最好商品、服务的卖家优先推荐给买家。这也意味着,谁能带给买家最好的采购体验,谁的商品排序就会靠前。

在排序过程中,平台给予表现好的卖家更多的曝光机会,减少表现差的卖家的曝光机会甚至使其没有曝光机会,提倡卖家间公平竞争,优胜劣汰,使买家获得最好的购物体验,让更多的买家满意,愿意来平台购买,最终促进平台的良性发展。

（二）搜索排序机制

面对平台成千上万的商品,速卖通是如何排序的呢？简单来讲,我们可以把排序的过程看成一个对商品打分的过程,得分越高的商品排名越靠前。影响商品得分的因素很多,每一项因素的权重都不同,而且会发生变化。

（三）商品描述质量

商品描述一定要真实、准确,帮助买家快速地做出购买决策。由虚假描述引起的纠纷会严重影响卖家的排名甚至会使卖家受到平台网规的处罚。

1.商品描述信息尽量准确完整

商品的标题、发布类目、属性、图片、详细描述对于买家快速做出购买决策都非常重要,务必准确、详细地填写。

（1）标题

标题是非常关键的一个因素,卖家应务必在标题中描述清楚商品的名称、型号及一些关键的特征,帮助买家清楚地知道商品是什么,从而吸引买家进入详情页进一步查看。

（2）发布类目

一定要准确选择发布类目,切忌将自己的商品放入不相关的类目,否则买家搜到的概率比较小,而且情况严重时会受到平台的处罚。

（3）属性

一定要尽量完整和准确地填写商品属性,因为这些属性将帮助买家快速地判断商品是不是他们想要的。

（4）图片

商品的主图是商品不可或缺的一个部分,买家更加喜欢高质量、多角度拍摄的实物的图片,能够帮助他们清楚地了解商品,从而做出购买决策。

（5）详细描述

信息一定要真实、准确,最好能够图文并茂地向买家介绍商品的功能、质量、优势,帮助买家快速地了解商品的特点。美观、整洁、大方的页面排版设计,会吸引买家,提升商品成交的概率。

2.配以高质量的图片展示

速卖通提倡卖家对自己所销售的商品进行实物拍摄,能够以多角度重点展示细节,图片清晰美观,这将有利于买家快速了解商品,做出购买决策。平台严禁卖家盗用其他卖家的图片,这样做会让买家怀疑其诚信,卖家也会受到平台严厉的处罚。

(四)商品与买家搜索需求的相关性

相关性是搜索引擎技术里一套非常复杂的算法,简单地说就是在买家输入商品关键词搜索并进行类目浏览时,与买家实际需求相关程度越高的商品,排名越靠前。速卖通在判断相关性的时候,主要考虑的是商品标题,其次会考虑发布类目、商品属性及商品的详细描述内容。以下几点建议有助于商品获取更多曝光机会。

标题的描写是重中之重。真实准确地概括描述商品,符合境外买家的语法习惯;标题中应没有错别字及语法错误;不要千篇一律地描述,否则买家会审美疲劳。

标题中避免关键词堆砌,比如,一个关键词在标题中出现了 4 次以上,这样不仅不能帮助卖家提升排名,反而会被搜索算法降权处罚。

标题中避免出现虚假描述,比如,卖家销售的商品是 MP3,但为了获取更多的曝光机会,在标题中填写"MP4/MP5"字样的描述,速卖通的算法可以监测此类作弊商品,同时虚假的描述也会影响商品的转化情况。

商品发布类目的选择一定要准确,正确的类目选择有助于买家通过类目浏览或者类目筛选快速找到商品,错误地放置类目会影响商品的曝光机会并且可能受到平台的处罚。

商品属性的填写要完整准确,描述详细、真实,这有助于买家通过关键词搜索、属性筛选快速地找到商品。

(五)商品的交易转化能力

速卖通非常看重商品的交易转化能力,卖家也非常重视速卖通的店铺指标——转化率,即一个商品成交的订单数量与其浏览量之比,比值越高说明商品的转化能力越强。同时,转化率高代表该商品买家需求大,有市场竞争优势,速卖通会让该类产品排序靠前。转化率低的商品排序会靠后甚至没有曝光的机会,逐渐被市场淘汰。因此,卖家应采取各种措施促进商品的转化,例如举行店铺营销活动、参与平台活动等。同时,商品累积的成交数量和好评,也有助于买家快速地做出购买决策,这也会让商品排序靠前。评价不好的商品,其排序也就靠后。

(六)卖家的服务能力

除商品本身的质量外,卖家的服务能力是最直接影响买家采购体验的因素。平台会重点观察卖家在以下几个方面的表现。

1.卖家的服务响应能力

这表现在阿里旺旺及站内信的响应能力上,合理地保持旺旺在线,及时地答复买家的询问,将有助于提升卖家在服务响应能力上的评分。

2.订单的执行情况

卖家应及时发货,无货空挂、拍而不卖的行为将给买家的体验造成严重影响,也会严重影响卖家所有商品的排名情况。

3.订单的纠纷情况

卖家应避免纠纷的产生,特别是要避免纠纷发展到需要平台介入进行处理的情况。速卖通对于纠纷少的卖家会进行鼓励,对于发生过严重纠纷的卖家会进行处罚使其搜索排名严重靠后甚至不参与排名,当然,速卖通也会排除非卖家责任引起的纠纷情况。

4.卖家的服务评级系统评分情况

卖家的服务评级系统(detail seller rating,DSR)评分直接代表交易结束后买家对商品、卖家服务能力的评价,是买家满意与否的最直接的体现,卖家要重视买家评分。

在订单的执行、纠纷等几个维度上,速卖通会同时观察单个商品和卖家整体的表现情况。个别商品表现差,影响个别商品的排名。卖家整体表现差,将影响该卖家所销售的所有商品的排名。针对卖家服务能力,速卖通日常关注卖家后台每日服务的表现。

(七)搜索作弊的情况

对于搜索作弊骗取曝光机会的情况,速卖通平台后续将逐步完善处罚规则并加大清理、打击力度,还卖家一个公平竞争的环境,保障买家的权益。常见的搜索作弊行为有卖家信用炒作、商品销量炒作(即"刷单")、标题关键词滥用、类目乱放、重复铺货、商品超低价等。

二、亚马逊

(一)搜索排序规则

亚马逊的 A9 算法

亚马逊使用的是 A9 搜索引擎技术。搜索排名是指当买家在亚马逊搜索框中输入某个关键词进行产品搜索时,搜索引擎根据商品与关键词的匹配程度对商品进行排序显示。A9 就是亚马逊搜索算法的名称,简单来说,A9 就是从亚马逊庞大的产品类目中挑选出与客户需求最相关的产品,并且按相关性排序(A9 会把挑选出来的产品进行相关性评分)展示给客户。

A9 官网关于如何计算搜索结果的介绍是:"远在买家确定搜索类型前,我们就开始运作了。在买家决定搜索前,我们已经分析了大量数据,观察买家过往浏览习惯,并且在我们的类目中用文本指引描述每一个搜索展现的产品。"

为确保客户最快、最精确地搜索到"想要购买的产品",亚马逊会分析每一个客户的行为并记录。A9 算法根据这些分析并最终实现买家收益最大化。

举一个简单的例子,如果买家想要买一条连衣裙,买家会直接使用关键词 dress 进行搜索,那么亚马逊平台上所有与 dress 这个关键词相关的产品都会被搜索出来,而且,与买家使用的关键词匹配程度越高的产品,就会排在首页或靠前的位置。

亚马逊搜索排名在"sort by"(排序方式)里面,有不同的排序类型,如 relevance(相关度),关键词匹配程度最高的,排在首页;price low to high/high to low(即按价格从低到高或从高到低来排序);avg customer review(客户打分),星级评分最高的产品排在首页;review

（评论），买家评论数量最多的排在首页；newest arrivals（新品），最新上架的排在首页。

不同类目的产品搜索类型会有所不同，也可以按 featured（特色）、publication date（出版日期）来搜索产品。

（二）搜索排序机制

影响亚马逊搜索排序的主要因素如下。

1. 相关性

从计算科学的逻辑层面看，相关性是最基本的搜索排名因素。

2. 转化率

转化率在亚马逊看来是重中之重，在 A9 算法里，卖家影响转化的各个细节和动作都会被作为搜索排名因素而影响排名结果。

3. 账号权重及表现

亚马逊十分重视用户购物体验，卖家的每个举动都会被打分，以确保卖家给所有用户提供优质的购物体验。

三、eBay

eBay 平台上的卖家要想提升商品的搜索曝光率，首先要了解 eBay 默认的搜索排序方式——最佳匹配（best match）。卖家需要抓住排序的关键因素，努力在这些方面提升商品的优势，最后使商品攀升至搜索排名的前列。

eBay 的最佳匹配的衡量因素具体包括以下几个。

（1）最近销售记录（针对定价类物品）：商品近期销售记录越多，曝光度越高。第一次被重新上传的商品同样保留最近销售记录。

（2）即将结束时间（针对拍卖类物品）：拍卖物品的下架时间。

（3）卖家服务评级（DSR）：包括商品描述、沟通、货运时间、运费的评级。优秀评级卖家（top rated seller）的商品一般排名较为靠前。

（4）买家满意度：包含 4 个考量标准，即中差评数量、DSR 1 分与 2 分的数量、商品未收到（item not received，INR）、货物与描述严重不符（significantly not as described，SNAD）投诉数量。

（5）物品标题相关度：买家输入的搜索关键字与最终成交商品的标题、关键字之间的匹配程度。

（6）商品价格与运费：提高免运费商品的排名并降低运费高或运费不明的物品的排名。

四、Wish

Wish 平台除了抓取用户的细微购物行为数据外，还抓取卖家运营的行为数据。其抓取的数据类型如下。

（1）在线时长：店铺的活跃程度。Wish 检测到店铺不活跃，产品曝光就很有限，自然流量就相对较低。

（2）违规率：是否诚信，仿品率是否小于 0.5%，审核期内是否有禁售品被下架，如成人用品、刀具、化学品、打火机、电子烟等。因为 Wish 平台用户群年龄为 15～35 岁,有未成年人群体,平台明文规定禁售品不可以上架。

(3)迟发率:包括履行订单是否及时、物流信息的上传是否及时等。在这里要强调的是该数据是以 Wish 后台抓取的数据为准的,其他途径查到的数据不能作为依据,卖家如果发现后台迟迟没有获取数据,就要及时更换优化物流渠道了。

(4)取消率:卖家因缺货等各种原因取消订单,取消率超标会被封店,一般卖家遇到这种情况最好联系买家,请买家取消订单。

(5)有效跟踪率:物流渠道不好,订单很长时间才会出现物流跟踪信息,将影响产品的有效跟踪率。尤其平邮,妥投时间如果超过对应国家(地区)的最大时效,客户一旦申请退款,即使客户签收,卖家同样得不到货款。现在 Wish 是以妥投为结款依据的,低于标准线的物流服务,产品曝光会受限,因为其无法给予客户良好的购物体验。

(6)签收率:也就是妥投率,商品能在规定时间内签收,平台会给予加分。

(7)订单缺陷率:这是指在某一审核期内的中评、差评、投诉、纠纷数据,评价 3 分以上平台可以接受,接近 5 分的会得到 1% 的返利,得到返利的产品曝光会更多。

(8)退款率(拒付率):包括拒付、品质与描述不符、运输时间过长等原因导致的退款,退款率过高也会被封店。

(9)退货率:退货与商品本身质量有关,退款规则描述要清晰,尤其要说明什么情况下使用,避免出现纠纷。

(10)反馈及时率:客户给卖家发消息,一定要及时回复,建议换位思考,因为没人喜欢等待。

(11)推送转化率:Wish 会对每一种新上架的明显非同质化的商品公平地给予推送 3～7 天的机会,同时也会监测转化数据,如果转化率不能达标便会停止推送。建议卖家手动认真编辑每一个产品,一步做到位再上传,不要错失平台推送的机会。

(12)店铺等级:按照 20% 的评价回馈比例,分数超过 500,即说明店铺产品销量超过 2000件。往往要想办法使店铺在刚注册时就达到高分数,这样才会获得较多且稳定的曝光机会。

(13)产品同质化:重复严重的产品将得不到曝光,建议找工厂开发或打包组合产品,形成新的销售商品。

总而言之,上述各大跨境电商平台搜索排序算法大同小异,但算法一直在更新演进。所以,在此建议卖家要多加关注平台的趋势与节奏,注意运营平台的政策,及时调整策略。

第二节　跨境电商商品的展现方式

跨境电商平台上的商品主要通过选择商品类目、设置商品属性、设置商品标题、制作商品主图、制作商品详情页、设置产品价格来呈现。制作商品主图和详情页、设置产品价格我们会用两节单独详细介绍。

一、跨境电商商品类目

(一)店铺选对类目(选对行业)

对于资源有限的创业者来说,若要踏入跨境零售电商领域,第一个重要课题就是选择合适的类目。因此,面对海量的进口商品,集中精力选择最适合目标市场的商品类目,就成了跨境电商创业者首先要解决的问题。而选择合适的类目,最重要的一个要素就是做减法,将资源集中在一个商品类目上,做深做强,使品牌深植在消费者心中。

不同的跨境电商平台,其商品的类目划分不同,卖家需要根据平台的特点并结合自己的优势选择合适的类目,即我们常说的选对行业。如果店铺类目选错了,不仅会走弯路,而且有可能愈走愈远,根本走不到目的地。

(二)发布商品选对类目(选对商品类目)

各大跨境电商平台站内流量入口一般有主搜页面,即直接在搜索框中输入产品关键词便可搜索该关键词对应的相关商品;另外一个站内流量入口是类目浏览,即买家通过浏览平台的类目来找自己想要的商品,如图 5-1 所示。

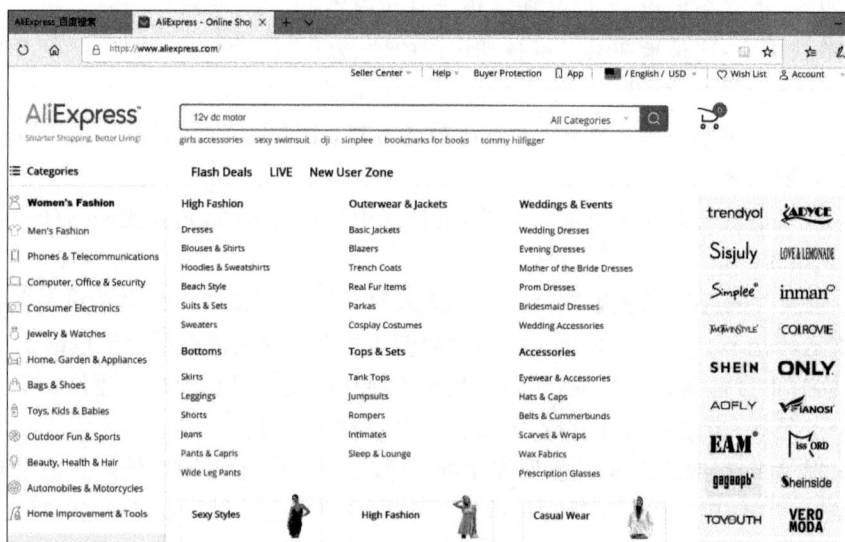

图 5-1　速卖通主搜页面

对于商品类目的划分,各大平台略有不同。是否选对商品类目直接影响商品是否能得到曝光,尤其是新手卖家,在发布商品时要注意商品实际类别与发布商品所选择的类目是否一致。速卖通后台会检测商品是否选对类目,类目错放会影响商品搜索曝光,从而影响销量。

所以发布商品时,选对类目很重要。如果你对商品分类很熟悉,那么你的商品分类就会很准确。

对于部分无法确定其类目的商品,卖家可以通过一种最简单且直接的办法来确定该商品的类目,即用商品关键词去跨境电商平台买家搜索页搜索同类商品,看表现不错的同类商品属于什么类目,这样类目错选的概率就会大大降低。

假如一个新的无纺布卖家不知道自己商品所属类目,可以用该商品的关键词"non woven fabric"在跨境电商平台上搜索,然后找到相同且表现好的商品(排名靠前、成交量大、评分高的商品),点击进入该商品的详细页面,即可看到该商品属于哪个具体类目。

二、跨境电商商品属性

（一）商品属性的含义

商品属性是指商品本身所固有的性质，是商品在不同领域差异性（不同于其他商品的性质）的集合。决定商品属性的因素，来自不同领域。每个因素在各自领域分别对商品进行性质的界定。商品在每个领域所体现出来的性质在商品运作的过程中起的作用不同，其所体现的地位、权重也不同。呈现在消费者眼前的商品就是这些不同属性交互作用的产物。

商品属性是对商品特征及参数的凝练，便于买家在属性筛选时快速找到商品。

（二）商品属性的填写

各跨境电商平台的商品属性填写略有差异，部分平台的商品属性有系统属性和自定义属性之分，例如速卖通。自定义属性是对系统属性的补充，假如平台提供的系统属性缺失，卖家则可通过自定义属性来添加。

1. 按平台要求规范填写属性

（1）一个属性相当于一个展示机会，所以卖家须填全系统属性，必要的时候可以添加自定义属性，更全面地描述商品信息。

（2）属性字段分为标准属性和自定义属性。标准属性即系统提供的属性，一般卖家只能选择属性值；而自定义属性的属性名和属性值都需要手动添加。比如属性名称"color"（颜色），在属性值中填写"red"（红色）即可，商品属性信息不建议包含特殊符号。

（3）属性填写前后要一致。商品属性不仅要填写准确，还要做到属性与类目、标题、详情页描述信息一致，避免出现前后不一致从而误导买家的情况发生。

（4）属性填写要真实、准确、完整。属性的填写不仅要真实，而且要准确、完整。准确的商品属性有助于提升商品转化率，完整的商品属性有助于提升商品曝光率，完整且准确的商品属性不仅可以给买家提供良好的购物体验，还可以减少不必要的纠纷。

2. 属性填写的几个误区

（1）属性是否填全对搜索结果无影响，更多商品特征可以在详细描述中查看或线下了解。但实际上，属性不填全会影响信息完整度，从而影响搜索结果及后续的点击转化等；属性不填全，买家通过属性筛选时则无法找到卖家的商品。

（2）属性中出现关键词可以增加信息相关性，使信息的搜索结果靠前。但实际上，属性中出现关键词是否增加信息的相关性，没有得到官方的证实，无意义地在属性中罗列关键词反而会降低商品的专业度。

（3）自定义属性填得越多，搜索结果越靠前。但实际上，自定义属性是在系统属性不能满足需求的情况下，供卖家自行设定商品特征的，自定义属性的多少并不影响搜索结果。

三、跨境电商商品标题

（一）标题的含义

标题是标明文章、作品等内容的简短语句。常言道"看书先看皮，看报先看题"。跨境电商中的卖家朋友常说:"我们卖的不是商品,是商品的标题。"标题的好坏直接导致买家是否能看到商品,即好的标题才能使商品得到曝光,而优质的标题才能使商品得到更多的曝光。

(二)标题的构成

标题一般包含类目词、核心词、属性词、材质词、颜色词、修饰词、场景词等。例如:"Green Dot Banana/Baby Sleeping Bag/Newborn/Fleece Romper/Single Layer Bodysuit for Spring Wearing"包含了颜色、形状、主关键词、材质、季节等信息。

(三)关键词的来源

我们以速卖通平台为例,从以下几个方面介绍关键词的来源。

1. 商品本身

可以从商品本身获取一部分关键词。如核心词"women blouse";类目词"blouses & shirts";属性词"off shoulder short sleeve""o-neck";材质词"chiffon blouse";修饰词"feather pattern";场景词"summer wearing";板型词"loose";风格词"fashion"。

2. 数据纵横

用适当的统计分析方法对收集来的大量数据进行分析,将它们加以汇总和理解并消化,以求最大化地开发数据的功能,给用户的行为提供依据。数据分析是为了提取有用信息和形成结论而对数据加以详细研究和概括总结的过程。在速卖通卖家后台的数据纵横有商机发现与经营分析两大模块,如图5-2所示。卖家可以借助商机发现模块获取关键词,同时借助经营分析模块进行流量来源分析、商品分析等,经营分析这一部分我们将在下一小节进行简单的介绍。下面我们对如何利用商机发现模块进行关键词的搜索和选择进行说明。

经营分析

- 实时风暴
  实时流量、实时交易
- 商铺分析
  商铺排名、商铺流量、商铺交易
- 商铺流量来源
  商铺来源排行详细数据
- 商铺装修　NEW
  装修效果对店铺数据的影响
- 商铺分析
  商品效果、商品流量来源、来源关键词

商机发现

- 行业情报
  行业流量、成交、竞争度、蓝海市场
- 选品专家
  爆品、潜力品
- 搜索词分析
  热搜、飙升、零少结果

图5-2　数据纵横工具

（1）数据纵横之搜索词分析

数据纵横有一个搜索词分析工具,该工具提供某一个时间段内买家热搜的关键词,其中包含热搜词、飙升词和零少词。具体的界面如图5-3、图5-4所示。

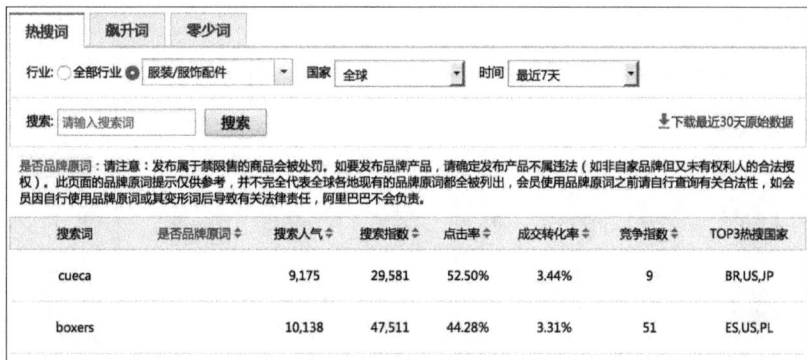

图 5-3　搜索词分析界面

图 5-4　搜索词具体分析数据

通过搜索词分析,卖家可以获取大量的买家搜索词。此外速卖通平台还提供各搜索词的几个重要参数的数据供卖家进行分析,如搜索人气、搜索指数、点击率、浏览支付转化率、竞争指数和前3名热搜国家(地区)。通过对这些数据进行分析,卖家可以丰富和优化自身商品的标题。

（2）数据纵横之选品专家

速卖通平台选品专家工具提供某一时期全球或者某一国家(地区)某类产品的热销属性数据和买家热搜属性数据。

①选择行业——蓝海分析

环节任务:根据速卖通平台目前的情况,确定要经营的行业,如图5-5、图5-6所示。

图 5-5　选品

图 5-6 蓝海行业

②选择具体类目——行业概况数据分析

环节任务：在某个行业下要卖哪些类目的产品，如图 5-7 所示。

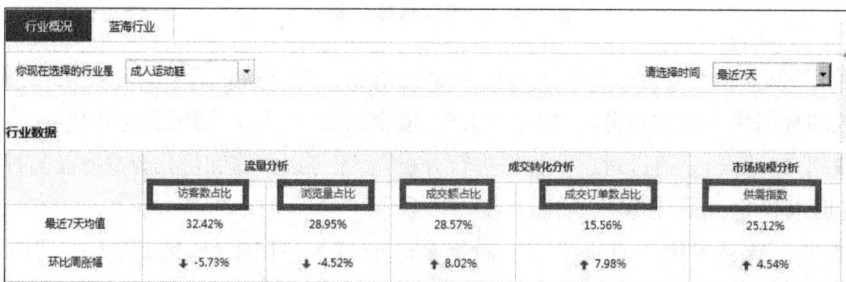

图 5-7 行业概况数据分析

通过比较分析不同类目产品的访客数占比、成交额占比、浏览量占比、成交订单数占比和供需指数，来确定产品，如图 5-8 所示。

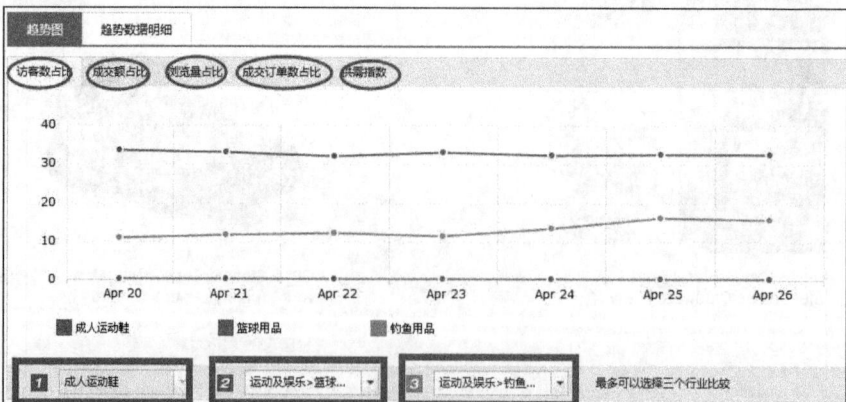

图 5-8 行业趋势比较分析

例如,通过成交额占比与成交订单数占比的交叉分析,可以得出"可能成人运动鞋客单价较高"的结论。如图 5-9、图 5-10 所示。

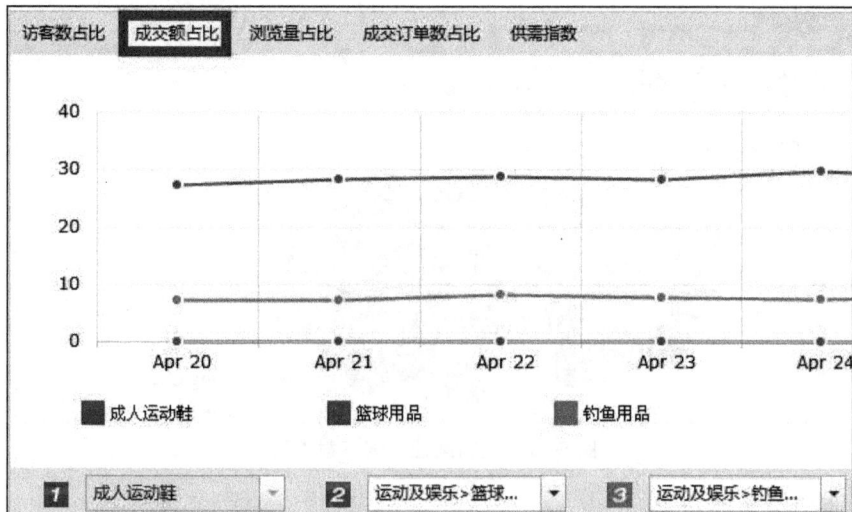

图 5-9　成交额占比

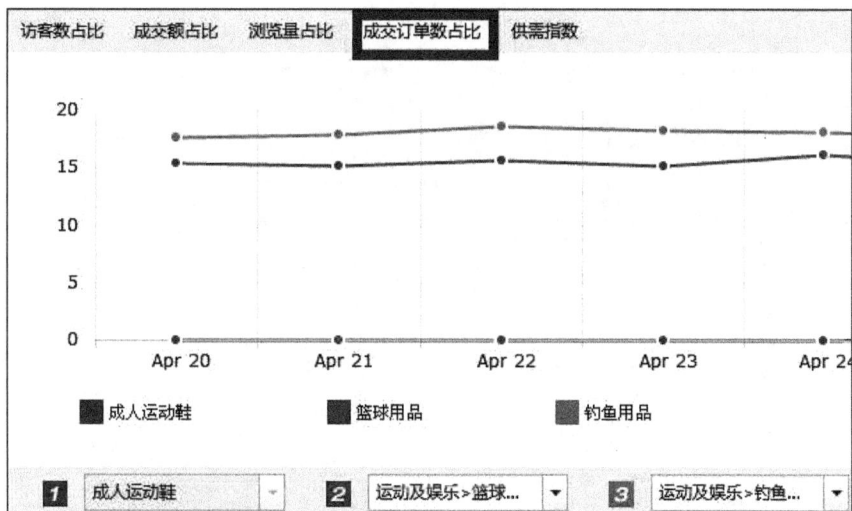

图 5-10　成交订单数占比

③选择具体产品——选品专家数据分析

热销属性数据更多用于优化产品的标题,而热搜属性数据更多用来选品。颜色越深,竞争越大;圆圈越大,销量越高。

热销属性数据下载后,卖家需要对其进行分析,这里会用到 Excel 表格里的数据透视表功能,便于卖家进行分析。分析数据透视表卖家可以很清楚地知道具有哪些属性的商品是近期非常热销的,后结合自己商品的特性把热销属性词添加到关键词表。通过该途径获得的属性词质量很高,把这类词添加到标题中可以帮助该商品得到更多更优质的曝光机会。

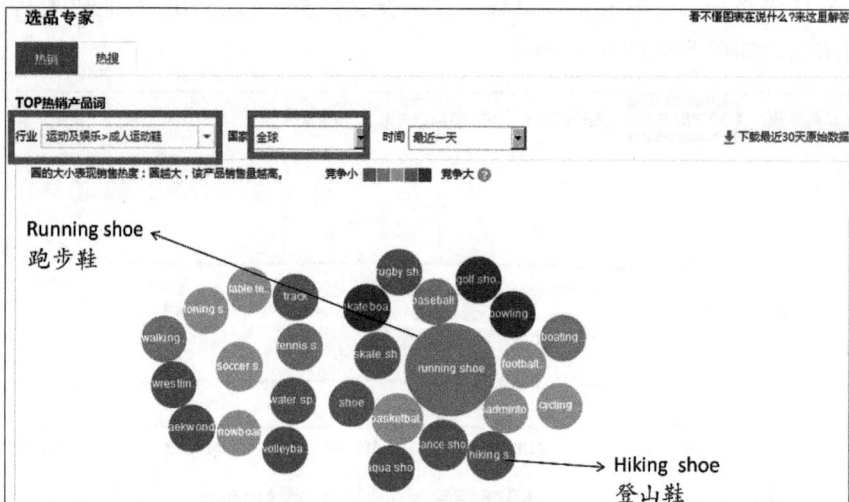

图 5-11　热销属性数据下载界面

（3）数据纵横之经营分析

数据纵横之经营分析模块有实时风暴、店铺分析、商铺流量来源、趋势详情等分析工具，如图 5-12 至图 5-16。

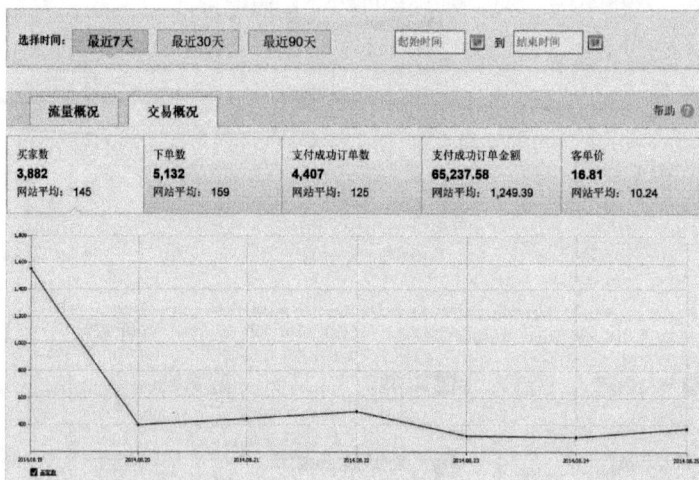

图 5-12　实时风暴

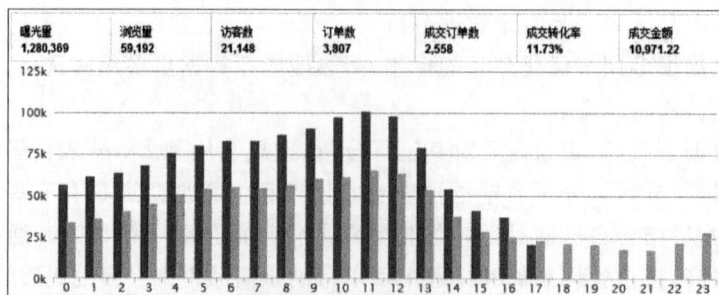

图 5-13　店铺分析

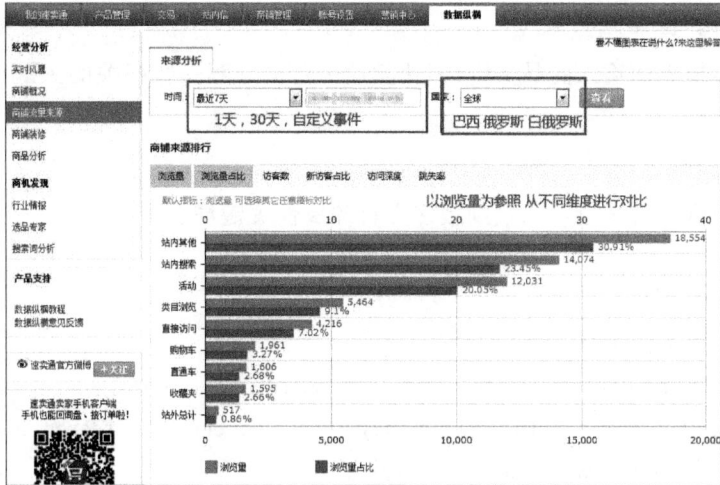

图 5-14　商铺流量来源

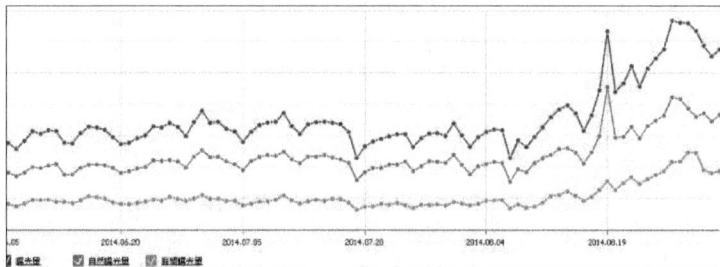

图 5-15　商铺流量走势

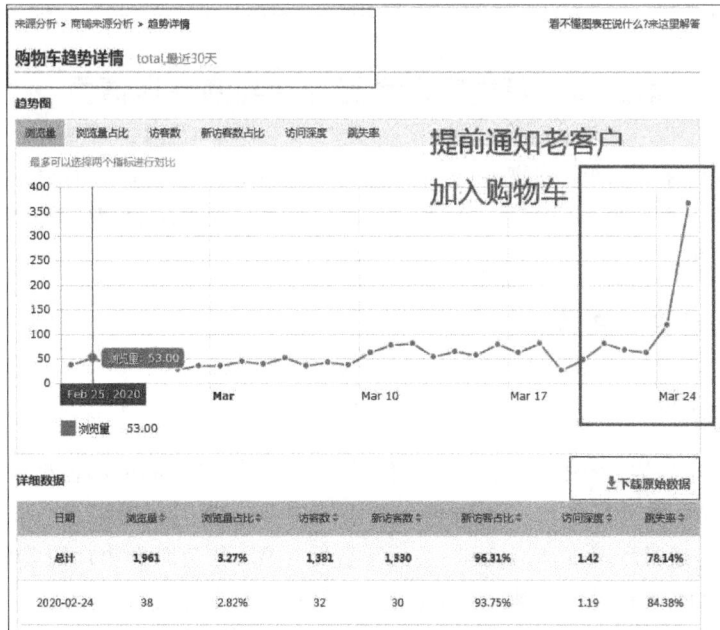

图 5-16　购物车及收藏夹趋势

3.速卖通前台搜索框

在买家搜索框界面输入商品关键词,速卖通平台会推荐一些相关的关键词,这些也可作为关键词来源之一。

4.速卖通类目

在速卖通前台类目区也可以找到很多类目和属性关键词。

(四)站外平台

可通过访问以下网址从站外获取关键词。

(1)Keyword Tracker:http://freekeywords.wordtracker.com。

(2)Keyword Discovery:http://www.keyworddiscovery.com/search.html。

(3)Wordze:http://www.wordze.com。

(4)SEO Book Keyword Tool:http://tools.seobook.com/keyword-tools/seobook。

(5)Keyword Spy:http://www.keywordspy.com。

(6)Spyfu:http://www.spyfu.com。

(7)Nichebot:http://www.nichebot.com。

(五)标题设置的注意事项

先挖掘出商品自身属性词,再去系统后台寻找买家搜索词;标题最长可有 128 个字符,注意核心关键词应在前 35 个字符中出现;标题中同个单词只能用 1 次,核心词出现不超过 3 次;标题中不能出现和实际商品属性无关的词;多放热搜属性词;标题语法尽量简单;标题尽量不用符号分隔。

第三节　跨境电商商品图片与商品详情页

从一定程度上来说,网上购物购的不是"物"而是"图片"。所以图片是否能吸引消费者尤为重要。为了能更好地提升商品的转化率,提升买家的购买体验,跨境电商平台开始对商品发布图片进行规范化要求。

一、跨境电商商品图片

(一)商品主图

商品主图要求简洁、抢眼。简洁即要求图片为正方形,且商品能够占据 $60\% \sim 80\%$ 的图片空间。背景干净,能够衬托出产品特色。抢眼即图片能吸引买家眼球。首先要达到简洁的基本要求;其次要深度表现商品卖点;最后要优化主图,避免商品图片同质化。

此外,随着品牌化时代的到来,建议有自主品牌的卖家在商品主图左上角添加品牌标志,进行品牌宣传。以下列举速卖通对部分行业图片的优化规范。

速卖通女装、鞋包行业的卖家需按照以下具体要求进行图片优化,符合行业标准的优质图片将会得到更多的曝光机会和入选平台活动的机会。

1.女装和鞋类商品主图要求

(1)无杂乱背景,统一背景底色,最好是白色或者浅色底,除有统一背景的品牌商品有明确的定位,呈现出一定的协调性。图片尺寸为 800 像素×800 像素,图片横向和纵向比例建议1:1.3,无边框和水印。品牌标志统一放在图片左上角。

(2)图片上除了英文标志统一放左上角外,不允许放置尺码、促销和文本等信息,严禁出现汉字。

(3)图片主题比例要求占整个图片的 70% 以上,禁止出现任何形式的拼图(多 SKU 商品平台会通过其他方式实现买家端的展示)。

(4)建议上传 4 张图片,顺序依次为模特或实物正面图、背面图、侧面图和实物细节图。

2.商品主图注意事项

(1)单色商品主图中尽量不要含有两个以上的商品,以免误导买家。

(2)多颜色商品主图需要注意商品的层次感,突出商品卖点。

(3)非赠品等,不要在主图中展示,减少售后纠纷。

(二)商品图片

商品主图侧重商品整体效果的展示,而商品图片不仅要展示商品的整体效果,还要展现商品的细节,尤其是商品的卖点。商品图片一般包含商品整体图、效果图、场景图、描述图、细节图、对比图等。目前跨境电商平台对于商品图片并没有特别的要求,卖家可操作余地比较大。

从作用上来讲,商品图片是对产品主图的补充,毕竟每个平台对上传主图的数量都有限制,而对商品图片的数量,目前没有太多限制。

此外,商品图片不同于商品主图的是,详情页的商品图片可以添加文字。如果卖家有美工,可以做品牌文化等文案设计;如果没有,建议一切从简。

二、跨境电商商品详情页

商品详情页是由文字、图片、视频构成的,向买家介绍商品属性、使用方法等详细情况的页面。商品详情页是唯一的向顾客详细展示商品细节与优势的地方,顾客喜不喜欢这个商品、是否愿意购买,都要根据商品的详情页判断,99% 的订单也都是顾客在看过商品的详情页后产生的。由此可见,商品详情页最主要的作用就是完成订单。

(一)详情页基本架构

1.顶部营销区

顶部营销区主要放置店铺的重点营销活动、优惠券或者关联推荐,可增加流量,提高转化率。图 5-17 是顶部营销区的活动预热图,图 5-18 则展示了店铺主推商品。

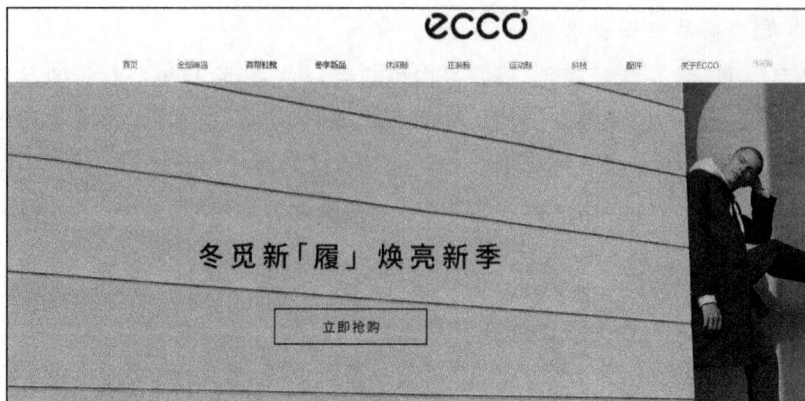

图 5-17　顶部营销区的活动预热图

图 5-18　店铺主推商品

2.海报图

海报图主要突出产品的特点,包括产品的使用效果和配景,即模特图和场景图。

(1)商品图及商品基本信息

该模块主要包含商品基本信息,最好以文字加图的形式进行展示。商品图片包括多角度拍摄的实物图、模特图。如图 5-19 所示,该卖家对商品做了准确的说明。这是一款休闲鞋,卖家着重突出了该款鞋轻、透、软的特点。由此可见,该卖家在商品说明上做足了功夫。

(2)细节图

细节图展示产品的工艺、做工、卖点、材质、配件等信息,如图 5-20 所示。

图 5-19　海报——商品基本信息

图 5-20　商品细节

3.尺寸说明

买家可根据产品的详细尺寸说明做出选择和判断。卖家一定要注意中国尺码和境外尺码的差异,同时做好长度单位的换算,让买家对照尺寸表即可挑选适合自己尺码的商品。因为很多境外买家一般习惯以英寸为长度单位,而不太习惯厘米等单位。假如卖家尺码说明仅有厘米,这些买家看尺码数据就如同我们看英寸的尺码表一样,难以实现换算。优秀的卖家不仅对尺寸做了详细的说明,还附带了长度(英寸和厘米)测量数据。此外,还以图示说明这些数据是如何测量的,提醒买家有关尺寸的误差说明,还有色差说明,避免产生不必要的纠纷。

4.品牌形象及资质认证等信息

该部分内容主要突显品牌的背景和实力,介绍企业价值观或者企业故事,展示公司商品所获得的证书和资质认证等。

5.包装信息

产品包装信息包含产品的包装材料、包装步骤和包装形象等信息。

6.买家反馈信息

把客户的"晒图"或优质评论截图,为产品做好评营销。

7.购物保障

该部分内容主要介绍邮费、发货、退换货、洗涤保养、售后服务等。

8.尾部营销区

该部分内容主要介绍关联商品或者相似商品,以降低客户流失率。

(二)详情页的作用

1.引起注意,留住客户

卖家需要通过各种方式来激发客户需求,例如突出商品独特的卖点、价格优势,举行促销活动,抓住买家的需求点。多用具有美感的产品图,别让客户对你的商品页面反感,如过多的关联商品、花哨的装饰或者过多的动图等就容易使买家反感。

2.提升兴趣,确认需求

要提升买家兴趣,就要了解客户需要什么,以及我们能提供什么。从各方面介绍产品是如何满足买家需求的,产品是否超出买家的预期。同时要思考如何表达才能让买家更感兴趣或者更容易接受。

3.建立信任,消除疑虑

建立信任有多种方式,如打感情牌、好评展示、突出无风险购物、做相应的承诺。同时,详情页的专业和实力或资质的介绍也是提升买家信任度、消除买家疑虑的良药。

4.促进成交,关联需求

要促使买家下单,需要卖家营造紧迫感,给买家一个马上购买的理由,例如突出限时、限量或者承诺有赠品等。

（三）如何制作详情页

1.分析产品

分析产品即分析产品的优势、劣势、机会、威胁。

产品是根本，产品特点要明确表述，不要拐弯抹角，也不能夸大其词，要基于产品本身，表现产品性能，引发客户购买。

2.分析目标客户

分析内容主要包括目标客户是谁，目标客户的年龄、性别、消费层级、消费习惯、购买可能产生的顾虑及如何解决其顾虑，满足其需求。

3.分析详情页买家浏览习惯

买家在详情页停留的时间大概为 1 分钟，大部分买家只看了详情页的前 3 屏左右，看完详情页的买家非常少，所以详情页不能太长。一般图片不要过多，也不要过大，加载时间过长可能导致买家直接关掉详情页。图片应是高清大图，文案精练，排版有条理。

4.确定需要哪些模块及模块顺序

在发布产品之前先确定产品详情页的基本架构、各模块的顺序，以及如何排版更能发挥详情页的作用，实现订单转化。

总之，以上针对详情页的说明基本上抓取了较为普适的一些特点，原则和方向适合大多数商品。原则基本唯一，方向可有多种，卖家在经营店铺时应善用这些原则和方向，将其应用到某个产品上还需要灵感与实践。另外，详情页的优化乃至产品本身的优化，都需要较强的审美能力与对用户习惯的把握能力，这不是一件可以简单模仿的事情，需要真诚、用心对待。

第四节 跨境电商商品定价

定价看似很简单，但是卖家要定一个消费者能接纳的价格却并非那么容易。定高了，订单转化率降低；定低了，利润降低。那么应该如何将价格定在一个合理的范围内呢？当然要考虑产品的利润、企业的整体运作成本。这里我们主要从平台层面的需求和竞争两个角度，分析如何合理地为商品定价。

（一）分析同行价格

卖家在发布商品的过程中要重视分析同行价格。发布商品前先去搜索该商品在整个平台的销售情况，通过搜索，便可了解销量较好的商品的价格区间，以此区间为依据，对自己的商品定价不要过低，也不能过高。

实际操作中，很多卖家发布商品时，仅仅根据自己的进货成本、商品重量与运费、包装成本、佣金、汇率、潜在损耗、预期利润等因素来制定价格。而这样的定价要么价格过高没人买，要么过低加剧了整个平台关于该类商品的价格战。

参考同行的价格，还可以挖掘出更多你所未知的信息，比如依据竞争对手的价格，你却怎么都核算不出利润,对手真的就是亏本卖的吗? 这时候,可根据对手的销售价格,以倒推的方式去推算各个环节的成本构成。推算的好处在于,可以发现很多未发现的利润点。例如,推算过程中,会意识到自己的运费成本过高而去寻找更合适的货代或发货方式,会发现拿货成本高从而寻找性价比更高的供应商,会知道很多卖家可能是拆掉了原有的大而重的包装从而降低了成本,等等。在此过程中发现的任何一个因素,都远比读 10 篇相关文章更有效。

接下来我们以晚礼服为例分析该商品在速卖通平台的价格。在搜索框输入"evening dress"后,得到如图 5-21 所示的结果。

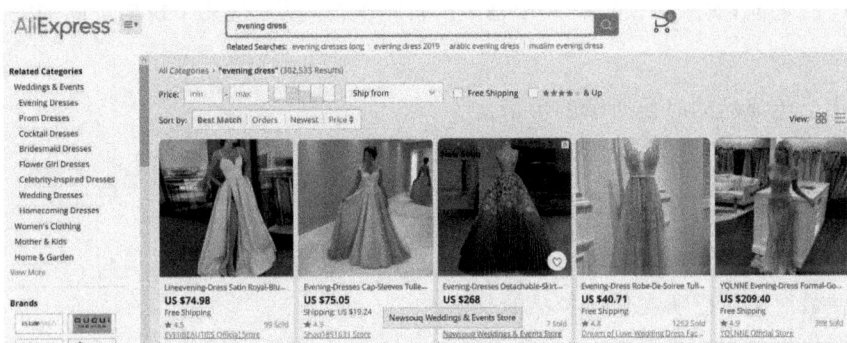

图 5-21　价格信息

由图 5-21 可以看出,全平台总共发布了 30 多万种晚礼服商品,可以说该商品竞争很激烈。接着再来分析晚礼服价格位于哪些区间,如图 5-22 所示,8.00% 的买家的购买价格低于 28.23 美元;42.00% 的买家的购买价格为 28.24~49.22 美元的商品;30.00% 的买家的购买价格为 49.23~71.08 美元;15.00% 的买家的购买价格为 71.09~159.17 美元;5.00% 的买家的购买价格大于 159.17 美元。

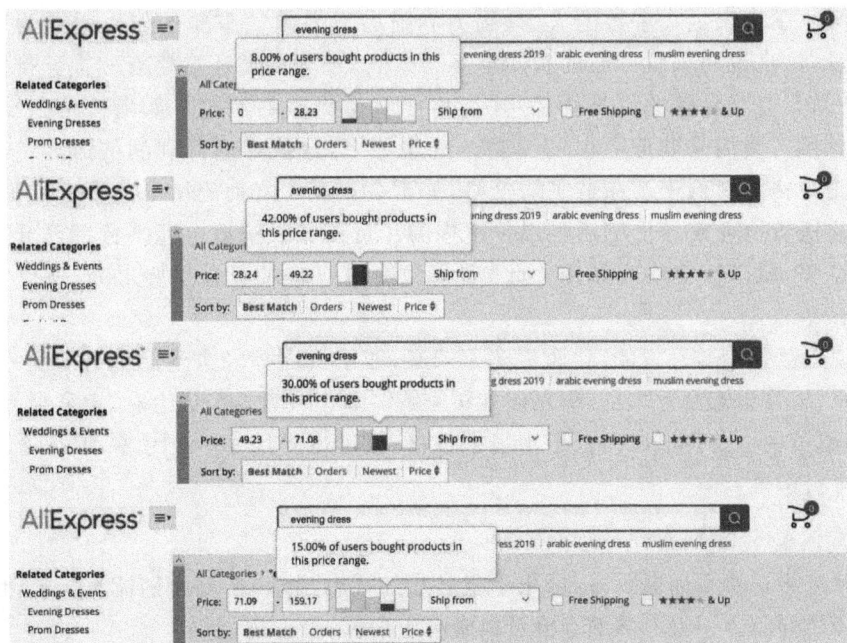

图 5-22　平台提供的几个价格区间数据

从消费者购买入口搜索到的该类商品的单价集中在 28.24～71.08 美元。不难看出,假定商品的卖点和在售商品并不存在大的差异,商品的定价在这个范围内对买家是比较有吸引力的,同时也可以很清楚地看到并不是价格越低就越好,当然也不是价格越高越好。低于 28.23 美元的商品只有 8.00% 的买家购买,而高于 159.17 美元的商品只有 5.00% 的买家购买。

(二)了解基本的价格概念

发布产品之前,卖家必须了解几个基本的价格概念,以及这几个价格之间的关系。

1.上架价格

卖家在上传商品的时候所填的价格。

2.销售价格

商品在店铺折扣下显示的价格。

3.成交价格

用户在最终下单后所支付的商品的价格。

这几个价格之间的联系如下

$$成交价格=销售价格-营销成本$$

(三)常见的定价策略

清楚以上几个价格的关系后,我们就可以对不同定位的产品采取不同的定价策略。产品定位,一般分为爆款、引流款和利润款。

1.爆款定价策略

爆款倾注了卖家绝大多数的人力、物力和财力。爆款最重要的作用就是为店铺带来巨大的流量,这也说明该款产品的利润率不会太高,甚至初期还会略有亏损。排除付费推广因素,产品只有有足够的价格优势,才有可能获得更多的流量。如果价格上没有优势,还需要支付推广费用来获取更多的流量。由此可见,爆款难逃低利润的命运。通常爆款的实际成交价格相对低于产品的平均价格,甚至会更低。之前跨境电商平台的部分卖家,就是通过超低价抢夺市场份额后再提价销售的。目前各大跨境电商平台都已开始抵制恶性的价格竞争,所以该策略应慎用。此外,这种价格战略对资金量要求高,所以中小卖家更要慎重。

有人说爆款是绝对亏本的,然而事实上未必,如手机壳等轻重量低价格的商品,当买家购买一个时,也许卖家是亏本的,但是假如买家购买 2 个或者 3 个以上时,卖家则是赢利的。

总之,爆款的定价可以以略低于市场的价格,也可以采用卖一个亏本,卖两个及以上赢利的模式进行定价。

2.引流款定价策略

引流款广告花费不如爆款多,可用于报名参加平台活动,拓展店铺流量来源,也可以作为预备的爆款商品。引流产品的定价可以略高于爆款。

3.利润款定价策略

利润款承担为店铺带来自然搜索流量的任务,同时为店铺带来利润。该部分商品是店铺的利润来源,所以卖家在对这部分商品定价时,一定要把店铺整体成本和预期的利润考虑进来,从而为店铺带来实际收益。利润款的商品定价要高于引流款和爆款。

虽然不同跨境电商平台在搜索排序规则方面会有差异,但总体来说,搜索引擎有助于跨境电商平台商品呈现,优化消费者的购物体验。

好的商品呈现可促进跨境电商平台店铺的商品销售。搜索引擎可以优化消费者的购物体验,有助于跨境电商平台商品呈现。不同跨境电商平台在搜索排序规则方面会有差异。

跨境电商平台的商品可以通过多种途径呈现,如选择商品类目、设置商品属性、设置产品标题、制作产品主图、制作产品详情页、设置产品价格等。进行跨境电商商品类目管理时,需要关注两点,即店铺选对类目(选对行业)、发布商品选对类目(选对类目)。在进行商品属性管理时,尽可能填全系统给出的属性,同时还要注意规避几个常见的误区。好的商品标题可以提升商品的曝光率,标题包含类目词、核心词、属性词、材质词、颜色词、修饰词、场景词。以速卖通平台关键词为例,关键词来源主要有商品本身、平台站内获取、平台站外获取等。跨境电商商品图片包含商品主图与商品图片,图片要简洁、抢眼。

商品详情页由文字、图片、视频构成。商品详情页基本架构包括顶部营销区、海报图、尺寸说明、品牌形象及资质认证信息、包装信息、买家反馈信息、购物保障、尾部营销区等。

如何制作一个高效的产品视频

要综合分析产品、目标人群、详情页买家浏览习惯,最后确定详情页需要哪些模块及模块顺序。需要从需求和竞争两个角度,对跨境电商平台的商品进行定价。常用的定价策略有爆款定价策略、引流款定价策略、利润款定价策略。

【课后思考】

1.简述速卖通与亚马逊平台搜索排序基本原理。

2.简述跨境电商平台商品呈现的主要途径。

3.简述跨境电商商品标题的关键词来源。

4.简述跨境电商商品详情页基本架构。

5.描述跨境电商商品详情页的具体作用。

6.如何制作好的跨境电商商品详情页?

7.简述常用的跨境电商商品定价策略。

第五章课后练习

第六章

跨境电商视觉设计

【学习目标】

可以说出视觉营销的概念与意义及视觉营销在跨境电商平台中的具体应用;以速卖通为例了解做好视觉营销的要点;掌握跨境电商店主需要掌握的技能;可以打造跨境电商商品详情页;能够进行产品信息维护。

【章节纲要】

本章主要从5个方面来介绍跨境电商视觉设计。第一节主要介绍视觉营销,第二节主要介绍视觉设计,第三节主要介绍图片设计,第四节主要介绍详情页设计,第五节主要介绍旺铺装修设计。

第一节 视觉营销

一、视觉营销概述

(一)视觉营销的定义

视觉营销将展示技术和视觉呈现技术与对商品营销的彻底认知相结合,通过刺激客户的感官引起客户的兴趣,使其对产品产生深刻的认同感和购买欲望,从而达到营销的目的。视觉是手段,营销是目的。视觉营销的目的是最大限度地促进产品(服务)与消费者之间的联系,最终实现销售(购买)。

(二)视觉营销的重要性

1.视觉营销为何重要

视觉在人的五感中占主导地位,能最大限度地影响人的思维判断。在实体店购物时,人们可以通过听觉、嗅觉、味觉、触觉去感知商品。但是在电子商务行业中,买家只能通过视觉来判断产品的好坏,以此决定是否购买。所以,对于跨境电商的商家来说,视觉营销尤其重要!

引起顾客注意,唤起顾客兴趣,激起顾客购买欲望,促使顾客采取购买行为,是视觉营销的目的和重要性所在。要达到这种视觉营销效果,第一个步骤就是要引起顾客注意,这主要是建立在视觉冲击力的基础上的。通过视觉冲击,引起顾客的关注,继而使顾客对销售的产品抱有积极肯定的态度,激发顾客对商品产生强烈的拥有愿望,即产生较为明确的购买动机,最后运用一定的成交技巧促使顾客购买。由此可见,视觉是影响消费者行为的重要因素之一。而在电子商务领域,视觉营销的根本目的就在于塑造网络店铺的良好形象和促进销售。

2.视觉营销的好处

具体来说,做好视觉营销,对店铺有以下几大好处。

(1)吸引客户眼球,提升店铺客流量

美的事物总是能吸引人们的注意力。在网上售卖商品,卖家必须运用色彩、图片、文字等来包装商品,赋予产品美感,吸引客户。

网上店铺中,能够带来点击量的图片主要有:产品主图、banner广告(横幅广告)、关联图片等。

(2)唤起客户兴趣,让客户停留更久

当顾客进入网店主页或者产品详情页后,卖家需要做的就是唤起客户的购买兴趣,留住客户,让顾客停留更久。优秀的店铺招牌、banner或者产品详情页的首屏图片,往往能激发客户的购买欲望,让顾客在店铺或产品页面停留得更久,这样成交的概率也就更大一些。

如图6-1所示,卖点"经典圆领设计""修身束腰""裙摆设计",传达的商品卖点是性感、时尚、高端。

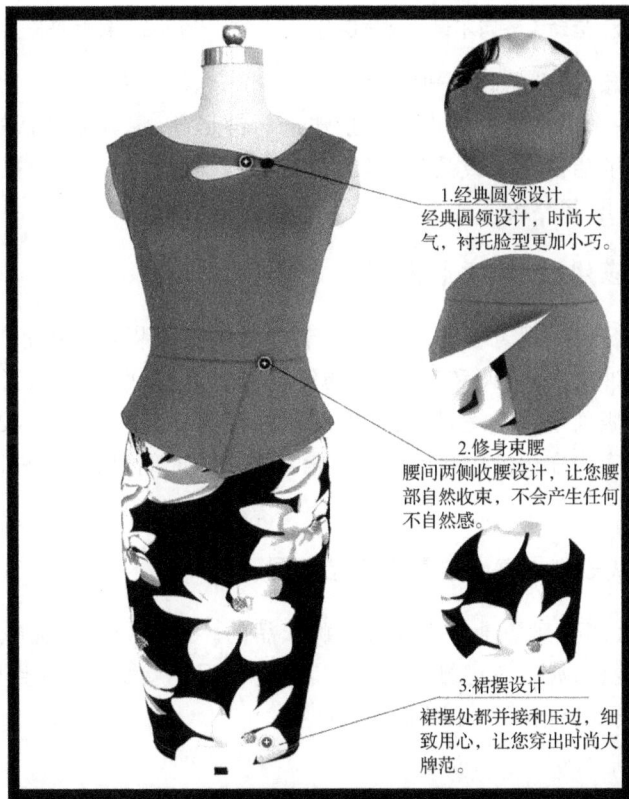

图6-1　卖点打造

（3）刺激客户想象，提升成交转化率

科技的发展带来产品的创新，一些新型产品，已经无法从外形来定义和想象它的用途，而这些商品就需要主动设置情景图片来告知客户它的适合人群和场景。

比如一款蓝牙手环产品，当手机有来电的时候，手环会以震动的方式提醒你并显示出对方姓名，如果此刻你的手机尚在5米开外，那么你可以通过手环接听电话。而且它还有时间显示和手机防丢提醒功能。这样的一款商品，它的适用人群是非常广的，如商务男士、办公室白领等。如图6-2所示，消费者如果是一位商务男士，看到这张图片或许会想到，以后去运动的时候，手机不在身边也不会错失重要电话，那么他是不是会毫不犹豫地购买呢？

同理，对于母婴产品来说，但凡是能够让这些母亲联想到自己孩子的某些场景和经历的图片，都有助于订单更快地达成，如图6-3所示。

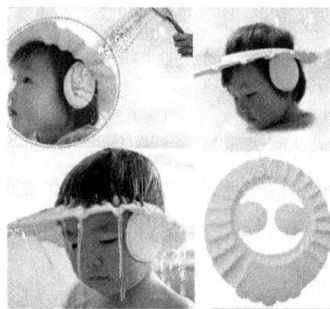

图 6-2　针对商务、运动人群两不误的宣传图片　　图 6-3　针对母婴人群的宣传图片

（4）塑造店铺形象，提升品牌认知度

视觉营销还有一个非常重要的作用就是塑造店铺形象、提升品牌认知度。任何一个网络卖家，都希望自己的店铺名称或品牌能被客户记住。因此，在店铺的视觉营销中，做到色彩搭配恰当、主色突出、风格统一尤为重要。

二、视觉营销应用：以速卖通为例

对于速卖通卖家来说，视觉营销的关键在于店铺的整体装修设计和产品详情页的描述完善，充分利用视觉冲击、色彩调和、页面布局等来吸引客户，引导其购买，促使成交。成功的视觉营销应做到：版面干净舒适，用吸引人的图片和简单新颖的文案，告知客户需要做什么，能得到什么。若客户在店铺中找到其所需信息花费的时间过长，客户很可能不会再次光顾这类网店。

（一）制作高认知度、高点击量的产品主图

速卖通客户绝大多数都是通过搜索来选购产品的。买家会不会选中你的产品，进而点击进入详情页下单购买，如不考虑排名先后，其决定性因素就是"产品主图"。那么，该如何使自己店铺的主图更加突出呢？如图6-4所示。

图 6-4　带显示器的产品主图设计

（1）带有屏幕的电子产品，可以在屏幕上"花点功夫"，以抓人眼球的色彩和构图，来展示产品卖点。

（2）同一店铺的主图风格应尽量统一，形成自己的风格与特色，以提高客户对店铺或品牌的认知度。

方法还有很多，比如说，因精细工艺或者因材质面料而彰显品质的商品，要尽可能地放大主图像素，清晰展示。总之，应尽可能地展示产品的特质或者构建新的特色，让商品脱颖而出。

（二）打造高转化率的详情页

速卖通客户通过搜索选中感兴趣的产品，点击主图进入产品的详情页面后，所有卖家期盼的下一步行为就是客户下单付款。因而，客户最终能否下单、付款，取决于详情页的产品描述，即详情页决定转化率。

那么，什么样的详情页才能更好地提升店铺转化率，促使客户下单并立即付款呢？这样的产品详情页其描述必须从客户角度出发，列举客户关心的要点。主要做法是：提炼卖点，引起客户兴趣；展示细节，获取更高认知度；定位情景，让客户产生联想；利益引诱，促使客户成交；关联商品，使客户购买更多。

（三）设计吸引力强的店铺首页

当客户通过搜索进入产品的详情页后，如果感觉你的产品主图和详情页都还不错，那么无论客户决定是买还是不买，都极有可能进入你的店铺进一步寻找其他合适的商品。客户进入店铺后，停留最久的页面往往都是店铺首页，因此，店铺首页的装修设计是店铺装修的重中之重。

客户进入店铺首页的意图是寻找其他合适的商品。如果客户进入店铺前已经拍下他所浏览的商品，那么进入店铺后就有可能购买更多；如果客户在没有拍下的情况下进入店铺首页，那他就是为了寻找性价比更高的或者令他满意的商品。总之，视觉营销效果好的店铺首页能够让客人情不自禁地购买。

那么,速卖通的卖家该如何设计、布局各自店铺的首页,获取源源不断的订单呢?我们不妨把进入店铺的客户分成两类:一类是带有明确购买目的的客户,有着非常明确的购买需求,对于这类客户,卖家要善于布局店铺首页左侧的产品分组、顶部的产品搜索或者产品分类导航栏,方便买家快速搜寻到他想要的商品;还有一类就是没有明确购买目的的客户,对于这类客户,卖家要善于利用首页的 banner 广告、产品推荐、新品预售等板块,并诱之以利,激发客户的潜在需求,使其购买。

店铺首页的设计、布局主要包括:店名设计、店招设计、分类分组、banner 广告、产品推荐、自定义板块等,后面的章节有详细的介绍,这里就不多说了。速卖通店铺后台的装修市场也有很多非常实用精美的装修模板可供卖家选购,卖家只需选择适合自己的,然后往模板里面填充图片或者文字就行。

三、店家必备的视觉营销技能

随着电子商务的发展壮大,网店越来越多,货品越来越丰富,也让顾客选择的余地大了很多,店家的压力也大大增加了。要想突破重围,而不依靠高额的广告投入,那么就需要凭借优秀的网店装修布局引来新的访客,此时视觉营销就显得非常重要了。

对于速卖通卖家来说,只有好的产品是不够的,更重要的是要有懂视觉营销的人才或团队。在电商已经发展到白热化的阶段,竞争非常激烈的今天,电商人才也尤为短缺。优秀的视觉营销人员,必须兼备图片处理和网页设计技术,还应熟知拍摄技巧和网络营销技巧,需要具备的技能非常全面。事实上,现在的高校,就连平面设计与网页设计都是两个不同的专业,因此负责视觉营销的人员所掌握技能往往较为单一。所以,优秀的跨境电商商家及其团队,做到一定规模后都会有清楚的岗位划分,将视觉营销工作细化,如文案策划、产品拍摄、图片处理、网店装修、运营销售等。

以速卖通网店视觉营销的实际工作为例。店家并不需要掌握平面设计、网页设计、摄影、电子商务、市场营销、商务英语等专业的全部知识,而只需要学会其中部分重要的知识和技能,如裁图、修图、调色与图像合成技术,以及环境搭建、器材拍摄、构图、布光等基本技巧,有些工作可交给专业团队去操作。总之,做好速卖通的视觉营销,主要应从文案策划、产品拍摄、图片处理、店铺装修几个模块着手,卖家需要掌握的技能参照表 6-1。

表 6-1 卖家技能要求

模块	技能
文案策划	店招文案策划
	广告文案策划
	产品详情页文案策划
产品拍摄	摄影器材的选择与使用技巧
	产品拍点分析
	产品拍摄技巧
	照片存档管理

续　表

模块	技能
图片处理	图片处理
	广告图设计
	页面设计
	图片切割
	图片存档管理
店铺装修	店铺首页规划和布局
	店招模块
	轮播海报
	自定义板块
	第三方装修板块

第二节　视觉设计

一、视觉设计定义

视觉传达设计属于视觉设计的一部分,主要针对被传达对象即观众而有所表现,缺少对设计者自身视觉需求因素的诉求。视觉传达既传达给视觉观众也传达给设计者本人,因此深入的视觉传达研究已经关注到视觉的方方面面,称其为视觉设计更加贴切。

视觉设计是在有限的版面空间里,运用造型要素及形式原理,将版面的各种构成要素——文字、图形图像、线条现况、色块等元素,根据特定内容的需要进行排列组合,把构思与计划的视觉形式表达出来,也就是运用艺术的手法,在版式上以更明确的方式表达某种概念。

二、视觉设计的目的

通过视觉设计能够获得什么? 对于从事视觉设计工作的人来说,对这一问题的认识非常重要。如果答案很明确,那么就较容易思考在视觉设计中应该通过什么样的方式来获得预期的效果。

通过视觉设计我们能够获得什么? 这个问题可以换成另外的表述,即视觉设计的目的是什么? 通过视觉设计到底能够达到什么样的预期效果,这些问题是相通的。

(一)有利于信息的有效传递

视觉设计当然是为了与受众进行交流。也可以说,视觉设计的目的就是传达信息。如果这种信息能够被准确地传达给读者或者说是消费者,那么我们就可以期待他们做出相应的反应。

换言之,我们要通过视觉设计来获取受众的明显反应。如果进一步追问这到底意味着什么,那就是视觉设计要能够使受众动心。使人动心的方法叫作视觉设计技巧,利用了视觉心理学和人体工程学的原理。如果设计师在工作中没有弄清目的,就有可能导致最坏的结果,不但无法获得任何效果,还会给观者留下不好的印象。

(二)提高画面的美观度

视觉设计是对漂亮和美观的追求。受众希望能够从视觉呈现中获得新鲜的、美的刺激,或者是获得有用的知识,或者至少能够从画面中获得某种美的刺激,这是一种基本的诉求。

(三)引起兴趣

在视觉心理的层面上,人的眼睛总是会被自己感兴趣的东西所吸引。如果没有兴趣,人是绝对不会认真阅读的。根据视觉心理学我们能够了解"读者或客户的视角",从而引导读者的视线。所谓"引起兴趣"就是指"制作能够让读者感兴趣的东西",毕竟读者希望从读物中获得某种有用信息。

三、跨境电商视觉设计的基本原则

(一)希望客户能顺畅地阅读

如果不能顺畅地进行阅读,人就会感受到一种压迫感。读者希望能够顺畅地阅读,这是对版式设计的基本要求。设计并不是单凭感觉就能做好的,个性化的版式设计有时候会造成阅读不便。视觉设计并不是追求个性的工作,而是设法让看到的人或读到的人能够顺畅阅读的学问。也就是说,版式设计师需要站在客户的角度来考虑问题。客户不但会因为排字的问题而不愿阅读,也会因为难于辨认的小字而感到不满。为了让读者能够顺畅地阅读,必须要考虑文字的大小、字间距、行间距、字体、文字的排布等5个方面的问题。这些方面与我们现在谈到的"工整"问题直接相关。

(二)希望客户能有效率地阅读

如果阅读太费精力,查找方式太过复杂,图表太过晦涩难懂,读者就会产生厌恶的情绪。人们常说,现代人都非常忙碌,因此观看事物的方式也是匆匆忙忙的。这一点在网页等媒介中表现得非常明显。人们总是迅速地切换页面,寻找最感兴趣、最有意思的内容。总是希望能够轻松而有效率地阅读,并且希望能够尽量回避辛苦的搜寻。如果所搜寻的内容很难找到,或是不容易理解,人们马上就会把视线转向别处。当然,少数比较特殊的人,会在上述情况下仍然把内容看完。但是,设计师必须考虑大多数人的习惯来进行视觉设计。索引或搜索是达到目的的最有效方式。如果这些也变得很复杂,那么客户就必然会选择放弃了。

(三)希望客户能够受到某种刺激

在看到某个画面时,人们总是希望能够得到某种刺激。在大多数情况下,美的视觉效果比较容易给人带来刺激。好的广告和画报都是极具视觉冲击力的。当然,这并不只是视觉设计的功劳。视觉冲击力尤其会受到视觉效果的影响。但是,即便有好的视觉效果,如果没有能够将其凸现出来的视觉设计,画面的视觉冲击力也会有所减弱。正在浏览网店的人,其基本诉求就包括"受到刺激"这一点。那么,如果没有刺激,观看者会怎么做呢?答案很简单,人们会下意识地避开。所谓视觉设计,就是在缺乏"客户所追求的刺激"的情况下,想办法将对象凸显出来的工作。

(四)希望客户从信息中有所收获

人们希望从所看到的东西中得到某些收获。当然,这种收获既包括文字中的有用信息,也包括从所看到的东西中获得心情的平静或愉悦。反过来说,对于"已经知道的""没有兴趣的""与自己无关的"等内容,人们甚至不会产生看的欲望。人们希望看到的信息对自己来说是全新的,这一点理所当然。希望阅读之后能够有所收获,这种心态非常重要,在视觉设计时要好好考虑。在进行设计时,通常应该考虑到的问题是,这是为谁在进行设计。当然,视觉设计是为了满足客户需求而进行的工作,因此需要了解如何从客户的视角来考虑问题。设计师需要思考客户在看到这种媒介时,潜意识当中在想些什么。从这种思考中就能够发现视觉设计的基本要求。

四、跨境电商视觉设计的视觉移动路线

(一)引导读者视线的作用

引导读者视线是版式设计所拥有的最强大的功能。能否做到这一点决定了店铺图片信息能否被有效地传播给顾客,只有在掌握了所有的基础知识之后,设计的图片才能引导读者的视线。设计人员必须利用人们视觉心理引导视线来进行设计,是一项以顾客为对象的工作,所以设计师必须先了解对象。这项工作的对象是人,人都有一定的心理倾向,如果能把握这个倾向,并将其运用到设计中,就能很好地将设计中的信息传达给读者。我们将这种心理倾向称之为视觉心理。其中,设计者必须掌握的就是视觉引导的技能,也就是要学会如何引导读者的视线。

(二)视觉移动路线

视觉引导最终关系到设计作品的成功与否。设计师必须具备引导读者视线的能力,让读者关注你希望他们关注的地方。顾客不会强忍着性子耐心去看他们不想读的东西。要想让顾客愿意去看,就要会运用人体工程学和视觉心理。运用人体工程学可以很简单地测定出视线的运动轨迹。

1. 自上而下移动

视线移动最自然的轨迹就是自上而下。利用这一点来引导视线。大多数媒体都是以自上而下的视觉引导为基础来进行版式设计的。这样的设计原则是由文字的书写方式决定的,横写时,是从上一行换到下一行;竖写是从上往下移动。不过,横写时是从左上角开始往右写,而竖写时是由右上角开始往下写。

2. 从大到小移动

人们在日常生活中,通常会先注意到大的东西。特别是当两件东西颜色或材质相同的时候,视线往往会集中在大的东西上。根据这一原理,应该尽量放大希望吸引读者注意的东

西。比如,如果是文字的话,那么读者的视线往往会首先集中在大号字上,所以标题的字号通常都比较大。字号越大,越能吸引眼球。吸引眼球的程度被称为"跳跃率"。充分利用跳跃率,可以使画面显得更有活力。不过,过大的东西人们可能反而会看不到。不能尽收于视野范围内的东西会被忽视掉,所以说并不是越大越好,而是应该保持在适度的范围内。

3. 向相邻物体移动

我们的眼球习惯向相邻的物体移动。比如在看人的时候,我们不会看离这个人距离很远的人,而是自然而然去看他旁边的人。为什么视线会向相邻物体移动呢?因为眼睛在看一个东西的时候,与之相邻的物体已经进入了我们的视野,只要稍稍移动视线,就可以看到旁边的物体。视线转移也是有条件的。如果你对进入视野的这个相邻物体抱有兴趣,视线就会比较容易转移。尤其当相邻物体与你正在看的东西是相同颜色,或者更加华丽时,转移的可能性就更高。可以说这是在视觉引导中比较容易应用的一种视觉心理:只要在相邻部分放置你接下来想要呈现给读者的东西即可。这一原则也可以被应用到字与字、行与行之间的关系上。

4. 趋向相同形状

人们的目光习惯向相同形状的物体移动。在视觉引导过程中,若不能利用自上而下、从大到小的视觉心理,可以运用视觉的"同形移动"原理。实现同形移动最常见的方法就是在各条项目前加星号。这样一来,当读者读完一项时,眼睛会自然移到下一项。项目符号采用什么形状都可以,只要醒目即可。比较醒目的一般有星号、心形还有圆形。也可以根据情况以照片(比如同一个人的照片)来作为项目符号。

色彩是版式设计中不可缺少的要素,同时也被频繁应用于视觉引导中。色彩的心理效果在视觉引导中的运用就是:人的目光习惯向相同颜色移动。

在一个画面中,同一种颜色分散存在时,视线会自动沿着相同颜色移动。基于这一点,我们可以将一种特定颜色布置在页面每个板块的开头部分,使用标记色。通常我们愿意使用红色等醒目的颜色来作为标记色。当然,在暖色调画面中,如果有蓝或绿色分散存在的话,视线也会随之移动。画面里有很多小板块时,可以在小板块开头使用标记色。在一个设计版面中,有时很难区分小板块,这时如果搭配图形(圆形、星号等),会取得更好的效果。

5. 向下按号码移动

我们从儿童时期起就习惯了编号后按次序阅读。我们自己也会有座位号,或者会按编号顺序进行演讲等。我们生活中还有很多地方会应用到编号。目光会随编号移动,是因为我们一直就有这样的习惯。如果看到1,就自然会找2,之后又是3,视线就会这样一直移动下去。这一原理在版式设计中也被广泛使用。在整体构成比较复杂时,这种视觉引导十分有效。将数字字号稍微放大,使之更容易辨认,再给它们着上相同颜色的话,引导视线的效果就更好了。

用来进行视觉引导的编号,也不全都是阿拉伯数字。我们也经常使用罗马字,有时也使用汉语数字。利用编号引导读者视线非常有效。加上编号后,无论怎样读者都不会越过1直接去读3。定是先看1,再看2,这就是编号的视觉诱导原理。

6.沿箭头移动

箭头的形象可能是来源于箭本身的样子。在视觉心理中,箭头代表方向和速度。古希腊毕达哥拉斯学派和柏拉图认为,眼睛在捕捉物体时,视线、目光和力量会以物体为目标从眼睛向物体方向传送,把这一想法用图形来表示时,箭头就诞生了。箭头可以按其指示的方向引导视线,矢量方向的引导性强而有力,让人无法抗拒。

五、跨境电商视觉设计的基本类型

(一)满版式

满版式结构以图像充满整版,主要以图像为诉求,视觉传达直观而强烈。文字的配置压置在上下、左右或中部的图像上。满版型给人以大方、舒展的感觉,是商品广告常用的形式。

(二)散点式(自由式)

自由式结构由无规律的、随意的编排构成,有活泼、轻快之感。但是这种看似随意的分散构图,其实包含着设计者的精心构置。

(三)上置式

上置式结构图片配置在版面的上半部分,而下半部分则留白或只有极少的文字。图片感性而实在,留白理性而空灵。图片可以是一幅或多幅的组合。

(四)下置式

下置式结构版面的下半部分配置一幅或多幅图片,上半部分留白或者有很少量的文字。下置式构图稳重、大方,留白给人以巨大的想象空间,犹如天与地的感觉。图片形式感对其他元素的位置、大小影响很大。

(五)左置式

左置式结构在版面左边配置图片,右边留白或有少量文字,形成强烈的虚实对比,视觉冲击力较强。这种版式往往让人感觉有很大的视觉想象空间。

(六)右置式

右置式结构在版面的右半部分配置一幅或多幅图片,左边留白或配以文字,虚实对比强烈。

(七)中轴式

中轴式结构将图形做水平或垂直方向的排列,文案以上下或左右配置。水平排列的版面给人稳定、安静、和平与含蓄之感。垂直排列的版面给人强烈的动感。

(八)倾斜式(斜置式)

倾斜式结构将主体形象或多幅图版做倾斜编排,造成版面强烈的动感和不稳定因素,引人注目。

（九）圆形式

圆形式结构将插图处理成圆形、半圆形,画面十分活泼,同时在文字编排上做相应变形。圆形给人庄重完美的感觉,因而画面十分引人注目。

（十）并置式

并置式结构将相同或不同的图片做大小相同而位置不同的重复排列。并置式构成的版面有比较、说解的意味,给予原本复杂喧嚣的版面以次序、安静、调和与节奏感。

（十一）对称式

对称式的版式给人稳定、庄重、理性的感觉。对称有绝对对称和相对对称,一般多采用相对对称,以避免过于严谨。对称一般以左右对称居多。

（十二）四角式

四角式结构是指在版面四角及连接四角的对角线上编排的图形。这种结构的版面,给人以严谨、规范的感觉。

（十三）重心式

重心式有 3 种概念:①中心:直接以独立而轮廓分明的形象占据版面中心;②向心:视觉元素向版面中心聚拢的运动;③离心:犹如将石子投入水中,产生一圈圈向外扩散的弧线运动。重心式版式会产生视觉焦点,强烈地突出某一形象。

（十四）曲线式

曲线式结构的图片或文字在版面结构上做曲线的编排,产生节奏和韵律。

（十五）骨骼式

骨骼式结构是一种规范的理性的分割方法和表现形式。常见的骨骼式有竖向通栏、双栏、三栏、四栏,以及横向通栏、双栏、三栏和四栏等。一般以竖向分栏为多。在图片和文字的编排上严格按照比例进行编排配置,给人以严谨、和谐、理性的美。

（十六）视错觉

因为眼睛构造的原因,有时候人看东西会产生错觉,我们将其称为视错觉。人们自古以来就知道视错觉的存在,并努力尝试对其进行修正或利用。现在我们已经发现并知道如何纠正的视错觉有很多种。希腊宫殿所使用的凸腹柱中间向外凸起,据说是为了调节看起来向内凹陷的视错觉。水平线的两端看起来是下沉的,所以最好将两端稍微上提。这些原理被广泛应用于设计建筑物的屋檐、文字的创造等方面。同时,有两个圆存在时,上边的圆看起来要比下边的大。因此通常要把 8 和 S 上半部分写得小一些,以取得平衡。

视错觉也是一种视觉心理,仅仅去修正它并不足够,如果能够积极将其运用到设计之中,也能够获得很好的效果。

第三节　图片设计

构成视觉媒介的要素大体上分成两类：一类是图形及照片，另一类是文字。所有的东西都是由这两种要素构成的。设计师只要充分了解这两种要素，并熟练地掌握其使用方法和处理方法即可。如果不了解要素，即便能够模仿别人的版式，也无法做出能够打动人心的版式设计。除了这两种设计要素以外，还可以另外追加一种元素，就是色彩。由于照片和文字当然是具有色彩的，所以把色彩单独提出来讲，似乎有些自相矛盾。但色彩所具有的心理效果确实非常重要。下面将从这 3 个方面来介绍图片的设计规范化原理。

一、照片及图形

图画是历史上最古老的文化产物。由于图画不仅能够真实地再现物体的造型，而且还能传达某种微妙的意象效果，故而总是被频繁地使用。图画包括所有的艺术作品和插图，但是在设计的世界中我们很少使用艺术作品，而通常会采用手绘图画和电子图片。印刷术发明后不久，照片就开始出现在印刷品之中了。在那之前，人们总是使用绘画来再现场景。照片对物体的再现能力使其成为设计中不可或缺的东西。但是，最近由于 CG（computer graphics，计算机动画）技术的发展使图片制作和图片合成为可能，照片自身的概念变得模糊起来了。

但整体而言，照片及图形可称为电商视觉设计中最重要的元素，图形是指除文字以外的手绘图、图案、图画等排版元素。以前，被称作图片的东西也曾经在视觉性要素的意义上用 visual（视觉资料）这个词来表示。现在有时候会用 image（图像）这个词。图形一词，严格说来是指头脑中浮现出来的图像。图片的功能在于能够更加具体地展现形象的效果。为了抓住顾客的视线而使用的图形和照片，在抓住顾客视线的同时也塑造了整体效果。

（一）照片及图形面积的效果

1. 照片及图形面积安排的意义

图形面积的大小安排，直接关系到图片的视觉传达。一般情况下，把那些重要的、吸引读者注意力的图片放大，从属的图片缩小，形成主次分明的格局，这是排版设计的基本原则。

虽然照片和插图是同一类东西，但是采用不同的尺寸，却能得到不同的效果。这并不是说一定要采用多大的尺寸，而是说要根据画面来选择采用哪一种尺寸最为合适。

假设有一张人物照，是用全身照比较好，还是用半身特写比较好，这种选择需要根据信息的内容和画面的整体效果来决定。并不是说留给照片的页面面积小，就要用小尺寸的照片，而是因为"那个位置安排那个尺寸的照片是很必要的"，所以才会选用这样的照片，这一点必须记住。

在页面中安排一张照片时，有时会直接使用整张照片，有时却只会使用照片中必要的部分，这种做法叫作裁切，是处理照片的主要手法。裁切的方式就是沿着画面的边缘把照片切出来。包括单边裁切、双边裁切、三边裁切、四边（全边）裁切。裁切之后的照片，从视觉心理学的角度来说,画面显得更开阔。这种方法最适于用来表现照片中物象的意境。这是由于人们认为裁切之后的照片画面会向裁切边缘之外延展开去。在裁切操作中非常重要的一点是,必须在一开始就首先确定好自己想要传达的意象。裁切操作中,设计师对空间的感受及视觉心理学的知识等都是必需的。例如,有些情况下,裁切操作会使照片所具有的意义发生变化,因此,裁切并不是一种可以机械操作的处理手段。为了能够熟练地掌握裁切技巧,设计师必须看大量的绘画或照片。处理得好的作品其裁切都是非常到位的。

2.照片及图形处理方式

(1)方形版式

在照片的处理中,最为常用的方法是使用方形的版式。由于照片原本就是以方形的构图拍摄的,所以直接使用方形的照片是很自然的。此外,由于媒介几乎都使用方形版式,所以用方形的照片比较易于处理。换句话说,这种处理方式能够比较恰当地表现照片中的情景。

(2)切除边框

与此相对的,还有一种处理方式,就是把照片的边框切掉。它使得被拍对象自身的形态得以凸显,从而使被拍对象自身的形式更加引人注意。当然,当需要强调被拍对象的存在感时,这种处理手法更加合适。

(3)留白空间

在中国及日本的绘画中,有一些什么都不画的空白空间,正是这种空间给所描绘的主题物带来了视觉冲击,从而使画面整体呈现出一种紧张感。欧洲绘画是从浮世绘的空间处理中认识到其重要性的,并将其命名为"留白"。这种空间并不是所谓的余白或多余的空间,而是作为设计中必不可少的空间来考虑的。由于这种空间能够使画面产生整体的平衡,因此这种处理需要很高的审美判断能力。如何在主题物与背景之间营造空间,这既是一个要点同时也是版式设计的重要课题。留白的重要功能是通过页面内容使读者感受到心理上的舒适。如果页面上布满了文字或照片,就会让人感觉不舒服。首先是不易阅读,甚至还会对读者造成一种压迫感,使读者停止阅读。留白意味着某种缓冲和舒适感。同时宣传册的版式要注意文字和图片不要混放在一起,因为是重要的信息,所以处理必须谨慎。

(二)图片的数量

图片的数量多寡,可影响到读者的阅读兴趣。如果版面只采用一张图片时,那么,其质量就决定着人们对它的印象。往往这是显示出格调高雅的视觉效果之根本保证。增加一张图片,就变为较为活跃的版面了,同时也就出现了对比的格局。图片增加到 3 张以上,就能营造出很热闹的版面氛围了,非常适合于普及的、热闹的和新闻性强的读物。

二、文字

文字毋庸置疑是视觉设计重要的构成要素,与文字相关的字体会影响版式的整体效果。可供使用的字体有很多,必须抓住文字自身所具备的形式特征进行挑选。此外,影响文字易读性的字号及影响阅读感受的排字方式等,都是视觉设计时需要注意的。可以通过文字来传达具体的信息。醒目图案的旁边一般会放有最重要的文字。处理文字的基本原则是方便阅读。无论是明朝体这样横纵笔画粗细不同的字体还是横纵笔画粗细相同的黑体字,所有的设计都要从这个基本点出发。

在日本,设计师通常将明朝体作为正文字体,黑体作为标题字体使用。由于黑体比较显眼所以较为常用,而在欧美,饰线体则是版式设计中的主流字体。此外,日文中同一个画面里可以出现多种不同的字体,而英文中则通常只同时使用3种字体。

所谓字面就是文章的视觉效果,指的是文字部分的外观。字体对视觉设计整体效果有很大的影响。为了使文章的脉络清晰流畅,排版中通常会使用换行、另起一段、空行等方法。这些都是使文章显得清晰易读的处理方式,并不是说只要将字面处理得特异或个性化就可以的。

(一)字号

不存在什么固定不变的字号。用大字号或小字号,是根据具体情况决定的。在印刷术发展起来之后,随着活字的出现,字体才开始出现大小的区别。活字中主要用"号数"来表示大小,也可以采用"点"的标记方式。"号数"的方式比较便于凭感觉处理字体大小,所以用"号数"的人比较多。

字号大小相同的字面,虽然富于统一感却缺乏变化。即使加入标题或小标题,看上去变化也不会很明显。在视觉心理上,这种版式会产生诱眠效果,导致读者犯困。

只需要改变小标题的字体大小,字面的整体效果就会完全变化。改变字号大小能够给页面带来节奏感,并给读者带来一定程度的刺激。进而再调整标题的字体,就会使整体的版式效果显得清晰明确。

文字的突跳率,这是指正文字号与标题字号的比例关系。在标题字号大、正文字号小的情况下,标题部分比较突出。突跳率高能够提高画面的吸引力并使画面显得生动活泼。但是,这也并不是说突跳率越高越好,也有一定的界限,没有必要将其过于夸大,能够抓人眼球即可。

(二)适合的行字数

我们平常会无意识地阅读。但是大脑对这些信息的处理,却需要大量能量。这当然会造成某种压力。晦涩难读是造成压力的典型原因。此外,就文字对人的影响方面也有很多研究。以东京工业大学为首的各研究机构都在进行相关的人体工程学研究,一行中文字数量对人接收信息程度的影响也是其研究内容之一。根据这些研究成果可知,在文字横向排列的情况下,一行中排放26个字是最理想的。若超过26个字,读者就会开始忘记开头的文字。换行是基于这种考虑而采用的调整办法。虽然拉丁字母在一行中可以出现50个左右,但这是由于文字数量虽然多,但单词数却并不多的缘故。

此外,如果一行中有30个字左右,出于阅读的欲望,读者仍然会继续阅读,但是超过这个数之后,读者就会想要放弃了。在竖向排列中,一行中最多可以有41个字左右,这种情况下仍然不会影响阅读。据说这是因为读者的视线仍然保持在水平方向上。遵守这个原则就是从读者的角度考虑。

（三）文字排列的 4 种基本方式

文字排列的 4 种最必要的基本方式就是左对齐、居中、右对齐、装箱式。

1. 左对齐

四大基本方式中,使用得最频繁的就是左对齐。这种以主线为基准左对齐的方法十分便于阅读。它的使用源于方便美观这一传统观念。所谓左对齐,就是在这一行读完之后视线返回下一行同一地方即可,对读者来说十分方便。而且,对齐也是创造美感的方法之一。宣传册、杂志、海报、网页所有这些东西采用的都是左对齐的方法。不管是多么杂乱无章的东西,只要字头对齐,就会显得井然有序,富有美感。不论是竖版还是横版,都可以采用左对齐。

自由式输入都是采用左对齐的方法,所以看起来简洁美观。但是,一行的字数没有限制的话很不方便,所以一般一行都会限制最多字符数。通常自由输入时每行的最多字符数是25 个。自由式输入的好处在于可以让版面整体显得十分灵活。

2. 居中

居中是排版技法中最传统的方法,即让整体的设计要素居于画面中部的技法。居中具有使画面看起来匀称整齐的效果。居中的优点就是,可以使画面更加均匀整齐。匀称的视觉设计,更容易让人感觉到品味与风格,所以经常被用于古典音乐会的海报、乐队的广告、高级展览会海报和封面。因为居中也会使设计看起来比较普通,所以加上一些变化的要素是关键。

3. 右对齐

4 种方式中,最少使用的就是右对齐,也就是使文章结尾对齐。如果书是从左面翻开,这时,右侧的文字,采用右对齐的方式,翻看起来比较容易。右对齐也就是将文章结尾对齐的技法。在右翻的书中,因为不是左对齐,所以读起来不是很方便。但是只要是从左面翻开的书,就必须用右对齐。在杂志的封面和特殊辑封面,右对齐是必须要利用右端时的重要技法。这一技法归根结底还是重视右端。

4. 装箱式

每行的字数是固定的,翻看时,文字就好像套在一个个小盒子里一样。这种文段排布法称为"装箱式"。正文通常都是使用"装箱式"。除了正文,说明部分通常也会使用"装箱式",因为这种排法看起来十分美观。边框式,就是用线将文字框在里面。我们一般都用不太显眼的细线,因为只要让大家知道这是一个需要特别注意的地方即可。如果想让这一部分更醒目的话,可以用粗线或者花边。装饰线中最华丽的当属"奖状"式。不过边框使用过多的话,就会使页面丧失整体上的统一感。所以在一个画面中边框的使用必须适度。

三、色彩

在视觉传播中色彩具有第一性的作用,人们对色彩的感觉是一般美感中最普遍的形式。所有的版式构成要素都是有颜色的,色彩也是生成画面整体效果不可或缺的要素,颜色会对人的生理和心理造成影响,对其基本规则的把握是非常重要的。

（一）色彩的基本常识与原理

色彩主要有如下几方面的作用：有色彩的版式鲜艳悦目，装饰效果强，给人以良好的印象；通过彩色可以比较完全真实地反映商品的原来面貌；强调了色彩对商品的象征作用。

色彩的三要素：色相，即色彩的相貌，是每一种颜色所独有的与其他颜色都不相同的表象特征；明度，是指色彩本身的明暗程度；纯度，是指每一种颜色色素的饱和程度。

三原色：原色，又称第一次色，红黄蓝三色，是用以配调成其他颜色的基本色；间色，又称第二次色，是两种原色混合而成的，第二次色可由等量混合、不等量混合而产生；复色，又称第三次色或再间色；补色是对比色的一个组成部分，它是一种特殊的对比关系。三原色中的任何一种颜色与由两种原色调配出的间色的关系称为补色，例如红色与绿色、黄色与蓝色。

（二）配色基本原理

一般认为，由配色效果来决定设计效果，最终决定版式整体效果的要素就是色彩。因此，配色总被认为是版式设计的最基本要求之一。实际上，只要掌握了一些基本规律，配色并没有那么困难，如果还备有合适的色彩和效果参照图表，那么做出有一定水平的配色效果是完全可能的。最重要的是，要认识到色彩是传达效果的工具。配色最重要的是对效果参照图表和色彩参照图表之间相关性的掌握。配色的基本原理来自光谱（将光分色处理时出现的颜色带）。如果能够据此掌握效果与色彩之间的关系，就能够实现合乎预想效果的配色。

配色的目的，是希望能够将预期的效果准确地表现出来。其5种基本方法之一，就是将色调（即颜色的搭配，是色相的另一种说法）统一起来。所谓色调的统一，就是将不同的色相互交叠，通常会采用同色系的色彩进行搭配。如果色调过于丰富，就会使页面显得比较热闹，但同时也会使读者的视点难以稳定。当页面需要表现类似于"狂欢节"的整体效果时，可以扩大色调的范围，而当需要准确地传达内容时，则需要将色调统一起来。如果将色调统一起来，那么配色的效果就能够被比较明确地传达给对方，并能够使页面产生一种井然有序的美感。

1.基础色

基础色（即构成画面基本效果的颜色）被称为基调色，主要是指作为画面背景的颜色。此外，确定主要使用的颜色之后再进行配色，其主要的颜色也被称为基调色。配色操作中首先需要明确的是基础色。因为基础色是控制画面整体效果的颜色。例如，如果以蓝色为基础色，那么就会产生建立在放松、理性、未来等效果基础上的蓝色效应。一般来说，白底好像让人感觉什么都没有，但是白色却是常用的基础色，白色让人对"洁净"和"出生的意象"充满想象。

2.对比

对比是指相邻颜色之间的对比关系。例如当白色与黑色比邻相接时，对比效果就会很强，也就是说这种对比是很强烈的。造成对比的因素包括色彩的亮度差、色相差、饱和度差3种。通过这三方面的调整可使配色富于对比变化。色彩对比共有4种，亮度的对比、色相的对比、饱和度的对比及彩色和非彩色的对比。另外，利用补色形成的色相对比经常会用到，能够在视觉上让人兴奋起来。丰富的画面色彩对比能够使读者的大脑受到刺激从而感到兴奋,故而能够做到信息的有效传达。但是,如果对比过于强烈,则会造成视觉疲劳,读者就想闭上眼睛。

配色的要点就是要让相邻的颜色之间构成色彩对比。当相邻颜色的对比较弱时,画面对观者大脑的刺激消失,并导致犯困。这是由于这样的配色会导致大脑视丘下部分泌的神经激素(让人兴奋的物质)减少。换言之,如果相邻的颜色之间没有对比,就会导致犯困,并影响观者对所读内容的记忆。这就是为什么必须让相邻的颜色有对比的原因所在。

3.分割与平衡

作为构成图片的方法,分割是最基础的。所谓分割是指在图片中插入线,从而把原图片分成多个画面区。例如,在图片中插入一条水平线,图片就会被分为上下两个部分。被分成上下两个部分的画面,上部代表未来,下部代表过去。当用纵线分割页面时,左侧代表母性的或内向型的,右侧是父性的或外向型的。

最为均匀优美的分割比例就是黄金比。黄金比被大量地使用在绘画和建筑中。黄金比约为1.618(或0.618),表示纵横两条边的比例。名片的长宽纵横比例用的就是黄金比,这一点非常重要。有时,单凭一根线就能够改变画面的性质。在进行页面分割时必须注意分割的比例和间隔的平衡。当页面的分割方式由于配色的缘故而显得压抑或不舒服时,会给顾客带来一种负面的心理效果。当能够熟练地运用分割,并能取得画面配色的平衡时,信息就能够准确地传达给顾客。

4.强调色

当用同一色系的颜色来统一画面时,这种颜色的效果就会被特别强调出来,同时也使画面产生统一感并获得美的享受。但是,同色系的色彩构成虽然很漂亮,却有可能使配色显得过于平静。例如,虽然是用暖色系来表现温暖或热情,但却总觉得画面气氛显得过于沉静。面对这种情况,可以在画面中少量地加入一些与整体配色倾向构成对比关系的颜色,以使画面配色变得灵活多样,这种颜色就叫作强调色。这种强调色并不是主要颜色,而是以提高画面整体的配色效果为目的的颜色。绿色风景中的几朵红花、灰暗的一排排房屋中的黄色窗户、耀眼的橘红色中的白色房子等,都是强调色。

(三)色彩的情感联想

1.色彩的感情与感觉

(1)红:既可代表火焰、太阳、喜悦、热烈、激情、活力、革命、恋情、积极向上,也可代表愤怒、反抗、火警、灭火、危险、红灯等。

(2)橙:既可代表阳刚之气、积极、热情、大方、乐观,也可代表欺诈、嫉妒、险情等。

(3)黄:既可代表快活、轻松愉快、希望、黄金、智慧、权威,也可代表轻浮、病态等。

(4)绿:既可代表树丛、草木、青春活力、成长、健美、安静、安全,也可代表霉变等。

(5)青或蓝:代表海洋、辽阔天空、旷达、沉静、沉着、稳固、诚实、智慧、力量等。

(6)紫:代表高贵、高雅、神秘、气魄、壮丽。

(7)黑:既可代表寂静、悲哀、恐怖、罪恶、深沉、死亡、绝望,也可代表稳定、高贵。

(8)白:既可代表纯洁、洁白、明亮、轻快,也可代表悲哀、恐怖、贫寒。

(9)灰:代表中立、中庸、温和、调和、高雅等。

(10)金：代表富贵、忠诚、高雅、热情、喜庆等。

(11)银：代表富有、纯洁、高雅等。

由于社会制度、文化传统与背景、民族欣赏习惯、地理位置、气候的不同，国家与民族对同一种色彩的联想和情感会产生不同的，甚至是相反的感受。

2. 商品的色彩形象（常用色彩、习惯色彩）

(1)化妆品：常用素雅、中性色调，如淡紫。

(2)食品：体现营养、滋补等特点，多用暖系色调，如橘红、橙色。

(3)服装：需与流行色合拍。

(4)药品：寓意健康、复原、活泼，多使用暖色调，如浅红、金红色、橙色。为了表示安全、安宁、健康之意，也经常采用中性色调，如蓝色。

(5)文具与玩具：青少年活泼好动，充满活力，色彩多用饱和度比较高的颜色。

3. 色彩的年龄倾向

(1)中、老年：喜爱稳重、安静的色调，如茶色、蓝色、紫色、灰色。

(2)年轻人：喜爱轻松、热情的色调，如红色、绿色、橙色、蓝色。

(3)儿童：喜爱活泼、跳跃的色彩，如红色、黄色、蓝色、绿色。

四、广告图设计

只有获得更高的点击率，才能最大限度地体现其价值。让更多人看到商品或者店铺只是销售的第一步，销售的最终目的还在于卖出商品。因此让消费者看到商品后，激发消费者了解商品的冲动，提高点击率和转化率，这是销售的第二步。所以，在同样成本支出与展现量的情况下，广告图片的点击率越高，其所起到的引流效果就越明显，广告图片投放的性价比也就越高。那么如何提高点击率，让图片更有吸引力呢？首先在设计广告图片时，需要广告图的视觉设计要便于阅读，人们都喜欢易于阅读的东西。其次，选用便于阅读的字体来制作标题和正文，让醒目的字锁住消费者的目光，激发阅读兴趣。最后，还需要根据消费者群来调整具体形式。

（一）广告图设计的3个基本原则

1. 直观

所谓直观是指在打开读物的瞬间，读者能够明白这些画面想要传达什么信息。看过之后不明白读物到底想说什么，或者觉得内容非常混乱，都是不行的。海报等媒介被称为在0.3秒内决定胜负的东西。

当人们观看某些东西时，大部分的人都有自己习以为常的观看习惯。人们往往在一瞬间就会判断出"这是什么"。这一现象导致的结果是，人们会想起与所看的东西相近的信息，并判断画面中信息的价值。如果不是自己需要的东西，那么观看活动就到此为止了。反之，有兴趣才会开始阅读。这就是视觉心理的问题。

为了留住读者的心，要求设计者必须将视觉设计处理成能够让读者一望而知的直观的形式。直观的版式设计，当然来自直观的文字和直观的视觉形式。另外，设计不能过于密集，而需处理得比较疏朗。

2.易读

在设计作品中,文字是不可或缺的。这些文字的安排必须以易读为原则。在文字成熟的过程中,首先追求的是书写的方便。反复使用的东西,被反复地简化和整理,并最终形成固定的形式。下一步就开始了对易读性的追求。经过这两个阶段之后,就形成了现代文字的形式。但是,文字在其自身所处的时代中也会发生形式上的变化,因为文字始终是鲜活的。

在书写机会逐渐减少的现代,对文字的基本要求是易读。所谓易读,就是指文字的可读性强,读起来轻松方便。这不仅与文字的形体有关,而且也与文字的大小、字间距、行间距等要素密切相关。

但许多文章文段依然存在不便识读的问题,这是什么原因引起的呢? 最主要的原因是"不统一"。简单地说就是,如果一行文字中插入了大小不一的文字,就会造成不便识读的问题。文字大小一致而字体不一致也会造成不便识读的问题。例如,如果宋体的文字与黑体的文字混在一起,虽然是可以阅读的,但却给眼睛的图像处理造成了负担,并且容易引起视觉疲劳。如果文字的排布很散乱,虽然不至于造成不能阅读,但却对阅读判断带来了负担。为了产生轻松的效果,可以采用局部松散、整体规整的排字方式。

字体过小、装饰过多、版式布局丑陋、不易读的内容、将文字跳跃性插入页面等因素,都会造成文字不便识读。因此,需要在字体、字号、行间距、布局等方面多花心思。文字就是为了让人阅读才使用的,因而易读是在文字排版当中必须要追求的。

3.美观

作品必须是美观的,给人带来美好的感受,是广告图的使命所在。但是,视觉设计的一个禁忌是,在工作开始之初就首先考虑美观或外观漂亮,这不是在广告设计中首先要解决的问题。当直观和易读等基本问题已经解决,设计的工作基本完成时才能开始考虑美观的问题。换句话说,在基本版式设计完成之后,才能考虑广告图风格的问题。为了实现这一点,需要考虑配色和广告页面构成等要素。设计如果没有美的视觉效果,就既不能产生视觉冲击力又不能博得消费者的好感。所谓美的视觉效果,是通过配色或留白等处理方式,以及对照片、图片内容的布局等而获得的。对易懂和易读的追求是设计师在版式设计中花费精力最多的两个部分。版式设计中最后需要解决的是使页面变得漂亮和美观的问题。这与烹饪中最后调整菜肴的品相相似。如果在进行版式设计时最先调整外观,那么往往会造成内容不易读或不易懂的问题。对页面进行美化时,页面的配色、空间变化、留白、内容量等都是需要考虑的。

（二）广告图设计的空间布局的种类

1.空间统一

空间统一简单地说就是在页面的背景中加入颜色,从而统一页面的色彩。加入背景花纹也是空间统一的方法之一,当然,将上下左右的空间统一起来也能够营造漂亮的页面效果。如果有秩序地处理页面上的留白,就会使页面呈现出一种张弛有度之美。

2.空间扩展

广告图的视觉设计多采用二维化扩展的处理方式。二维就是平面,二维化的扩展在广告图设计中被称为空间扩展。绘制草图等素描样张是版式设计的一大秘诀,有助于进行视觉设计。因此,建议设计师们在设计广告图时绘制草图。

3.空间的平衡与紧张

我们经常会听到"这幅画的平衡很好"或者"视觉设计最终具有了平衡感"等说法。这里所说的平衡到底是指什么呢?从视觉心理学的角度来看,形状或颜色都具有一种视觉重量,而视觉上的平衡正是基于这种重量感而提出的。所谓视觉性的重量是指视觉上的轻重感受,两个物体重量相同时,则支点位于两者的正中;同样,在两个物体重量不同时,为了获得平衡,支点就要靠近偏重的一方。

因此版式设计就是寻求平衡。如果打破平衡,视觉设计就会失败。平衡之所以重要,是因为广告作品的视觉冲击力正是因其而产生的。

(三)广告图设计技巧

广告设计的作用就在于留住人的视线,而这恰恰是广告版式设计的技巧所在。人的视线会从正在看的东西移开有以下几点原因:感觉不喜欢、没有兴趣、看腻了、害怕、认为理所当然等。这跟与人沟通还略有不同。面对面交流时,视线有时会从对方身上移开,这对双方来说都是一种放松。然而在设计中,如果不能抓住消费者视线就有可能失去其视线再转移回来的机会。所以必须想办法锁住消费者视线,包括如下方法。

1.利用"障碍板"

在一个版面中,如果没有一个视觉中心,就会让人感到很迷茫。版面设计中的障碍板或者反射板,就是巧妙应用了人的视觉心理。

人的视线比较容易被有冲击性的东西吸引,但是如果只满足于这一点,视线比较容易跃过正文。在右上角或左上角设计一个竖的隔板,视线触到那里时,就会被挡住,只要那里有一个障碍板,视线就会被锁定在画面里。

2.利用"视线流"

广告设计最理想的效果,就是可以让消费者将版面全部内容读完。但是消费者的兴致难以捉摸,很可能看完一处,就跳到另一页了。为了避免这一点,就需要一个能引导读者循序渐进来阅读的设计。解决方法就是努力让读者流畅地阅读,创造一种视线流。

3.利用"压角"

除了引导视线,有时候也需要阻挡视线,或使视线返回。我们要想办法让广告图吸引来的视线不要移开。可以吸引视线,让顾客在看到之后会去浏览相关内容,这才算是它发挥了效用。非常具有个性的广告图,比如人气明星或偶像的照片,会起到固定视线的作用。但是只有美观或刺激,人是不会满足的,视线还是会转移。这时,人的视线碰到写在角落里的小字(也包括 logo),视线会在这里反射后回归,这样的设计叫作"压角"。人会本能地让视线躲开障碍而把转移的视线拉回来,这就是压角的功能。

我们需要利用足够的视觉冲击力,激发消费者的潜在需求。因此,在图片设计中,明确主题、统一风格是图片的重点,也是激发消费者潜在需求的重要武器。明确的主题能促使消费者点击图片,同时,广告图设计也需要拥有与店铺品牌统一的风格。当然,只有明确的主题是不够的,广告图片更重要的意义在于通过图片的设计对店铺或商品进行推广,从而引来流量。因此,搭配适当的色彩、控制好相关元素的尺寸,也是让广告图片具有足够吸引力的关键。

第四节　详情页设计

详情页设计

当消费者已经选择对你的店铺中的某件商品的详细页面进行浏览时,那么该商品被购买的概率便已经很大了。此时,卖家需要明确的是:消费者有时购买的并非是商品本身,而是商品带给他们的利益点,因此,在进行产品描述设计时,应当尽可能地展示出产品给消费者带去的利益点,博取消费者认可与信任,同时,更多地激发消费者的消费行为,从而为店铺赢得更高的转化率。

一、详情页设计基础

(一)定位消费群体

卖家对消费群体的定位,决定了其使用什么样的素材来打造详情页。例如,流行女装产品需要成人女性作为产品模特,童装需要儿童作为模特。

我们也可以将消费群体定义得更加精准一些,因为每个年龄段的人,对颜色的喜好也有所不同。这样卖家在设计详情页的时候,就会针对消费者群体确定适合的详情页颜色等。例如,以服装行业来说,儿童很活泼,喜欢的颜色也比较跳跃,卖家可以用饱和度比较高的一些色彩,如绿色、红色、蓝色等。成年人稳重、理性,卖家可以用灰色、白色等。老年人心态平静,喜欢白色、蓝色等。总之,卖家要根据商品的消费人群,来选择详情页的颜色及素材等,这样打造出来的详情页才能吸引消费者。

(二)明确客户性质

客户性质的定位,也会间接影响对产品详情的表达。例如,同一个产品,学生可能会更注重其外表是否好看,而家长可能会更注重其实用性。而学生无购买力,通常产品是由家长来购买的,因此在制作详情页的时候,对实用性方面的表达可偏重一些,其他方面次之。根据对不同客户性质的定位,区别设计详情页,可达到更好的效果。

(三)定位产品本身

产品本身适用于哪些人群、场合,这也是非常重要的。例如同样是连衣裙,由于风格不同,所以出现的场合也会不同。

产品视频　图 6-5 中的产品更居家一些,主要展现穿上的舒适、温馨和甜蜜的感觉。而图 6-6 中的产品更适合参加晚会或者其他稍微正式一点的场合,大气又十分优雅。通过对产品的分析,可以初步构思该产品的详情页框架。

图 6-5　温馨

图 6-6　优雅

二、产品主图

产品主图的 3 个主要构成元素是产品主体、主图背景和信息填充。想要充分运用这 3 个元素提升视觉营销力，就要把握以下两个设计要点。

（一）主体优先，点击优先

产品主图是在消费者有了明确需求后，通过在站内搜索关键词之后出现的，在有了明确目标的前提条件下，消费者在看到搜索结果后首先会判断产品主图中所展示的商品款式是否为自己所需，或是否为自己的中意款。因此，产品主图中所需要重点突出的对象便为产品主体，清晰明确地展示产品的外形、让产品主体优先的设计，不仅能让产品主图给消费者留下好的第一印象，也能促使消费者点击主图，这一点在服饰类商品主图上表现得尤为明显。

产品主图中文字信息不能遮挡住产品主体，除此之外，不当的主图背景也会干扰产品主体的展示，无法使消费者很好地对产品主体进行浏览，从而降低产品主图的点击率。

合理地处理主图背景与产品主体之间的关系，能够在第一时间满足消费者在这个阶段的购物需求，了解产品外形信息。同时，为了提高点击率，添加适当的文案来进一步吸引消费者也是非常有必要的。除非产品具有足够的价格优势，或是单凭产品主体便能吸引消费者的优势，否则，完全不添加任何文案说明的产品主图往往容易被消费者忽视。

（二）主图中文案信息的填充

主图中添加文案信息的主要目的在于进一步说服消费者点击产品主图，文案信息是产品特色的提炼，能简要说明产品的卖点，便于消费者快速浏览，在一定程度上能够博取消费者眼球、促使消费者形成点击冲动。当所售产品有着充分的价格优势时，也可以通过文案说明去进一步告知消费者，这样的文案说明能直观且明确地博得消费者的关注。

综上所述，产品主图中的文案信息设计时需注意以下两点。

第一，文案说明信息的表达形式要简洁明了，具有引发消费者产生点击冲动的诱惑力。

第二，文案说明信息不能遮挡产品主体。

三、产品详情页中的信息布置

很多卖家在设计产品描述页的第一屏时,会加入产品推荐板块,关联许多热卖产品与搭配套餐等信息。这样的做法并不是不可以,比如在进行促销活动或是页面流量激增的情况下,产品推荐板块可以促使店铺中更多的产品被注意到,然而过多地添加这些内容是无法增加消费者购买动力的,反而会让其产生厌烦感:"我想要了解的是这个产品的详情,为什么弹出了那么多其他产品的信息?"

产品详情页是直接决定交易能否达成的关键因素,让产品描述变得更具吸引力,前提在于了解消费者希望看到什么样的信息,以此来吸引消费者继续浏览。这里我们介绍一下产品详情页应包括哪些板块。

(1)店铺促销板块(收藏关注+优惠券):添加收藏店铺可得优惠券的板块,吸引消费者的同时也增加店铺被关注与收藏。

(2)焦点图:用来突出产品的卖点,第一时间吸引消费者的眼球与注意力。

(3)关联营销板块(推荐热销单品):对性价比较高且热卖的产品进行推荐。

(4)商品详情:对产品的颜色、面料、功能、特色等信息说明,服饰类商品还可附带尺寸表或洗涤建议。

(5)模特图:对于可以穿戴的商品而言,可以让模特进行穿戴后,通过不同动作与方位进行效果展示。

(6)商品场景图:将产品或模特放在不同的场景之中,增添产品的真实感与美感。

(7)实物平铺图:可以将不同色彩的商品进行平铺展示,并通过文案引导消费者感受产品的风格,促使消费者选择与购买。

(8)商品细节图:展示产品的细节如拉链、纽扣等,突出产品的质量。

(9)同类商品对比图:通过对比说明自己产品的优势所在,说服消费者购买。

(10)买家秀展示或信誉说明:买家秀可以更真实地展示产品信息和信誉。

(11)搭配推荐:推荐与所销售产品可以搭配的产品,比如销售上衣可以推荐裤子,从而引来更多销售的机会。

(12)购物须知:对快递、邮费、产品质量等问题进行统一告知与提醒。

(13)品牌文化:对生产工艺、品牌进行介绍,给消费者正规与可靠感,也能提升店铺的购买转化率。

四、详情页信息板块

消费者对产品详情页面的浏览有着从上至下的习惯,放置在顶端的内容会首先映入消费者的眼帘,而对于产品详情页中常见的诸多板块与信息,我们究竟该如何安排它们的先后顺序呢? 此时,我们要了解消费者需要看到什么、看到什么不反感、看到什么会产生浏览的兴趣。

想要使信息具有足够的诱惑力,除了更多地介绍产品的卖点等信息诱导消费者之外,还可以添加店铺的信誉说明,毕竟产品是通过店铺进行销售的,有了店铺信誉的说明,更能使消费者在购买产品时产生安全感。

1.营造营销氛围

让消费者感受到卖场的氛围,激起消费的购买意识与动力。这些信息,能制造一种店铺生意欣欣向荣的视觉效应,这样的视觉效应能增添消费者对店铺的信任,刺激消费者的感官。

2.增强购买信心

除了添加前文中多次提到的第三方认证、商品检验证书、品牌说明信息以外,还可以通过生产工艺与工厂规模的信息说明,让消费者更为信赖产品,而它们也构成了通常情况下进行产品详情页设计时,用以增强消费者购买信心的说明板块。

3.消除消费者顾虑

告诉消费者自身产品的优势,让消费者可以放心选择。根据买家所提供的店铺服务及所销售的商品的属性不同,在产品详情页里还可以添加退换货说明、细节图、包装图、安装图等,用以消除购买顾虑。

4.最终形成购买

产品详情页的描述相当于实体店中的推销员,过于死板的信息说明就像是推销员的服务态度过于生硬一般,会让消费者感到郁闷与生疏,使消费者早早关闭页面。针对消费者不同的购买动机,将最符合消费者需求与利益点的商品特色推荐给消费者,是最关键也最精确有效的商品推销方法。在宝贝详情页的设计中也可以参照这样的思路,让宝贝的描述更具诱惑力与说服力。

我们应该把消费者想要看到的信息按重要性有序排列。卖家在设计宝贝详情页时,产品的信息说明,以及这些信息排列组合的顺序,能让消费者停留在详情页面,从而提高流量的转化率。这些内容板块可以说是视觉中最为基础也是不可或缺的信息,在此基础上,卖家还可以添加更多的内容以丰富产品详情页的版面,提高信息的说服力。

综上所述,产品详情页设计需要从抓住消费者的视线开始,慢慢走近消费者的心里,并最终促成交易行为。

第五节　旺铺装修设计

一、品牌铸造信任

拥有了品牌就拥有了溢价权,可以说这是品牌所能带来的直接效益,而对于众多的电商卖家而言,建立品牌的初期并不能带来溢价的效果,那么品牌就没有任何作用了吗?其实不然,品牌铸造信任,通过品牌的建立能够让网店看起来更加正规与规范,这其中也蕴含了商机。

(一)店铺类型与信任危机

在网络的虚拟世界中进行营销,最大的问题在于消费者不能身临其境地感受实物,大多只能通过图片了解与想象商品,这会让许多消费者产生不信任感,害怕商品实物并非商家所描述的那样。相对而言,对于一些已经有了一定的知名度的商家或商品品牌,当消费者打开网站后,确定是自己所认识的品牌形象时,不信任感便会降低,购买的信心也会因此增加。

比如,当我们需要购买一件男士羊毛衫时,相比之下,我们更愿意相信"鄂尔多斯"这个品牌,因为该品牌在线下早已广为人知,并建立了良好的形象与口碑,消费者看到该品牌后,便会感觉质量有保障,从而减轻可能会买到假货的心理负担。如果此时,你所代理销售的为鄂尔多斯品牌的羊毛衫,那么在商品介绍图片中可以添加品牌徽标说明,从而获取消费者的信任,促使消费者点击图片。可以说这就是品牌所带来的效益与商机。但事实却没有这么简单。代理销售鄂尔多斯品牌羊毛衫的商家不可能只有一家,那么此时你该如何从众多的代理商家中脱颖而出、获得消费者的青睐呢?

即使你的店铺代理的是正品鄂尔多斯羊毛衫,但很有可能因为消费者的防备而将其识别为"冒牌货",他们更愿意相信具有权威与可信度的恒源祥品牌旗舰店,此时你的客源又会被旗舰店抢走,你该怎么办?还有这样一些商家,他们同样是销售男士羊毛衫的,却是不太知名的自主品牌,这些商家又该拿什么去与鄂尔多斯等品牌竞争呢?可以说,这些问题归根到底还在于"信任度"。通过上文的描述可见,在整个网络的销售环境中,这些店铺都会遇到不同的信任问题。

(二)提升消费者信任度的法则

通过上文的描述可知,提升消费者对店铺的信任度是店铺盈利的突破口,提升店铺信任度便涉及店铺品牌的建立。本节就来介绍一下建立消费者对店铺的信任度的两条基本法则。

1. 专业的网站形象

专业的网站形象就像是现实生活中人与人的交往一般,留给对方的第一印象非常重要,好的第一印象能让对方愿意继续与你交谈下去,相反则可能会让对方对你敬而远之。网店也是如此,当消费者打开网店网址后,第一眼看到的如果是一个错误颇多、格局颇乱的店铺,这种糟糕的视觉体验会让消费者失去对网店中商品继续浏览的信心,店铺的非专业感只会给消费者留下较差的印象,在带来更多不信任感的同时,也会丧失其在店铺中消费的动力。

相比之下,店铺中的信息与内容则体现了卖家制作的认真与专业的经营态度,这样的态度会在一定程度上让消费者在看到网站后迅速产生信任感。结合商品的特色、店铺的活动与消费者的特征,在店铺中展示适合店铺的专业形象,是打动消费者购买的第一步。

2. 齐全的各类信息

不同于在实体店中消费者可以全方位接触到商品,有时还会有导购员在一旁指导或游说消费者进行消费,网络购物则受限于环境、条件等因素,这时,为了促使消费者购买,卖家主要通过展示更多图片等信息的方式去诱导消费者。网店中必然会包含商品的说明信息,而齐全的商品信息就如同在实体店中进行购物的消费者的五官,它们能让消费者从各个方面更为立体化地了解商品,从而很好地帮助消费者进行购物选择。

详细的说明能让消费者感觉到商品不怕暴露更多的信息,因为它的品质与质量是经得起推敲的。同时,消费者在购买商品时,通常会考察商品的质量如何、到底好不好用,商品的基本说明信息能在一定程度上解决这些问题。除此之外，"口碑"更能让消费者真切地感受到商品的益处，且更具说服力，因此，"好评截图"作为辅助说明信息，能进一步增强消费者购买时的动力。

二、小品牌大成就

据视觉营销专家马丁·M.佩尔格介绍，纽约的大型百货公司每年都要花大笔经费用于橱窗布置及店内的装饰，这样做的目的不是为了卖出多少商品，而是要树立自己的形象。因为美好的形象不仅能让消费者心甘情愿地进店购买，还能让这些消费者在整个购物的过程中都得到赏心悦目的体验，在对商品产生好印象的同时也记住了百货公司的形象。这样，百货公司的形象会被越来越多的人所认识，在具备一定的知名度与口碑的基础上，百货公司也就不愁流量与销量了，而这里所说的形象其实就是"品牌"的建立。

这样的形象对于网店而言同样重要，如前文所述，网店品牌想要成为全球知名的品牌虽然不切实际，但可以在店铺所在的圈子内做到知名，可以说，小品牌同样可以有大成就。

（一）代理商品品牌

对于一些卖家而言，为了更加方便地进行营销，可能会选择走代理商品品牌之路。当然，为了实现可观的销量，大部分卖家会选择具有一定知名度的品牌进行代理。

（二）自主商品品牌

卖家自主研发与设计的商品所建立的品牌，可以称为自主商品品牌。

无论哪种类型的商品品牌，都离不开建立店铺品牌这一过渡时期与关键点；旗舰店店铺与自主店铺品牌本身便属于店铺品牌；而对于代理商品品牌的商家而言，虽然已经有了较高的起点，但也需要建立消费者对店铺的信任，否则便无法从与其他同类店铺的竞争中脱颖而出；同理，对于自主商品品牌的卖家而言，也需要借助店铺才能将商品推销出去，只有建立消费者对于店铺的信任，才能卖出更多的商品，从而最终建立起属于商品的品牌。

除此之外，当卖家的店铺发展到一定阶段后，可能会出现停滞不前的状态，这意味着店铺需要改进营销推广的模式，此时，创建店铺品牌、给消费者提供认知与记住店铺的机会，成为改善店铺经营现状、让店铺持续发展的一种手段。因此对于淘宝平台的卖家而言，了解店铺品牌的建立是非常有必要的。

品牌就像名字，决定了辨识度。品牌本身不具有实体或物理性质，它是消费者脑海中出现的一种印象。比如，当消费者看到标志后，便会立刻认识到这是"香奈儿"奢侈品品牌的标志，同时也会产生"这个品牌的商品肯定很贵"的心理活动，其实这便是品牌精神在消费者内心渗透的表现。可以说，品牌包含了视觉表现与精神内涵两个方面，就视觉层面而言，品牌就如同人的名字一般，具有辨识的作用与功能，它可以被看作是消费者对商品及商品系列的认知程度，是可以触发消费者心理活动的一种标志，网店店铺的商品品牌也不例外。

细分市场，创建店铺品牌时，细分商品的类目，找准定位，在减少卖家管理负担的同时，也能给消费者展现更为清晰的品牌特征与形象。

明确了店铺品牌的突破口与发展方向后，将它们通过视觉的方式表现出来，才最终体现品牌的价值与意义，这其中包含了两个基本要素——店铺品牌徽标与品牌号，有了这两点，消费者就可以对店铺品牌形成基本的认知与记忆。

第一要素：店铺品牌徽标。我们看到被咬了一口的苹果的标志后就会联想到"苹果"品牌，看到黄色"M"字母又会马上想到"麦当劳"品牌，形象的品牌标志有助于消费者对店铺的识别与记忆，而标志的制作也需要切合店铺或商品的文化气息与特质。

第二要素：品牌口号。建立品牌还需要找到属于自己的品牌口号，品牌口号之所以让人印象深刻，除了因为它们反复出现所产生的广告效应以外，朗朗上口也是人们记住它们的原因。对于店铺品牌而言，品牌口号需要注意韵律感，同时表现出店铺的服务态度、精神与理念，让消费者在加深印象的同时，更能在一定程度上刺激消费者的购买冲动。

做品牌就是做营销，创建店铺品牌看似简单，做个标志、喊个口号就能建立起品牌的模型，其实这些远远起不到营销的作用。标志与口号只是品牌建立的初级阶段，有了雏形之后如果不去维护品牌，它也仅仅只会停留在视觉层面，只起着代号的作用，像一个没有灵魂的躯壳一般。这时需要将在初级阶段已经定义好的品牌形象及品牌的精神与内涵传递给消费者，这样的品牌才能真正深入人心，才能体现做品牌的真正含义——做品牌就是做营销，不仅让商品可以为自己谋利，还能更为持久地谋利。

店铺品牌与商品一样也是具有生命周期的，在品牌建立的初期，卖家营销的重点在于让消费者认识你的品牌，成长阶段则需要提高品牌的知名度，到了成熟阶段则需要侧重于品牌的维护与管理。可以说，建立店铺品牌一般会经历以上 3 个阶段，前一个阶段都是进入下一个阶段的过渡与桥梁，并且在这 3 个阶段中分别有着不同的任务与目标，只有完成了一个阶段的目标之后，才能更好地开启下一个阶段的任务。

店铺首页的店招中出现了完整的品牌标志与品牌口号。如果你的品牌形象鲜明，就能使消费者更加准确无误地认知记忆并发现你的品牌。为了让品牌形象更为深入人心，卖家甚至可以找到属于店铺的专属形象，利用这种更为活泼生动的方式让消费者认识店铺。

三、建立便于识别的电商专属 VI

VI 又称为 VIS（visual identity system，视觉识别系统），是指将企业的一切可视事物进行统一的视觉识别表现，并加以标准化、专有化的系统。电商专属 VI 是以标准的、以电商品牌为核心展开的完整且系统的视觉表达体系。其最核心的功能在于识别，建立电商专属 VI，其实就是文化、服务内容等抽象的信息转换为具体的视觉符号，从而塑造出独特的电商形象，这一形象就如同人的外貌一般，具有识别、传播与发展的意义，它能让消费者一眼望去便知道这是某电商专属的形象，也便于消费者更为精确地记忆与回想品牌。电商的经营通常都依附于网店，这也是大多数自主创业的电商卖家的现状，所以在这里所说的电商专属 VI，主要也指的是店铺 VI 的制定。制定 VI 体系是一种让店铺形象在统一与规范中显得更加鲜明与具备正规感的视觉设计手段。

不能表现行业属性、品牌特征的品牌 VI 设计是不具备识别意义的。每个店铺都有自己的特点与个性，卖家需要做的就是找到专属于自己店铺的服务理念与店铺文化，创建富有特色的店铺形象，使自己店铺的品牌 VI 独一无二，便于消费者更为精准地辨别与认知。

做好 VI 不只是形象工程，VI 是塑造品牌的视觉表现手段，很多人认为 VI 只是面子工程，其实 VI 不仅仅只有表象，其真正的意义还在于传递品牌的内涵。可以说，VI 设计中每一个设计细节都是为品牌量身定制的，都离不开品牌内涵的支撑。比如，麦当劳品牌的视觉传达系统就在传递着其"快乐、健康与活力"的品牌内涵。因此,做好 VI 不仅仅是做好形象,更是要贯穿品牌的内涵与精神,让消费者不仅能够看到品牌,还能了解并记住品牌,最终使品牌获得消费者的共鸣、认同、支持与信任。

保持 VI 设计的领先性,其实就是在店铺品牌精神内涵的支撑下,将设计与市场及销售因素相融合,制作出迎合市场环境的 VI 设计,才能更好地销售商品,同时给更多的消费者传递品牌的信息,提高消费者对品牌的忠诚度。同时,这里所说的领先性还指的是不定期更新店铺的外在包装,做出与时俱进的形象改进。当然,VI 设计的标准是不能轻易改变的,更新店铺包装只是让店铺的设计升级,给消费者带去更为精致与专业的视觉体验,从而让消费者感受到卖家对于店铺品牌的细致管理与用心经营,以此进一步提高消费者的忠诚度,这样的发展能让品牌走得更久、更远。

除了标志、文字、色彩、图片等视觉元素会影响消费者对于品牌的识别以外,还有一个较为隐蔽的影响因素,那就是设计风格。店铺的 VI 标准也需要建立在店铺风格的界定之上,而统一的风格设计也能让店铺形象更加鲜活。

店铺品牌的风格就像是店铺的个性一般,展现店铺的独特个性也是推进店铺品牌建设的手段。

首先,什么是店铺风格?风格是一个抽象的概念,也可以说就是一种视觉与心理的体验,如店铺风格便是指店铺整体形象给浏览的消费者所带去的综合视觉感受,是通过店铺页面中的标志、标语、色彩、字体、版式布局等视觉元素共同搭建而形成的一种印象。可以说,风格是消费者用于区别店铺的视觉要素之一,独特的店铺风格能让消费者形成明确记忆,对于品牌的建立具有积极的意义与效果。而最理想的设计是,即使消费者只看到店铺中某一个展示页面,也可以很快分辨出这是哪家店铺所特有的风格。普通店铺中或许只给消费者展示了商品或促销等信息,过于理性的信息堆砌并不能让消费者感受到店铺的服务态度与人性化体验,相反,形成了风格的店铺却能加深消费者的感性认识,让消费者感受到店铺的品位,从而认为店铺商品是有品质保证的。

其次,需要制定店铺专属风格。在制定店铺风格时,卖家首先需要弄清楚你希望给你店铺的受众群体呈现出什么样的店铺印象。也就是当消费者想起你的店铺时会联想起来的色彩(红色、紫色)、画面(清水般恬淡,还是烟花般绚烂)、性格(狂热、淑女、纯真还是可爱)、风格(清新、时尚、复古、活泼)等。比如,当店铺需要表现清新风格时,可以选择绿色作为主要色彩,搭配叶子等元素突显清新感。统一的视觉元素确实能让页面形成独特的风格,然而,如果随意给店铺选择风格,是不能起到视觉营销作用的。只有结合店铺中商品的气质打造出专属于店铺的风格设计,才能和谐地传递出商品的价值感与店铺的氛围。卖家根据店铺页面展示内容的不同,让店铺的风格产生了细微与微妙的变化,但总的设计方向却没有改变,这样才能在一致的表现形式中更加巩固店铺品牌的形象,更加便于消费者认识并记住你。

综上所述,当确定要销售的商品类型后,要结合商品的特点与受众人群等营造出符合品牌形象的店铺风格与销售氛围,此后就需要将这一风格延续,从而让品牌形象更为鲜明且深入人心,也让风格的制定产生意义。而此刻,VI 标准又起到了作用,它不仅能形成统一的店铺风格设计规范,也让所有的设计标准有了设计风格的参照,店铺风格在延续的同时,更好地传递出店铺品牌的信息与认知。

四、制定 VI 标准体系

店铺形象如果在对外传播中保持一致性与一贯性,那么该形象将会更加明晰与有序地在消费者的脑海中搭建起一个可识别的系统,可以说,制定 VI 体系能强化店铺品牌的形象,能让店铺品牌的传播更为迅速和有效。其中,VI 体系的制定主要是围绕店铺页面而展开的,主要包括以下几个方面。

(一)店铺的品牌标志

大多数情况下,店铺标志(logo)会大量地出现在各种商品或广告图中,可以说,图片中出现的标志被消费者注意到的概率最高。在运用这些标志时,应该做到统一,而不是不停地变换标志的设计标准,这样只会混淆消费者对于品牌形象的识别与记忆。

(二)店铺标签使用标准

标签在网店页面中虽然不起眼,但随处可见的视觉元素,规范标签的使用,能提高店铺页面的整洁度与观赏性,树立一个更为良好的店铺品牌形象。标签的色彩选用了与主色调一致的色彩,让店铺品牌形象也因此变得更为统一与和谐。店铺中的标签如果没有统一的规范,视觉效果将会显得非常凌乱,会在一定程度上影响店铺页面的美观性。

(三)字体使用标准

制定字体的使用标准同样能使店铺页面显得整齐与美观,同时,选择能突显店铺形象气质的字体,既能让消费者感受到店铺的气质与氛围,又可以展现卖家用心的经营态度,消费者得到了美好的视觉享受,就可能引发购买冲动。

(四)导航设计标准

和现实卖场中的店面导视一样,网店中导航的设计也能起到视觉的引导与指示作用。设计是有着一定的标准与规范的,统一的设计能营造出一种和谐的视觉氛围,同时也让品牌形象更为鲜明地停留在消费者的脑海中。网店的导航设计也是如此,规范、一致且能突出店铺品牌形象的设计,更加便于消费者对信息的浏览与接受,也便于店铺品牌认知的传递。

(五)广告类展示标准

在展现店铺促销、品牌宣传等信息时,建立相应的规范与标准同样能够在重复中引起消费者对品牌的记忆与联想。店铺的宣传信息,海报中出现店铺标志与广告语,消费者看到这样的视觉元素后,便会形成对品牌的联想与回忆。

(六)店铺框架设计标准

电商品牌展现的其实就是店铺,店铺框架就是店铺首页的展示,它就像是实体店中对商品的陈列与布局一般,是有着一定的设计标准的,什么货物该摆放在什么货架、该位于店铺的什么位置,这都是有讲究的,否则,凌乱的摆放只会让消费者产生"摸不到头脑"的感觉。

（七）商品展示页标准

商品展示页其实就是商品展示的详情页面,对于店铺而言,制定商品展示页的标准,并且将这一标准运用于店铺每件商品的详情页之中,会让消费者对店铺中商品的信息形成记忆与习惯,这样的习惯也能让店铺的品牌形象更加鲜明且便于联想——当消费者看到了某种熟悉的展示页格式后,便会想起某品牌。

需要注意的是,商品展示页的标准也不宜轻易改变,因为消费者已经习惯了某种浏览格式,随意的变更会给消费者带去浏览的不适应感。

视觉营销是在客户的视觉感官上下功夫,通过刺激用户的感官引起客户的兴趣,使其对产品产生深刻的认同感和购买欲望,从而达到营销的目的。做好视觉营销,对于跨境电商平台的店铺而言非常重要,主要通过以下操作:吸引客户眼球,提升店铺客流量;唤起客户兴趣,让客户停留更久;刺激客户想象,提升成交转化率;塑造店铺形象,提升品牌认知度。做好视觉管理,重在制作高认知度、高点击量的产品主图,打造高转化率的详情页,设计吸引力强的店铺首页。对产品详情页进行管理,需要定位消费群体,明确客户性质,定位产品本身。

跨境电商小卖家如何做好品牌建设

【课后思考】

1. 如何理解视觉营销?
2. 简述视觉营销的重要性。
3. 以速卖通为例,简述视觉营销的具体应用。
4. 简述跨境电商店主需要掌握的视觉营销技能。
5. 简述如何打造跨境电商商品详情页。
6. 视觉设计的含义包含哪些内容?
7. 视觉设计的目的是什么?
8. 跨境电商视觉设计包含哪些基本原则?
9. 跨境电商视觉设计的视觉移动路线是什么?
10. 跨境电商视觉设计的基本类型有哪些?
11. 在视觉设计中文字应该怎么处理?
12. 色彩配色中有哪些原则?
13. 广告图设计的 3 个基本原则是什么?
14. 产品详情页中的信息布置应注意什么?
15. 如何塑造跨境电商店铺品牌?

第六章课后练习

第七章

跨境电商客户服务

【学习目标】

可以识别跨境电商客户服务的特点,能够运用提升客户满意度的技巧。

【章节纲要】

客户服务是指在网店的经营过程中,通过各种通信工具,如电子邮件、Trademanager(贸易通、阿里旺旺),为客户提供产品答疑、订单交易、店铺推广、商品销售与售后等方面的服务(简称客服)。

在每天具体的业务操作中与客户保持沟通是非常必要的,熟练掌握沟通技巧,能使很多问题迎刃而解,顺畅的沟通和真诚的语言,会让卖家赢得更多订单。本章将详细地介绍跨境电商客户服务特点、跨境电商业务中的沟通与服务、提高客户满意度的产品及客服常用模板等内容。

第一节 跨境电商客户服务特点

跨境电商客服特点

"客户服务"在跨境电商行业中的概念完全区别于传统意义上境内电商的"客户服务",它不仅仅是"服务客户",其职责更多地会涉及并影响销售、成本控制、团队管理等各方面。要做好跨境电商客户服务,首先要深刻了解其工作性质、工作内容和工作目标。

一、工作性质

(一)跨境电商客服是传统外贸销售员的升级版

跨境电商平台的在线客服,与我们传统外贸业务中的外贸销售员很相似。除了在线的C(customer)类客户,在线客服也经常会在类似速卖通跨境电商平台接触到包括小B(business)类甚至是在线B类客户。跨境电商其实是传统外贸的升级版,它的很多环节本质上跟传统外贸是相通的。

(二)跨境电商客服与境内电商客服、传统外贸销售员的区别

淘宝天猫系在线客服,其对象主要是境内中青年网购群体。目前淘宝在中国社会已经成了主流购物平台,其买家群体已经非常成熟、稳定,且具有非常完善的培训系统,客服只要通过规范培训,就可以很好地服务淘宝天猫系买家。

传统外贸模式下的客服,更多还是在线下,以面对面的方式提供服务。因为大额订单周期长,环境复杂,除了业务员沟通能力和服务素质外,更多地还是依靠商家信誉、产品价格、产品质量等传统竞争力,与跨境电商在线客户体验不太相同。

跨境电商面向全球的客户,具有碎片化和在线化特点,客户需求变得多样化。境外客户主要是通过页面描述、站内通信和与客服交流所得信息来决定是否下单。客户背景的多样性、复杂性,导致在售后问题上需要花费很多精力,是对跨境电商企业运营的巨大考验。

二、工作内容

跨境电商的工作内容主要包括 4 个方面:解答客户咨询、解决售后问题、促进销售、管理监控。

(一)解答客户咨询

客服人员解答咨询的工作分为解答客户关于"产品"的咨询和关于"服务"的咨询。

在产品方面,客服需掌握全面的产品信息。一是要熟悉丰富多样的产品类别。与境内电商不同的是,由于境外客户对"店铺"的概念非常薄弱,所以跨境电商的卖家并非只销售一到两个专业品类的产品,而是涉及多个行业和不同种类,这就使得客服工作变得更加复杂,要掌握多类产品的专业信息。二是要了解产品规格在境内和境外上存在的巨大差异。比如,令许多卖家非常头疼的服装尺码问题,欧洲尺码标准、美国尺码标准与境内产品总存在差异;又比如电器设备的标准问题,欧洲、日本、美国电器产品的电压都与境内标准不同,即使是诸如电源插头这样一个小问题,各国也都有巨大的差异,中国卖家销售的电器能适用于澳大利亚的电源插座,但是到了英国可能就完全不能用了。这就需要客服人员一方面要充分掌握各种产品信息,另一方面也要把握不同国家(地区)的产品规格要求,这样才能为客户提供完整的解答和可行的解决方案。

在服务方面,客服需要有较高的整体素质。一方面,与境内电商客服不同的是,跨境电商客服经常需要处理客户对于产品运输方式、海关申报清关、运输时间及产品是否符合其他国家(地区)的安全性标准等问题。另一方面,当产品到达境外客户手中后,客户在产品使用过程中遇到的问题只能通过远距离网络用外语沟通,这就对客服的外语水平提出了较高要求。

(二)解决售后问题

根据速卖通官方统计,跨境电商卖家每天收到的邮件中有将近七成是关于产品和服务的投诉。简而言之,跨境客服人员在日常工作中最主要的工作就是售后处理,很显然,做好售后服务非常重要。

一般而言,跨境电商售后客服需要做到以下几点。

一是及时与买家沟通。在交易过程中客服人员应与买家主动联系,买家付款后还有发货、物流、收货和评价等诸多过程,卖家需将发货及物流信息及时告知买家,提醒买家注意收货,出现问题及纠纷时也可以及时妥善处理。这些沟通既能让买家实时掌握交易动向,也能够让买家感觉得到了卖家的重视,能够促进双方的信任,从而提高买家的购物满意度。

二是严格控制产品质量、货运质量。发货前要严把产品质量关,在上传产品的时候,可以根据市场变化调整产品,剔除供货不太稳定、质量无法保证的产品,从源头上控制产品质量,同时在发货前注意产品质检,尽可能地避免残次物品的寄出,产品质量好是维系客户关系的前提。加强把控物流环节,在买家下单后,及时告知买家预计发货及收货时间,做到及时发货,主动缩短买家购物等待时间。对数量较多、数额较大的易碎品应做好包装发货过程的拍照或录像,留做纠纷处理时的证据。除此之外,还需注意产品规格、数量及配件要与订单上一致,以防漏发引起纠纷,在包裹中提供产品清单,提高专业度。

三是主动化解纠纷。纠纷在交易过程中是很难完全避免的,一方面我们要做好服务,学会去预防纠纷,另一方面,我们要与买家做好沟通,主动去化解纠纷。这里需要注意以下几点。

(1)承诺的售后服务一定要兑现。

(2)以买家需求为导向,主动为买家着想。

(3)当纠纷出现时,应及时沟通并消除误会,争取给出令买家满意的结果。

(4)对不良的评价及时做出解释。如果一旦被买家打了差评,首先要了解其具体原因,客观回应买家的批评,并做好耐心细致的解答。如果确为自身原因,定要虚心接受,改进服务。

(三)促进销售

销售与促销往往被认为只是业务销售人员的工作,实际上,在跨境电商领域,客服如果能够兢兢业业把服务做到位,同样能够提高企业销售成绩。例如,在客户拍下了产品但还没有付款时,如果在沟通中提到以下两个方面可以促进销售:第一,用一两句话概述产品最大的卖点,以强化客户对产品的信心。在描述产品时可以使用"high quality"(质量好),并且是"with competitive price"(价格有竞争力),也可以说产品是"most popular"(十分流行)。第二,建议提及"instant payment"(即时付款)来确保更早地安排发货以避免缺货,不过不建议过分强调,以免让客户感到不愉快。

客服对于产品的销售作用不仅仅体现在售前的产品咨询上,更体现在售后的二次营销上。一次简单的交易从买家拍下产品,到买家确认收货并给予好评后就结束了,但一个优秀的跨境电商客服仍有很多事情可以做。通过对买家交易数据的整理,可以识别出那些有潜力并持续交易的买家和有机会做大单的买家,从而更有针对性地维系他们并推荐优质产品,从而使这些老买家持续稳定地下单。

优秀的客服人员需具备营销意识和技巧,能够把零售客户中的潜在批发客户转化为实际批发订单。据阿里巴巴统计,境外买家中有很大比例的人群习惯于在速卖通寻找质优价廉、品种丰富的中国产品。这些客户往往是挑选几家中国卖家店铺做小额样品采购,在确认样品质量、款式及卖家服务水平之后,便会试探性地增大单笔订单数量和金额。逐渐地,这些客户就会与店铺建立稳定的"采购—批发供应"关系。由于他们与中国卖家往往不是通过业务人员联系而是通过店铺客服接触的,因此,客服促销职能在这里就能充分体现出来,这往往也是被许多跨境电商团队所忽视的。

(四)管理监控

跨境电商由于其跨境交易、订单零碎的属性,在日常团队管理中往往容易出现混乱情况。在产品开发、采购、包装、仓储、物流或是海关清关等环节都有可能出现问题，一旦其中某个环节出现问题之后，由于环节非常多，责任无法确认到位，导致问题进一步扩张与恶化。如果整个团队工作流程中的缺陷在导致几次问题之后仍然不能被有效地发现和解决，那么对团队来讲无异于一个长期的定时炸弹。环节上的缺陷随时有可能爆发，并引起更加严重的损失。因此，对任何一个团队来讲，团队的管理者都必须建立一套完整的问题发现与问责机制，在问题出现后，及时弥补导致问题的流程性缺陷。而客服能很好地弥补这种缺陷，虽然客服人员并不一定直接参与团队管理，但是作为整个团队中每天直接面对客户，聆听并解决客户提出的问题的一个岗位，客服人员就成为接触问题的第一人。

因此，跨境电商团队必须充分发挥客服人员的管理监控职能，让客服人员定期将遇到的所有客户问题进行分类归纳，并及时反馈到销售主管、采购主管、仓储主管、物流主管及总经理等各处，为这些决策者对岗位调整和工作流程的优化提供重要的一手参考信息。

三、工作目标

跨境电商客服的工作目标主要包括 3 个方面：保障账户安全、降低售后成本、促进再次交易。

（一）保障账户安全

由于面向多国（地区）经营，各国（地区）法律要求和标准不一，跨境电商对卖家的信誉及服务能力的要求要高于境内电商。以阿里巴巴速卖通平台为例，为了清楚地衡量每一个卖家不同的服务水平和信誉水平，速卖通平台设置了"卖家服务等级"这一概念。"卖家服务等级"本质上属于一套针对卖家服务水平的评级机制，共有 4 个层级，分别是优秀、良好、及格和不及格。在此机制中，评级越高的卖家得到的产品曝光机会就越多，平台在对其推广资源进行配置时，也会更多地向高级卖家倾斜。反之，当某个卖家的"卖家服务等级"处于低位水平，特别是"不及格"层级时，卖家的曝光机会及参加各种平台活动的资格都会受到极大的负面影响。

因此，卖家应该通过提高产品质量和服务水平，不断提升卖家服务等级，以便在平台销售过程中获得更多的资源优势与曝光机会。在其他因素相对稳定的前提下，客服人员必须通过积极的工作态度与良好的沟通技巧来维持各项指标，从而提升卖家服务等级。也就是说，级别越高，卖家账号的安全度越高，这也就是我们所说的跨境电商客服人员的"保障账号安全"目标。

（二）降低售后成本

由于运输距离远、时间长、境外退货成本高，跨境电商的卖家会比境内电商的卖家更多地使用"免费重发"或者"买家不退货、卖家退款"的"高成本"处理方式，导致跨境电商店铺的售后成本较高。要想降低售后成本，这就需要经验丰富且擅长沟通的客服人员在处理境外买家投诉时使用多元化的解决方案。通过合理、巧妙地搭配各种售后服务方式，针对不同情况因地制宜地进行处理，最终达到将售后服务的成本指标控制在合理范围内的目的。比如，一些消费类电子产品或近年来比较热门的智能家居产品，往往由于境内产品缺少详细的英文说明书及相关产品的操作指导，导致客户使用困难。该类产品的投诉会比较集中在使用方法的不明确上，某些缺乏耐心的客户可能就会与卖家产生纠纷，甚至要求退款。而这时如果客服人员能灵活地用简单易懂的语言向客户说明产品的使用方法,解答一些关于产品本身的操作性问题,使客户理解整个产品使用过程,并接受产品,则会降低售后成本。

(三)促进再次交易

跨境电商客服人员不仅可以通过交流与沟通,促成潜在批发客户的批发订单成交,同时也可以有效地帮助老客户再次与店铺进行交易。这个目标可以通过以下方式实现。

一是客服人员帮助客户完美解决各类问题,客户对卖家的信任会显著增强,逐渐转变成忠实客户。

二是跨境电商行业中有大量的境外批发买家搜寻合适的中国供应商,无论是售前还是售后的咨询,这种客户更关注的是卖家产品种类的丰富度、产品线的开发拓展速度、物流与清关的服务水平和批发订单的折扣力度与供货能力等。一旦发现这种客户,如果客服人员能够积极跟进,不断地解决客户的所有疑惑与顾虑,最终将会促成批发订单的成交。

三是客服人员与营销业务人员相互配合使用邮件群发工具形成"客户俱乐部",通过有效且精准的营销邮件群发,增强客户的黏性,或者通过优惠券的发放促使客户参与店铺的各种促销活动,促进他们回店再次下单。

四、跨境电商在线客服应该具备的能力

(一)传统外贸的专业技能

首先,必须掌握国际贸易专业基本理论知识和基本技能,包括通晓我国外贸政策和理论、国际(地区间)外贸规则与惯例、进出口交易程序与合同条款、国际(地区间)承包和劳务合作等。其次,还要熟悉国际(地区间)贸易法则,通晓国际(地区间)经济金融、政治法律、社会文化等情况。最后,要求具有国际(地区间)商务谈判、草拟和翻译国际(地区间)商务函电、起草和签订国际(地区间)贸易合同的能力,熟练掌握和运用国际(地区间)贸易惯例、国际(地区间)贸易法律,具有处理国际(地区间)贸易纠纷的能力及一定的企业经营管理能力。因为国际(地区间)贸易的交易双方处在不同的国家和地区,各国(地区)的政策、法律、文化差异大,客服人员的传统外贸专业技能必不可少。

(二)对于产品供应链的理解能力

作为一个在线客服,我们除了对自家产品非常熟悉之外,还要对产品的供应链有一个基本的认识,才能更好地跟客户沟通,引导客户下单,对于供应链的理解在后期运营中也能更多地体现自己的核心竞争力。

(三)熟悉跨境电商平台

在很多中小型的跨境电商创业团队中,一个合格的跨境电商在线客服不仅仅是在线跟客户沟通,也需要兼顾平台运营,这就要求客服对跨境贸易整个流程应该有透彻理解。首先应该熟悉跨境电商平台的规章制度,比如说了解速卖通的招商门槛政策、速卖通的大促团购玩法等,熟悉平台后才可以顺应平台的发展。其次跨境电商在线客服因为直接面对客户,所以在线客服应该对于跨境电商的整套流程都非常熟悉,比如物流方案和各国(地区)的海关

清关流程等。

（四）外语能力

既然是跨境电商，那具备一定的外语沟通能力自不必说。客服必须能够利用外语及时有效地与外商进行沟通，包括书面交流（函电）和口头表达（口语、谈判）能力。如果要精细化地做好跨境电子商务运营，不仅要在详情页上用目标国（地区）语言进行描述，在跟客户沟通，特别是在与客户存在消费纠纷时，如果能有效地利用语言优势与客户交流，就能更好地解决客户问题。

（五）了解目标国（地区）消费者

应了解目标消费国（地区）的风土人情，因为只有了解不同国家（地区）人们的喜好和需求，才能针对不同国家（地区）进行选品，设置产品详情页，并推出相应的营销策略。比如面对德国人和巴西人，德国人严谨、一丝不苟，跟德国人沟通应该严肃认真，紧跟他们的思路。而巴西人则比较直爽、幽默，掌握这些特点就可以更好地跟客户沟通，最终促进销售业绩的增长。

（六）推广营销能力

跨境网站的推广营销能力是一个跨境电商网站成功的必要条件。跨境平台的推广包括以下几类。

(1)最常规的是 Alibaba P4P(阿里巴巴外贸直通车)推广。

(2)跨境经营者需要熟悉并利用好跨境电商平台的各类促销活动，比如阿里巴巴速卖通的限时限量、全店打折、满立减等来引流、促销。

(3)懂得通过客户数据分析，对客户进行有效果的持续开发。

(4)联盟营销也是非常值得跨境经营者学习的引流方式。

(5)最重要的是我们还应该注重 SNS 设计营销，比如利用 Facebook 等。

(6)通过 Google 等主流搜索引擎推广也非常重要。

(7)好的跨境电商运营者还会运用自己的资源策划一些推广活动，更精深的运营推广包括视频营销、外媒广告等。

第二节　跨境电商业务中的沟通与服务

要做好跨境电商业务中的沟通与服务，对于各国（地区）客户的消费习惯、网络消费习惯必须要有全面的了解，同时还要掌握好沟通技巧，争取以最好的服务面向全球客户做好产品销售。

一、各国（地区）客户消费习惯

要想做到有效的沟通就必须熟悉各国（地区）客户的消费习惯，这点非常重要。只有充分了解不同国家（地区）的消费文化差异并掌握各国（地区）客户的消费水平和消费理念，才能做到有的放矢。

各国地区
客户消费特点

（一）俄罗斯

近年来，随着中产阶层和富裕阶层的扩大，俄罗斯已经成为世界上增长最快的消费市场之一。富裕起来的俄罗斯人喜欢旅游，也喜欢购买奢侈品，其中不乏时装类的消费。价格因素在俄罗斯人的购买决策中占很大比重，但其中也有部分人更偏重有品牌的优质产品。一般中产阶级消费者选择在现代购物中心或者流行时尚店铺购买时装，而对价格比较敏感的俄罗斯人通常会选择在高级百货商店或者迅速发展的时装连锁店购物，那些还无法追赶时尚的消费者则更多地选择较为传统的马路市场，选购比较廉价的服装。

俄罗斯人的消费除了与他们的实际收入水平相关，同样也受到其生活方式的影响。例如，在新年、妇女节、男人节、情人节等各大节日中，俄罗斯人都要送礼。而且俄罗斯人热爱运动，在他们看来运动是生活的重要组成部分，因此，他们会经常购买专业的运动服、运动鞋及配件。另外，俄罗斯人在外面和在家时穿的衣服不一样，他们在家一定会穿家居服。

在这里我们可以把消费者行为和消费者需求直接联系起来。就拿俄罗斯女性消费者来说，她们对于美容类产品需求是很大的，她们外出时一般都会进行打扮和化妆，就像俄罗斯政府及公司工作人员在很多节日和正式场合都会选择穿西装一样。俄罗斯女性还很喜欢追赶潮流，一些当季热门、新奇创意的商品会特别受到女性们的追捧。

宗教信仰和习俗也是我们研究俄罗斯消费习惯过程中很重要的一方面。俄罗斯联邦有许多宗教，他们对盐十分崇拜，视盐为珍宝并将其作为祭祀用的供品。同时他们忌讳"13"这个数字和黑色，他们认为"13"是一个预示凶险和灾难的数字，而黑色则代表着丧葬。在饮食上，俄罗斯人一般不太吃乌贼、海蜇、海参和木耳等食品。

（二）美国

美国是世界上最发达的国家之一，国民经济实力也最为雄厚，世界贸易有50%以上用美元结算。美国人最关心的首先是产品质量，其次是产品包装，最后才是产品价格。因此，产品质量的优劣是进入美国市场的关键。在美国市场上，高、中、低档货物差价很大，一件中高档的西服零售价在40～50美元，而低档的西装则不到5美元。产品质量稍有缺陷，就只能放在商店的角落，做减价处理。

美国人非常讲究产品包装，它和产品质量本身处于平等地位。因此，出口的产品包装一定要新颖、雅致、美观、大方，能够产生一种舒服惬意的感觉，这样才能吸引美国买家。中国的许多工艺品就是因包装问题一直未能打入美国的超级市场。例如，著名的宜兴紫砂壶，只用黄草纸包装，80只装在一个大箱子中，内以纸屑或稻草衬垫，看起来十分简陋，在美国买家心中则被排在低档货之列，只能在小店或地摊上销售。

（三）巴西

巴西拥有丰富的自然资源和美丽景色，这就形成了巴西人热情、慵懒、喜欢享受的个性。同时，巴西的宗教及对劳动者的保护制度，更成为影响巴西人消费和生活观的主要因素。在巴西，很多人的生活方式跟欧美较为相似，巴西人普遍喜欢超前消费，他们习惯于购买分期付款的商品，也正是分期付款的方式让巴西人养成了"什么都敢买"的习惯，所以在巴西，不管是什么阶层的人都喜欢消费。而且这种消费方式对于热爱足球的巴西人来讲是再适合不过的了,因为巴西人热爱足球,所以他们更舍得花钱去购买昂贵的球服。

在巴西,虽然贫富差距很大,但是每个人都有自己独特的生活方式。对于普通人而言,他们就有属于他们自己"穷开心"的生活方式。例如,对巴西人而言,过生日就是一件非常重要的事,他们会把平时攒的钱拿来给亲人庆生,就算把钱用完了,他们也不会觉得忧虑和困苦,反而会感到非常高兴。

在巴西,人们都有自己的习惯性购物地点。相关调查数据显示,就算商品价格比以前更贵,但是大部分巴西人不会更换购物地点,仅有 24% 的巴西消费者因为价格原因更换商店。而且除此之外,大部分消费者在购物之前不会进行价格调查,40% 的消费者在消费前不砍价,仅有 20.4% 的消费者会为了购买商品而存钱。在多数巴西人的潜意识中,他们宁愿多掏钱也不愿意更换购物地点。

(四)加拿大

对于加拿大而言,无论经济是发展还是衰落,加拿大消费者都很喜欢新产品。大多数人表示支持创新并且愿意为新产品"多付一些钱",而且多数的加拿大人更享受购物过程,例如,加拿大人普遍喜欢购买家居用品,在他们看来寻找划算交易的过程会让购物更加有趣。

加拿大人在交易时,最不喜欢绕圈子、讲套话。一方面他们不喜欢把加拿大和美国进行比较,尤其是拿美国优越的方面与他们相比;另一方面也不喜欢他人过多地询问他们的政治倾向、工资待遇、年龄及买东西的价钱等诸如此类的事情,因为他们认为这些都属于个人隐私。

(五)印度

众所周知,印度客户喜欢便宜的东西。经常把 price(价格),cheap(便宜),expensive(昂贵)挂在嘴上,所以印度的商业习惯也是独具特色。例如,如果别的供应商比你优惠力度大,他们就很可能不再顾念旧情投奔其他供应商去,还有可能将从别的供应商那里要来的价格直接摊牌给你看,问你能不能卖。

印度人对于颜色也有着自己的看法和理解,印度人在生活和服装色彩方面喜欢红、黄、蓝、绿、橙及其他鲜艳的颜色。黑色、白色和灰色则被视为消极的不受欢迎的颜色。印度大部分人信仰宗教,不太吃肉类,很少喝烈性酒,各种蔬菜水果是他们的主食,洋葱和咖喱是他们的最爱。在印度人看来,牛是他们的神,因此,在与印度人交流时要注意这一文化特点。

二、各国(地区)客户的网络消费特点

在很多国家(地区),网购已经成为消费者的主流消费方式。但不同国家(地区)的消费者在网络消费习惯上仍然存在差异。接下来将围绕速卖通的主要买家市场——俄罗斯、美国、巴西、加拿大、韩国等国家(地区)展开分析。

(一)俄罗斯

俄罗斯男性更喜欢从英文网站购买商品,而大多数女性更喜欢从中文网站购物。这种现象可能与购买的商品品类有关,男性经常购买电子产品和汽车配件,而女性购买品类多为

服装、饰品、儿童用品和家居用品等。

俄罗斯人对于审美的偏好与中国人有很大区别。以俄罗斯女性消费者为例，成年女性不喜欢太过可爱的穿衣风格，她们更喜欢欧洲的性感风，在销售网站上偏向于浏览欧美模特展示的服装，以此判断衣服是否合身。

（二）美国

美国统计局的一项研究数据显示，在商品销售总额方面，其线下销售额仍占据多数，但是书籍、杂志、服饰、电子产品等品类则以线上购买为主。"黑色星期五"（感恩节后的第二天）是公认的美国传统购物日，但近年兴起的、紧接着"黑色星期五"的"网购星期一"（每年感恩节后的第一个星期一）有后来居上之势，美国人网购习惯已经逐步养成。有网络公司调查后发现，部分零售商在"网购星期一"给的优惠力度较大，且网购没有地域限制，越来越多美国人有意加入"网购星期一"的行列。

美国是一个注重效率的国家，消费者对于发货速度要求较高，浪费时间就等于浪费生命，他们希望下单后可以尽快收到自己购买的产品。除此之外，美国人对于产品的搜索也有自己的特定引擎。相关调查数据显示，44％的美国消费者网购时首先选择到亚马逊搜索产品，34％的人会选择谷歌之类的搜索引擎搜索产品，21％的人会选择特定零售商的网站搜索产品。

在美国，每个季节都有一个商品换季的销售高潮，过季商品会削价处理。美国大商场和超级市场的销售季节是：1—5月为春季；7—9月为初秋开学期，主要以销售学生用品为主；9—10月为秋季；11—12月为假期，即圣诞节时期，这时又是退税季节，人们都趁机添置用品，购买圣诞礼物。圣诞节时期消费者对各类网店的访问量极高，商品很快就会销售一空，这一时期的销售额占全年销售额的1/3左右。

由于美国版图比较大，横跨3个时区，所以不同时区的买家上网采购时间也不同。为了提高买家对商品的关注度，卖家应该积极总结不同时区买家的网上购物时间，选择一个买家上网采购比较集中的时间段来针对性地开展工作。北美地区是全球最发达的网上购物市场之一，北美地区的消费者习惯并熟悉各种先进的电子支付方式。网上支付、电话支付、电子支付、邮件支付等各种支付方式对于美国的消费者来说都不陌生，在美国，信用卡是在线使用的常用支付方式。

与美国做生意的中国商家，必须要了解这些电子支付方式，一定要习惯并熟练运用各种各样的电子支付工具。在交易习惯方面，美国消费者在交易中坚持公平合理的原则，他们认为双方进行交易，双方都要有利可图。如果双方出现分歧，他们会怀疑对方的分析、计算有问题，并坚持自己的看法。

（三）巴西

巴西电商的发展非常迅速，网购习惯比较成熟。巴西消费者在网购过程中，最看重的是价格实惠、选品丰富、打折促销活动及免运费等方面。巴西人喜欢二流质量、三流价格的产品，他们不追求产品品牌，而热衷于便宜商品。他们在交易过程中主要需求在服装配饰、美容保健和家具用品等方面。以服装为例，他们追求休闲大气、欧美风格、配色夸张的服饰，但是要求尺码准确，适应潮流。

巴西人大多喜欢超前消费,喜欢分期付款的交易方式。在网上支付方式的选择上,他们会首选 Boleto,这种支付方式在巴西一直占据着主导地位,客户可以到任何一家银行或使用网上银行授权的银行进行转账。需要注意的是,在网购过程中,卖家的店铺好评对巴西人影响很大,甚至决定巴西人是否会下单,同时店铺设置的免邮产品更是受到巴西人的极大青睐。因为巴西关税和其他杂费导致巴西国内物价一直居高不下,因此很多消费者会直接搜索折扣,选择促销商品。但是巴西人在购买球服上却是不差钱,他们经常会穿着球服参加各类活动。

(四)加拿大

在加拿大,人们网购的产品主要集中在体育用品、婚纱礼服和服装上。从加拿大体育用品零售数据来看,加拿大是一个稳定、持续发展的市场,经常参加体育活动的加拿大人占加拿大全部国民的 56%,可以说加拿大是一个非常热爱运动的国家。婚纱礼服方面,婚前各种派对少不了对派对礼服的需求,他们对婚礼宾客礼服需求也比较旺盛,如伴娘服、伴郎服、花童服装等,而且 60% 的加拿大新娘是 Pinterest 社交网站的活跃用户。

在服装方面,儿童时尚服装最受欢迎,父母花在孩子身上的服装消费额占家庭消费预算总额的比例较高,大多数父母都会把大部分钱用于为自己的孩子购买服装。与此形成鲜明对比的是,科技产品则不受父母欢迎,只有很少的父母会把大部分钱用于给孩子购买计算机或其他电子产品上。

另外,随着智能手机的流行和移动网络的普及,智能手机网购量在加拿大逐年上升,很多加拿大人习惯于直接使用智能手机货比三家。Brandspark Canadian 针对加拿大人购物习惯的调查显示,58% 的加拿大智能手机用户会在购物时拍下产品照片,然后将其发到感兴趣的人那里讨论,或者保存起来等以后再看。当在手机上看到满意的商品时,他们会直接在网上进行下单。此外,加拿大人还经常用手机联系其他卖家,更详细地了解相关产品的促销状况,获得最大可能的优惠。

(五)韩国

随着智能手机的普及,韩国 40 岁左右的男性渐渐成为网购的主力军。这类群体搜索最多的是鞋、包等时尚类产品,紧随其后的分别是计算机、手机等 IT 产品,器械运动爱好用品,食品饮料和服装等。一份政府报告显示,过去 5 年里,越来越多韩国民众加入了境外海淘大军,其中需求量最大的是咖啡、手袋和运动鞋。美国、德国、中国和新西兰的商品占其所有网购商品的 96%,报告还显示,电视机等家用电子产品、厨房用具及食品类商品进口量激增。从美国网购的商品主要是保健食品、时尚用品和婴儿用品,从德国网购的则主要是婴儿用品、化妆品和厨房用品,而运动鞋、手袋和服装等商品则主要网购自中国。

三、跨境电商业务沟通技巧

客服与客户的在线沟通是跨境电子商务交易过程中的重要步骤,一个有着专业知识和良好沟通技巧的客服,可以打消客户的很多顾虑,促成客户的在线购买行为,从而提高成交率。因此,跨境电子商务的沟通技巧就显得尤为重要,主要有以下几点沟通技巧。

（一）时刻遵守沟通的国际礼仪

与面对面的沟通不同，网上客服的沟通礼仪更强调书面语言的礼仪规范性，而对于跨境沟通来讲，掌握国际化礼仪则显得尤为重要。例如，在对客户的称呼问题上，不管是客人首次发邮件或询盘，或者其他后续行为，客户称呼客服"Dear A"，那么客服的回复应当与之对应为"Dear B"，但是若回复客户"Hi,A"，就会让人感到不舒服。以此类推，客户在邮件中以邮件"Hi,A"作为邮件开头，那么客服回复也当对应为"Hi,B"。而在接到初次光临的买家咨询时，客服回答的第一句应该是："Thank you for your interest in our item."或者"Thank you for your inquiry."若对方是之前光顾过的买家，再次光临时，客服的回应应该为："Nice to see you again! Is there anything I can do for you?"这样的回答，给买家一种亲切感，客服的服务态度影响着买家的购物心情。

（二）清楚地向客户表达你的意见和建议

和客户交流时，要清楚地表达自己的想法和建议。比如，"产品的价格只能低到这里，不能再变了""如果现在下单的话，可以赠送小礼品"等。

另外，碰到自己不了解的询问时，可以直言不讳地告诉客户——"我会把这个问题记下来，搞清楚后再回答你"。千万不要不懂装懂，也不要含糊不清地回答，更不要说些废话避开客户问题。回答客户问题时也要注意，不要做绝对回答，如："我们的质量绝对没问题""我们的服务绝对一流"等，我们都知道天下没有绝对的事情，所以不要把自己的语言过于绝对化。

（三）学会换位思考

要学会站在客户的角度为客户着想，尽可能回答客户问题，一定要让客户感觉到你是在为他着想，为他的利益着想。例如，当收到客户的询问时要在第一时间进行回复，在回信中首句道歉："Sorry for the late reply."如果暂时不能回复，需要告之回复的时间。因为客户往往会对几个小时之后甚至几天之后回复的邮件感觉不尊重、不重视。

（四）沟通语言言简意赅

在网络沟通中，英文表达的简洁明了尤为重要，专业、明了的表达往往会达到事半功倍的效果，而含糊业余的表达则会减弱客户的信任。

（五）面对客户提问时，回答一定要全面

回答全面并不是代表滔滔不绝，也不是回答的越多越好，而是要针对问题，特别是关键问题时应全面地回答，不要有所遗漏。针对顾客对于产品、规格、性能等提问，最好能一次性地将顾客的问题回答全面，这样既可以让顾客感受到你的专业性，又可以避免因反复多次询问和回答而导致的时间浪费。例如，在跨境电子商务中，物流一直是买家比较关心的问题，各国（地区）货物的运送时间根据不同的国家（地区）差别很大，如果没有与买家沟通好，则很容易引起纠纷。因此，将物流方面的信息详尽地告知买家非常重要。

（六）要善于利用表情符号

表情符号是人们表达心情的重要工具，在互相无法看见对方的网络沟通中，表情符号成为必不可少的表达礼貌的方式。文字有时候并不能表达一个人的准确心情，有时候还可能造成误解，然而表情符号却不同，在所有的沟通过程中，善于运用表情符号是一个重要的武器。

四、跨境电商客服职业素养

（一）保持平衡、积极的心态

跨境电商客服的工作内容包含售前、售中和售后，涉及多种语言，工作过程非常细碎烦琐。在这个过程中，一定要对自己的能力充满信心，能不能成功，关键在于工作欲望。没有坚定的意念及不够积极的人，即使拥有很高的学历，或是头脑很灵活，也不能创造优秀的业绩。对业务员而言，每天面对的都是竞争激烈的战场，在这个枪林弹雨的战场之中，除了具有灵敏的触觉，更需要具有坚定的信念。以积极的态度、强烈的责任感和百分之百的信心来开拓自己的工作领域。

（二）熟悉业务知识

作为一名跨境电商客服，既需要维护客户关系，有效推进销售，能独立维护客户，又要处理客户邮件及查询，并提供售前售后咨询服务、订单追踪信息，还需要处理客户投诉，对客户的退换货进行妥善处理等，这就要求跨境电子商务客服具备熟练的业务知识，并不断努力学习，吸收新知识。只有熟练掌握了各方面的业务知识，准确无误地为客户提供各项服务，才能在维护原有客户的基础上不断发展新客户。在收到客户信函和询价时，第一件事就是认真阅读，然后进行分析，主要分析客户的意向是什么，客户的需求是什么及客户希望得到哪些方面的信息等。在订单跟进过程中，客服人员需养成即时反馈及沟通的习惯，客户发出的信息都能得到你的反馈，这样可以让客户放心。

（三）熟悉产品和市场

不少跨境电商客服在刚刚接触工作时都碰到过潜在客户流失的情况，主要原因是对公司和产品不了解，不知道目标市场在哪里，或当客户问一些有关公司和产品的专业问题时，一问三不知。客服应该对自己公司每个产品的优缺点、规格成分、重量等都要了如指掌，做到心中有数。如果一个销售人员连产品性能、质量这些基本指标都不熟悉，怎么能向客户滔滔不绝地做介绍，怎么能让客户相信产品有保障、商家有信誉，怎么能在讨价还价中取得优势呢？这世上唯一不变的就是"变"，所以要根据市场的变化而做出相应的策略，这样才能在激烈的竞争中制胜。

（四）良好的沟通能力

客服是与人打交道的工作，因此沟通尤为重要。不管是在订单跟进或为人处世中，沟通都是极其重要的一个手段。从沟通的细节中客户会看到你的工作态度，工作是否严谨及是否可以信任。高品质的沟通可以快速实现销售目标,提升销售业绩;高品质的沟通可以消除人与人之间的隔阂,使人际关系更加融洽;高品质的沟通可以避免一盘散沙,使团队的合作更加默契,团队更具凝聚力。当然,业务沟通技巧是通过长时间的实践培养出来的,一切从客户的需求出发,在与客户沟通中,我们要不断提问,从客户的回答中了解到客户的需求,这样做会事半功倍。另外,由于跨境沟通面对的是国际(地区间)市场,面对的往往是多国(地区)客户,较强的外语能力是与境外客户沟通的基础,在与外商的网络沟通过程中,语言能力能体现得淋漓尽致,也是成功谈成合同的关键。

(五)诚实守信的人格

诚实守信对于个人来说,既是一个道德品质和道德信念,也是每个公民的道德责任,更是一种崇高的人格力量。对于一个企业和团队来说,它是一种形象,是一种信誉,是企业兴旺发达的基础。只有对客户诚实守信,客户才会跟公司合作,并长久的合作。同样,在跟同事的相处过程中也要诚实守信,真诚地对待每个人,更不得有任何有损于公司和个人职业信用的行为。

五、各国(地区)客户的沟通技巧

作为跨境电子商务新手,需要了解境外买家的习俗、商业习惯和沟通技巧,下面就美国、英国、德国、澳大利亚、印度、巴西、俄罗斯等境外买家商业文化和沟通技巧进行简要介绍。

(一)美国

美国人通常热情爽快、自信心强、注重合同、法律观念强、时间效率高。在谈判时最好直入主题,干脆利落。

1. 最不为美国买家接受的中国卖家类型

(1)电话网络沟通礼貌用语少。

(2)优柔寡断,猜忌心强。

(3)报价后不能兑现价格,信誉低。

(4)对生产工艺一知半解。

2. 与美国买家的商务沟通的注意事项

(1)"是"和"否"必须讲清楚,这是一条基本原则,当无法接受对方提出的条款时,要明确告诉对方不能接受,不要含糊其辞,使对方存有希望。

(2)时间价值。在他们的观念中,时间既是商品,也是金钱,做事效率要高。

(3)与美国人谈判,绝对不要指名批评某人。因为美国人谈到第三者时,都会顾及对方的人格。

(4)不提底价,不要沉默,也不要总试图利用谈判去建立关系网。

(5)与美国买家谈判报价时需要特别注意,应该从整体去看,报价时提供整套方案,考虑全盘。

(二)英国

英国全称是"大不列颠及北爱尔兰联合王国",简称英国。在商务交往中,他们重交情,不刻意追求物质。对商务谈判,他们往往不刻意准备。但英国商人很和善友好,易于相处,因此,遇到问题也易于解决。他们好交际,善应变,有很好的灵活性,对建设性的意见反应积极。

英国商人往往遵守信用,答应过的事情,必定全力以赴,不折不扣地完成。但他们性格孤僻,生活刻板,对外界事物不感兴趣,往往寡言少语,对新鲜事物持谨慎态度,具有独特的冷静的幽默。他们保守、冷漠,感情轻易不外露,即便有很伤心的事,也常常不表现出来。他们很少发脾气,能忍耐,不愿意与别人做无谓的争论。英国人做事很有耐心,任何情况之下,他们绝不面露焦急之色。英国人待人彬彬有礼,讲话十分客气,"谢谢""请"字不离口。所以对英国人讲话,发邮件也要客气,不论他们工作和职位如何,都要以礼相待,请他办事时说话要委婉,不要使人感到有命令的口吻,否则,可能会使你受到冷遇。

英国商人的时间观念很强,拜会或洽谈生意,访前必须先预约,准时很重要,最好提前几分钟到达为好。他们相处之道是严守时间,遵守诺言。英国民族还具有遵循传统的习惯,宜避免老用"English"一词来表示"英国的"。如遇到两个买家,一个是苏格兰人或威尔士人,你说他是"英国人",那么,他会纠正你说他是"苏格兰人"或"威尔士人",宜用"British"一词。谈生意态度须保守、谨慎。初次见面或在特殊场合,或者表示赞同与祝贺时,他们才相互握手。

与英国人进行商务沟通时要注意以下方面。

(1)英国人特别讲究绅士风度,善于与人交往,讲究交际礼仪。这不仅仅是英国人对自己的要求,对谈判对手修养与风度亦非常看重。

(2)不要谈及政事和历史,特别是英国及欧洲本土的政治和历史,并且提到英国领导人时一定要讲其全名。

(3)最好使用英式英语与其谈判。

(4)一定要有耐心,英国人一般态度较强硬,就算他们事先没有充足的准备,但还是会固执己见,所以一次谈不成,可以安排多次,千万不能急躁。

(三)德国

德国商人很注重工作效率。因此,同他们洽谈贸易时,严忌闲谈。德国北部地区的商人,非常重视自己的头衔,当你同他们一次次热情握手,一次次称呼其头衔时,他们会格外高兴。德国人比较严肃,不太谈及个人问题,一般都较为诚恳。商务沟通时希望对方表达得清楚、果断,但自己反而会比较刻板,缺乏一定的灵活性。德国人比较有科技天赋,对理想的追求永不停歇。他们企业的技术标准极高,对出售或购买的产品也要求最高质量。如果要与德国人做生意,一定要让他们相信你公司的产品可以满足在交易规定中各方面的高标准。

与世界其他民族相比,德国人严肃认真,不苟言笑。和德国商人初交,他们给人的印象往往是沉默寡言,显得呆板而沉重。在公共社交场合,德国人显得非常拘谨,不擅长幽默。他们一板一眼、正襟危坐,做事谨慎小心,一切按规矩和制度行事。德国人具有强烈的"实事求是"的意识,注重实际,不尚浮夸。

德国人的家朴实无华,整齐大方。各种生活用品,如门、锁、开关等都牢固结实,注重实用,宁肯失之笨重,也决不虚有其表。对一座建筑、一件家具、一套设备似乎都注重长久,讲究内在质量,就如同德国人办事一样注重脚踏实地,绝不夸夸其谈。

遵纪守法的特性在德国企业和商人身上也多有体现。在德国的企业里,下级服从上级,一切按规章制度办事,缺少灵活性和主动性;职工们以服从为天职,而领导者则以是否服从命令、遵纪守法作为衡量职工好坏的标准。德国商人在做生意中多以遵纪守法为荣,他们很少偷税、漏税,也很少生产假冒产品,在商贸活动中,他们也是最重约、最守法的。德国人有一种名副其实的讲究效率与质量的声誉,他们的工业生产严格按照技术标准,他们很为自己的产品质量而自豪。因此,切忌轻易议论德国产品的优劣。德国人精于讨价还价,常常在签订合同的前一分钟还会做出种种努力来使对方退让。在商务沟通中,他们还会在交货和价格上对你施加压力,出现这种情况并不罕见,因此你最好对此有所准备,或者坚定地说"不",或者坚持某些条款,准备好最高的让步条件。

德国买家的特点非常鲜明,主要有以下几点。

(1)严谨、保守、思维缜密。与德国人做生意,一定要做好充分的准备,以便回答关于你的公司和产品的详细问题,同时应该保证产品的质量问题。

(2)追求质量、讲究效率、关注细节。德国人对产品的要求非常高,所以一定要注意提供优质的产品。同时在商务沟通时注意要果断,不要拖泥带水。在发货的整个流程中一定要注意细节,随时跟踪货物情况并及时反馈给买家。

(3)信守合同、崇尚契约。德国人素有"契约之民"的称号,他们对设计合同的任何条款都非常细心,对所有细节认真推敲,一旦签订合约就会严格遵守合同条款一丝不苟地执行,不论发生什么问题都不会轻易毁约。所以,和德国人做生意,也必须学会信守诺言,如果卖家在买家拍下货品后,又出现要求更改交货期等要求时,会引起德国客户的不满,这很有可能就是你和这位德国商人的最后一笔生意了。

(4)德国商人做事谨慎小心,一切按规矩和制度行事。与德国商人交往,要注意事情的计划性,德国人在商业活动中,十分珍惜自己的商权。秩序被德国人视为生命,人们不仅把一切都安排得井井有条,而且时时、事事、处处都按规定、照计划恪守秩序。德国商人有一样东西总是随身携带的,那就是记事本,他们的一个习惯性动作就是伸手掏记事本,一句习惯用语就是:"请稍候,让我看看记事本。"记事本人人都有,大到公司经理,小到一般职员,甚至是勤杂人员,人手一本。德国商人做生意必先制订计划,就是公司购物也都要先列张购物单。他们很可能早在一年前就开始制订计划,然后进行比较。选择好委托或合作对象后,还要亲自与之详谈,直至一切准确无误,才按计划进行下去。接下来还要对所去国家的人文地理、语言等做一番了解,这样一年后才付诸实行。

(四)澳大利亚

澳大利亚95%的居民是英国和其他欧洲国家移民的后裔。澳大利亚人办事认真爽快,喜欢直截了当,待人诚恳、热情,见面时喜欢热烈握手,称呼名字。乐于结交朋友,即使是陌生人,也一见如故。他们崇尚友善,并谦逊礼让,重视公共道德,组织纪律和时间观念强,赴约准时并珍惜时间。

在澳大利亚人眼里,兔子是一种不吉利的动物。他们认为,碰到了兔子,可能是厄运将临的预兆。澳大利亚人喜欢体育活动,游泳和享受日光浴是人们的爱好。如果有谁不会游泳,还会成为众人嘲讽的对象。和澳大利亚人谈论跑马,是非常受欢迎的话题。

澳大利亚是一个讲求平等的社会,不喜欢以命令的口气指使别人。与澳大利亚人进行商务沟通时,应该尽量避免向澳大利亚人显示头衔和业绩。任何自吹自擂和炫耀的行为都会给他们留下消极的印象。比如,美国人崇尚"自我夸耀"和"锋芒毕露",而澳大利亚人则认为"高枝必砍之",吹嘘和炫耀自我成功的人被认为是非常讨厌的。

澳大利亚人推崇非正式文化,对礼节不太讲究。在商务活动中,澳大利亚人不如德国人、瑞士人、美国人和日本人时间观念强。

澳大利亚由于地广人稀,因而很重视办事效率。他们极不愿意把时间浪费在不能做决定的空谈中,而且在商务沟通中谈及价格时,不喜欢对方报高价,然后再慢慢地减价,他们极不愿意在讨价还价上浪费时间。通常他们采购货物,大多采用招标的方式,根本不给予讨价还价的机会,所以必须以最低价格议价。澳大利亚市场是高度竞争的市场。一般而言,只有当某种产品运抵澳大利亚并已缴完关税后的价格比类似货物至少低15%的情况下,澳大利亚进口商才会考虑直接进口产品,大进口商对价格也同样很敏感。一家新供货商的价格必须明显低于已与进口商建立固定关系的供货商价格时,进口商才会考虑改变进货渠道。因此对于供货商而言,首报盘的价格必须特别有吸引力,这样才会引起澳大利亚进口商的兴趣。

产品包装质量非常重要。产品包装除了符合"澳大利亚包装和标签规定"及进口商的要求外,境外供货商还必须注意他们提供的零售货物的包装质量。这是因为,在澳大利亚的零售商店,顾客是自助式地挑选货物,因此产品的包装必须有"自我推销"的功能,必须能吸引顾客的注意并且能提供足够的信息。澳大利亚的进口商面对有相似价格的两种相似产品时,几乎无一例外地会选择零售包装较好的那种产品。最近10年来,进口商对于境外供货商提供的零售商品的包装质量要求越来越高。以床单为例,即使是最简单的床单也要求有质量较好的包装,包装上必须印有精良的照片。由于澳大利亚进口商订购产品的数量通常较小,给境外供货商在提高包装质量方面造成了困难,因为订购数量较小加大了包装的成本。另外,由于供货商提供的产品包装质量达不到要求,或包装单位成本太高使产品失去竞争力,也导致供货商失去大批订单。

总的来说,当澳大利亚进口商考虑一家新的境外供货商时,主要关心以下问题。

(1)价格。产品价格应比当地生产的同类产品或其他来源的产品价格低。

(2)可靠性。必须能长期保证产品的质量,交货及时并保持联络。

(3)灵活性。供货商能接受小批量订货。

如果一家新供货商能就以上三点说服澳大利亚商人,则与该澳大利亚商的合作前景都会很明朗。

（五）印度

印度国际买家善于把握贸易细节,比如,货在装舱后,他们的买家可以控制对货物入关的处理权等。所以在应对印度商人时,应该了解对方的信誉,确定付款方式时要格外慎重。印度商人比较看重一些小的优惠条件,不妨在与他们联系或者做生意的过程中给予一些优惠。

在沟通交流方面,印度的官方语言为英语,书面沟通用英语,但是其发音和标准英语有一些差别:大多数印度人 t 和 d 发音分不清。因此一些外贸人员第一次和印度客商交谈时,都会感到一头雾水。因此如果接到印度客户的电话,听得不是太明白的话,可以让客户拼出来或者再让客户发邮件确认。印度人对"否定"和"肯定"的回答,与中国习惯不同。中国人对"肯定"回答一般点头，印度人却用摇头表示"肯定"，因此有时候需要跟印度客户多确认几次。

与印度商人交流的方式技巧有以下几个。

(1)报价高于心理预期。开始报价时要报高于自己的心理价位的价格来应对其砍价的特性，但是同时也一定要让对方觉得有可议的余地。这样做的好处是给自己更多的谈判空间，无形中也抬高了自己产品在对方心目中的价值，最重要的是让对方在谈判结束日时觉得自己赢得了谈判。

(2)避免对抗性谈判。报价不合理，也不要怒气冲冲地去反驳，反驳只会强化对方的立场，使谈判进入僵局而无从进展。应更多地站在对方立场上考虑问题，也可以给出另外一套低价产品的方案，让客户更容易接受。

(3)坚持底线。当价格达到自己的底线后，一定要坚持住不为所动。

(六)巴西

巴西人性格开朗豪放，待人热情而有礼貌。从民族性格来讲，巴西人在待人接物上所表现出来的主要有两个方面的特点：一方面，巴西人喜欢直来直去，有什么就说什么；另一方面，巴西人在人际交往中大都活泼好动，幽默风趣，爱开玩笑，不在乎在大众面前表露情感。

巴西人对守时一事，甚为重视，不可大意。对巴西人来说，在商业交往中个人品行非常重要，往往比某一桩生意的细节更为重要。尽管巴西的办公时间通常是早上9点到晚上6点，但决策者上班较晚，下班也晚。给巴西管理人员打电话的最佳时段是上午10点到中午12点，以及下午3点到5点。不过在圣保罗并非这样，全天都可以约见。

在巴西，以棕色为凶丧之色，紫色表示悲伤，黄色表示绝望。人们迷信紫色会带来悲哀。另外，他们还认为深咖啡色会招来不幸，所以非常讨厌这种颜色。在巴西，曾有过这样失败的例子，日本向巴西出口的钟表，因在钟表盒上，配有紫色的饰带，而紫色被认为是不吉利的颜色，因而不受欢迎。

在巴西，会话和行文时使用当地语言会更便利和亲切，商品说明应有当地文字对照。和巴西人打交道时，主人不提起工作时，你不要抢先谈工作。巴西人特别喜爱孩子，谈话中可以夸奖他的孩子。巴西男人喜欢笑，但客人应避免涉及当地民族的玩笑，对当地政治问题最好闭口不谈。

巴西是由欧洲人、非洲人、印第安人、阿拉伯人，以及日本、韩国等东亚移民等多种民族组成的国家，但核心是葡萄牙血统的巴西人。另外，由于从西班牙、意大利等南欧国家来的移民，在巴西占多数，因此，巴西人的习俗和葡萄牙、南欧的习俗类似。

巴西人喜欢分期付款，当地超市标价的时候也会体现分期付款的价格。巴西人在消费方面还有一个特点就是很注重售后服务，还有产品的耐用性，在同样情况下，如果你的产品耐用性比同行的好，就会比较受到他们的欢迎。巴西过去是欧洲殖民地，所以也比较喜欢欧式的和有CE认证(符合欧盟技术标准的安全认证)的东西。

(七)俄罗斯

俄罗斯民族崇尚高大，具大国心态。与俄罗斯人进行商务沟通时，要做好与一个"武断"的俄罗斯人打交道的准备。他们执着地追求规模、讲气势，对技术和精度反而要求没有那么高。俄罗斯的产品明显地带有大和粗的特点,比如俄罗斯生产的电冰箱、洗衣机较之别国(地区)同类产品,骨架、个头都要大,且显得笨重有余、轻巧不足。

在与他们做生意时,应注意以下几个方面。

(1)产品外形要高大。这是俄罗斯商品的特性,讲究外形的高大,可以迎合他们追求高大的消费心理。

(2)产品要轻便。由于俄罗斯人喜欢高大的产品,而高大的产品一般并不轻巧,有时使用起来也不方便,所以,一些轻便型产品在俄罗斯也有较大市场。

(3)俄罗斯人最看重产品质量及用途,因此那些能够吸引和满足广大消费者的性价比高的产品会很受欢迎。

俄罗斯文化比较重视礼节并且区分一定的社会等级,但是同时他们的核心价值观是人人平等。当别人拥有的东西而自己没有的时候,俄罗斯人会感到比较失落。俄罗斯人的礼节表现在人们的穿着、会见及问候礼仪方面;在那些组织管理严密的公司当中,等级观念十分明显。因此对有职务、学衔、军衔的人,最好以其职务、学衔、军衔相称。依照俄罗斯民俗,在用姓名称呼俄罗斯人时,可按彼此之间的不同关系,具体采用不同的称呼。只有与初次见面之人打交道时,或是在极为正规的场合,才有必要将俄罗斯人姓名的三个部分连在一起称呼。

在人际交往中,俄罗斯人素来以热情、豪放、勇敢、耿直而著称于世。初次与俄罗斯商人见面必须握手,告辞时也要握手。称呼对方一定要用他的正式头衔,在正式场合,应采用"先生""小姐""夫人"之类的称呼,除非他特意要求改用另一个称谓。对于熟悉的人,尤其是在久别重逢时,他们则大多要与对方热情拥抱。

俄罗斯特别忌讳"13"这个数字,认为它是凶险和死亡的象征。相反,认为"7"意味着幸福和成功。俄罗斯人不喜欢黑猫,认为它会带来不好的运气。俄罗斯人认为镜子是神圣的物品,打碎镜子意味着灵魂的毁灭,但是如果打碎杯、碟、盘则意味着富贵和幸福,因此在喜筵、寿筵和其他隆重的场合,他们还特意打碎一些碟盘表示庆贺。俄罗斯人通常认为马能驱邪,会给人带来好运气,尤其相信马掌是表示祥瑞的物体,认为马掌即代表威力,又具有降妖的魔力。俄罗斯人忌讳的话题有:政治矛盾、经济难题、宗教矛盾、民族纠纷、苏联解体、阿富汗战争及大国地位问题等。

第三节　提升客户满意度

客户满意度也叫客户满意指数,是对服务性行业的顾客满意度调查系统的简称,是一个相对的概念,是客户期望值与客户体验的匹配程度。换言之,就是客户通过对一种产品可感知的效果与其期望值相比较后得出的指数。作为卖家,要能够站在买家的立场来考虑服务方式,不断地提高服务能力,提高买家满意度,从而提高自己的市场竞争力。

一、买家满意度对卖家业务的影响

买家满意度对卖家的业务主要有以下 4 点重要影响。

（一）高买家满意度可以为店铺带来额外交易

高满意度买家在卖家店铺中的产品进行再次购买的可能性要比一般买家高出 69％，将卖家产品或店铺推荐给亲友的可能性也要高出 75％。

（二）买家满意度影响排序曝光

买家满意度会直接体现在卖家的好评率和退款率上，而好评率和退款率是影响卖家产品排序和曝光的最主要因素。高买家满意度能间接提高产品的排序和曝光，并为后续交易带来更多的机会。

（三）买家满意度将影响其他买家的购买行为

所有交易都将留下买家和卖家之间相互的评价记录，一条良好的买家交易记录能帮助后续的买家做出购买决定。相反，一条劣质的交易记录，将会让卖家失去非常多的交易机会。

（四）买家满意度影响卖家的星级和享受到的资源

在速卖通中，其为高星级卖家提供更多的橱窗推荐位、图片空间、动态多图数量，让优质的卖家享受更多的铺货机会。

二、提高买家满意度的技巧和方法

在交易过程中，商品质量、交易中的沟通、物流速度、物流服务及售后服务等方面是影响买家满意度的主要因素。卖家可以考虑从以下几个方面着手提升买家满意度，改善交易过程中买家的购物体验。

（一）提供尽可能详尽的产品信息描述

1. 产品描述信息

一个买家可能需要从详尽的描述中了解产品以下几个方面的信息。

(1)产品介绍。

(2)产品实物图。

(3)产品特点、卖点。

(4)产品使用说明。

(5)产品的包装信息、配件。

(6)下订单后的付款方式。

(7)成交后的物流方式。

(8)能享受的售后服务。

(9)产品纠纷、退款等方面的承诺。

(10)卖家的实力背景。

(11)卖家的信誉情况(其他买家的评论)。

2.注意事项

这就需要卖家的产品信息描述中要尽可能地包含以上信息。因此,卖家要做好以下两个方面的工作。

(1)标题内容详尽

尽可能包含产品售后服务、质量保证等信息,可以将产品的信用保证、产品材质及特点、产品名称、免邮等信息包含在标题中。

(2)完整的产品详细描述

产品的功能、参数、品类、使用方法等详细描述要尽量完整,而售后服务、质量保证、承诺、注意事项等内容也要尽可能详细完整地表述。

(二)快速及时地回复询盘与询盘技巧

在国际业务中,顺畅的沟通非常重要。专业、及时、流畅的询盘回复能够让卖家显得更加专业,并且提高成交的可能性。

1.回复询盘时的原则

在回复买家询盘时,应遵守以下几点原则。

(1)主动出击,及时回复。

(2)格式正确,有称呼有落款。

(3)了解西方文化,回答问题直截了当。

(4)减少来回沟通次数,提高沟通效率。

(5)语言简洁准确,杜绝语法错误。

2.注意事项

此外,卖家在回复买家询盘的过程中,还要做好以下几点。

(1)积极回复每一个买家的提问

如果卖家的产品很受欢迎,可能会收到不少竞标和询问,如果卖家商品描述不够详尽的话,毫无疑问会收到买家的进一步咨询。在买家的询问中,肯定会有不少有价值的咨询,当然,也会存在某些不看竞标商品的买家咨询。尽管如此,还是建议卖家要回答所有客户的提问,这样才会提高卖家商品快速销售出去的概率。

(2)买家购买高峰期保持在线服务

售前沟通的主要内容包括买家对产品信息、物流信息、退换货政策等方面的询问,建议卖家在买家购买高峰期保持在线服务,以便及时对买家的询盘进行回复。

由于时差关系,买家的购买潜伏期一般是 15:00—22:00,此时买家会浏览相关产品,会询问一些产品的相关信息,买家购买的高峰期是在 24:00—5:00,买家的询盘也会集中在这个时段。相关调查数据表明,当买家询问 30 分钟内回复买家询盘,订单成交率将提升 79%。

(三)遇到误会、争执时,保持良好沟通

交易中买卖双方的顺畅沟通是非常重要的,当卖家遇到买家咨询时,应积极地回应并沟通解决。同时留意是否因为产品描述没有说清楚等原因才造成买家对产品有疑问,并修改编辑产品页面。

如果在与买家的沟通中出现误会或争执,卖家一定要冷静地寻找原因。一般来说,可能是因为产品描述有歧义、多人操作但没有对客户要求及时备案等细节问题造成的。卖家与买家进行耐心的沟通后,大多数情况下,是可以消除误会并增进买家对产品的了解的。

(四)做好买家的物流体验

良好的物流体验包括发货速度、物流运送时间、货物完整与否、送货员的服务态度等重要内容。为买家提供良好的物流体验,卖家可以从以下几个方面入手。

1. 及时发货

买家普遍希望尽快收到购买的物品,因此,当买家付款后卖家最好能在最短的时间内发货。发货后要及时填写物流单号,并第一时间联系买家,向对方告知物流运送情况。

2. 选择合适的物流

不同的国际(地区间)快递,其服务重点会有所区别。同是 UPS,UPS Worldwide Express Saver(UPS 全球速快服务)注重速度,而 UPS Worldwide Expedited(UPS 全球快捷服务)则注重安全。例如,印度人本身对时间的要求不高,所以他们对是否准时送达的要求也比较低,但英国人对准时送达的要求就比较高。所以需要结合买家的需求和买家所处国家或地区的人文习惯,选择适合的物流公司和物流方式,最好是与买家沟通,一起确定物流公司和方式。

3. 做好物流跟踪

做好物流跟踪,并及时与买家联系确认货物的送达情况。

(五)做好买家的商品体验

卖家要为买家提供优质的商品体验,因此要做好以下 4 个方面的工作。

(1)发货前检查货物的质量,尽可能避免残次物品的寄出。

(2)避免出现产品描述与产品实际状况不相符的情况,以免买家因产品图片产生较高期望值。如果买家收到的实际物品与图片展示的物品落差较大,则容易降低买家的购物体验甚至引发纠纷和投诉。

(3)注重物品的包装,专业、整洁并注重细节的包装能提升买家的认可度,向买家树立优质产品的第一印象。

(4)随产品附赠礼品,给买家创造意外的惊喜,会给买家留下较好的购物印象,有利于买家后期回头购买。

(六)售后服务提供及纠纷处理

及时完美地结束一笔交易,后续跟进的优质服务是让买家留下深刻印象及区别其他卖家服务优劣的重要方式。因此,卖家要做好以下 5 点。

(1)承诺的售后服务一定要兑现。

(2)买家收到货物后,可以联系买家做一次确认。

(3)定期客情维护,卖家可在节假日定期为买家送去祝福及问候,这样会让买家心中感到温暖。

（4）如果买家对自己做出好评后，卖家不要忘记向买家表示感谢。

（5）当纠纷出现时，主动及时地沟通并努力消除误会，争取给出令买家满意的结果，并对不良的评价及时做出解释。

第四节　客服常用经典模板

跨境电商中的客服需要一定的外语能力，为给买家提供最优质的服务，在沟通过程中，常用的经典模板是必不可少的。

一、售前服务

（一）当买家光顾店铺，询问产品信息时

与买家初次打招呼要亲切、自然，同时要表现出你的服务热情，尽量在初步沟通中把产品信息介绍清楚。举例如下。

Hello，my dear friend，

Thank you for visiting our store. You can find the products you need in our store. If there are nothing you need，you can tell us，and we can help you to find the source. Please feel free to buy anything！ Thanks again.

Best Wishes！

（your name）

我亲爱的朋友：

您好。感谢您来访我的商店。您可以从我的商店找到所需要的产品。如果没有您需要的，您可以告诉我们，我们可以帮您找。请放心购买任何商品！再次感谢。

诚挚的祝愿！

（你的名字）

（二）鼓励买家提高订单金额和订单数量，提醒买家尽快确认订单时

Dear ×××，

Thank you for your patronage. If you confirm the order as soon as possible，we will send some gifts for you. A good news：Recently，there are a lot of activities in our store. If the value of goods you buy reaches a certain threshold，we will give you a satisfied discount.

Best Wishes！

（your name）

亲爱的×××：

谢谢您的惠顾。如果您尽快确认订单，我们将会赠送一些礼物。好消息：我们店铺最近有很多活动，如果您购买的货物价值达到一定金额，我们会给您一个满意的折扣。

诚挚的祝愿！

（你的名字）

（三）当买家询问商品价格和库存时

Dear ×××，

Thank you for your inquiry. Yes，we have these items in stock. How many do you want? Right now，there are a certain amount of white color T-shirts left. Since they are very popular，the products have a high risk of selling out soon. Please confirm your order as soon as possible. Thank you!

Best Wishes!

（your name）

亲爱的×××：

谢谢您的咨询。您现在浏览的商品有货,您要多少件? 现在我们只有一定数量的白色T恤了,因为这款产品非常畅销,很有可能随时售罄,请您尽快下单,谢谢!

诚挚的问候!

（你的名字）

（四）当商品断货时

Dear ×××，

We are sorry to inform you that this item is out of stock at the moment. We will contact the factory to see when they will be available again. Also，we would like to recommend you some other items which are of the same style. We hope you like them as well. You can click the following link to check them out.

http：//www. xxxx. xxxxxx.

Please let me know if you have any further questions. Thanks.

Best Regards!

（your name）

亲爱的×××：

非常抱歉这个产品目前缺货了,我们将联系工厂进行生产。同时,我们想向您推荐一些相同款式的其他产品,希望您能喜欢。您可以单击以下链接查看。

http：//www. xxxx. xxxxxx。

有任何问题请及时联系我,谢谢。

诚挚的问候!

（你的名字）

（五）因为周末导致回复不够及时

及时地回复买家的咨询,能及时地与买家建立好联系,以此提高产品的销售概率。如果有特殊情况不能及时回复买家时,一定要做好沟通。

Dear ×××，

I am sorry for the delayed response due to the weekend. Yes，we have this item in stock. And to show our apology for the delayed response，we will offer you 10% off.

Please place your order before Friday to enjoy this discount. Thank you!

Please let me know if you have any further questions. Thanks.

Best Regards!

(your name)

亲爱的×××：

我很抱歉由于周末的原因没能及时给您回复，您所询问的这款产品是有库存的。为了表示我们的歉意，我们可以给您10％的折扣。在星期五之前下单即可享受这个折扣，谢谢！

如果有其他的问题请联系我们，谢谢。

诚挚的问候！

(你的名字)

二、售中服务

（一）交易进行中，通知买家去查看物流情况时

Dear ×××，

The goods you need had been sent to you. It's on the way now. Please pay attention to the delivery and sign as soon as possible. If you have any questions, please feel free to contact me. Thanks!

Best Wishes!

(your name)

亲爱的×××：

您所购买的商品已经发货了，现在已经在路上了。请注意尽快收货并签收。如果您有任何问题，请随时联系我们。

诚挚的问候！

(你的名字)

（二）当完成交易表示感谢，并希望他下次能够再次回头购买时

Dear ×××，

Thank you for your purchase. I have prepared some gifts along with the goods. Sincerely hope you like it. I'll give you a discount, if you like to purchase another product next time.

Best Wishes!

(your name)

亲爱的×××：

谢谢您的购买，我们为您准备了一些礼物，真诚希望您能喜欢。如果您下次想购买其他产品，我们会给您一定的折扣。

诚挚的问候！

(你的名字)

（三）推广新产品

采购季节期间卖家可以根据经验向买家推荐自家的热销产品，卖家可以这样写推广邮件。

Hi, my friend,

Right now Christmas is coming, and Christmas gifts have a large potential market. Many buyers bought them for resale in their own store, because they are high profit margin products. Here is our Christmas gifts link, please click to check them. If you want to buy more than 10 pieces, we can also help you get a wholesale price. Thanks.

Best Regards!

(your name)

我的朋友：

您好！

在圣诞节来临之际，圣诞礼品将拥有巨大的潜在市场。很多买家从我们这里进货到他们自己的商店里出售，这款产品的利润不错。以下是我们圣诞产品的链接，请单击了解。买10件以上，我们将给您批发价格。

诚挚的问候！

(你的名字)

（四）大量订购询问价格

卖家若是赶上采购季节一定要抓住机会，当遇到订单量大的买家询盘时，对他们的回复一定要详尽，内容包括样品的价格、样式、采购量和相应的价格，这个报价建议是包括运费的，而且价格要相对有优势，给买家感觉是享受了优惠的。

Hi, friends,

Thank you for your inquiry, we hope to complete the order with you very much. Here is the products link you need. If you buy 100 pieces, we can give you a wholesale price, $25/piece. If you have any idea, please let us know, and we will try our best to help you.

Looking forward to your reply.

Best Regards!

(your name)

朋友：

您好！

谢谢您的询盘，我们非常希望能够与您能完成此笔订单，下面是您所需要产品的链接。如果您一次购买100件，我们可以给您一个批发价格，每件25元。如果您有任何的问题，请和我们沟通，我们会竭尽所能来帮助您。

期待您的答复。

诚挚的问候！

(你的名字)

（五）关于支付（选择 Escrow，提醒折扣快结束了）

Hello，×××，

Thank you for the message. Please note that there are only 3 days left to get 10% off by making payments with Escrow(credit card，moneybookers or Western Union). Please make the payment as soon as possible. I will also send you an additional gift to show our appreciation.

Please let me know if there are any further questions. Thanks.

Best Regards!

（your name）

×××：

您好。

谢谢您的留言。请注意，用国际支付宝支付方式（支持信用卡、moneybookers 或西联汇款）付款可享受 10% 的折扣活动，现在只剩下 3 天了，请尽快付款。我也会增送您一份额外的礼物，以表达对您的谢意。

如有任何其他的问题请告知我们。谢谢。

诚挚的问候！

（你的名字）

（六）合并支付及修改价格的操作

Dear ×××，

"Add to cart"，then "buy now"，and check your address and order details carefully before clicking "submit". After that，please inform me，and I will cut down the price to US$ ××. You can refresh the page to continue your payment. Thank you.

If you have any further questions，please feel free to contact me.

Best Regards!

（your name）

亲爱的×××：

请先单击"加入购物车"按钮，然后单击"现在购买"按钮，请先仔细检查您的地址和订单细节，再单击"提交"按钮。之后，请通知我，我将降低价格××美元，然后您再刷新页面即可进行付款操作。谢谢。

如果您有其他问题，请随时联系我。

诚挚的问候！

（你的名字）

（七）提醒买家尽快付款模板

Dear ×××，

We appreciate your purchase from us. However，we noticed that you haven't made the payment yet. This is a friendly reminder to you to complete the payment transaction as soon as possible. Instant payments are very important, the earlier you pay, the sooner you will get the item.

If you have any problem in making the payment, or if you don't want to go through with the order, please let us know. We can help you to resolve the payment problem or cancel the order.

Thanks again! Looking forward to hearing from you soon.

Best Regards!

(your name)

亲爱的×××：

我们非常感谢您从我们这里购买产品。然而,我们注意到您还没有付款,友好地提醒您尽快完成付款操作。及时支付是非常重要的,您付款后我们会马上给您安排发货,您将更快收到产品。

如果您在付款时遇到问题,或者您想取消订单,可以联系我们,我们可以帮您解决付款问题或取消订单。

再次感谢! 期待尽快收到您的回复。

诚挚的问候!

(你的名字)

（八）如果买家希望提供样品，而贵公司不支持提供样品时

Dear ×××,

Thank you for your inquiry. I am happy to contact you.

Regarding your request, I am very sorry to inform you that we are not able to offer free samples. To check out our products, we suggest you ordering just one unit of the product (the price may be a little higher than ordering by lot). Otherwise, you can order the full quantity.

We can assure the quality because every piece of our product is carefully examined by our working staff. We believe trustworthiness is the key to a successful business.

If you have any further questions, please feel free to contact me.

Best Regards!

(your name)

亲爱的×××：

谢谢您的询问,我很高兴与您联系。

关于您的要求,我很抱歉通知您,我们无法提供免费样品。为了检验我们的产品,我们建议只订购一件产品的一个单位(价格可能比批量订购稍高),或者,您可以订购全部数量。

我们可以保证产品的质量,因为我们的每一件产品都是经过我们的工作人员仔细检查过的。我们相信诚信是成功经营的关键。

如果您有任何进一步的问题,请随时联系我。

诚挚的问候!

(你的名字)

三、售后服务

（一）海关问题

某些国家（地区）海关的严格检查容易造成货物延误，遇到此种情况建议卖家及时通知买家，及时地沟通让买家感觉你是一直在跟踪货物的状态，并是一位负责的卖家，以免让买家认为你对其货物置之不理从而造成误会。

Dear friends,

We received the notice from logistics company that now your customs is conducting strict inspections on a regular basis for a large amount of parcels. In order to make the goods safely delivered to you, we suggest to delay the shipment for a few days. We wish you to give us a consent. Please let us know as soon as possible, Thanks.

Best Regards!

（your name）

亲爱的朋友：

我们接到物流公司的通知，现在贵国的海关对大量邮包进行定期的严格检查，为了使货物安全地送达到贵处，我们建议延迟几天发货，希望征得您的同意。希望尽快得到您的回复，谢谢。

诚挚的问候！

（你的名字）

（二）退换货问题

商品的交易过程中很容易发生退换货情况，卖家应及时解决退换货的问题，给买家一个满意答复。

Dear friend,

I'm sorry for the inconvenience. If you are not satisfied with the products, you can return the goods back to us.

When we receive the goods, we will give you a replacement or give you a full refund. We hope to do business with you for a long time. We will give you a big discount in your next order.

Best Regards!

（your name）

亲爱的朋友：

很抱歉给您带来了不便。如果您不满意我们的产品，您可将货物退还给我们。

当我们收到货物时，我们将给您更换货物或者全额退款。我们希望能和你们建立长期的贸易关系。当您下次购买时，我们将给您最大的折扣。

诚挚的问候！

（你的名字）

（三）订单超重导致无法使用小包免邮的回复

Dear ×××,

Unfortunately, free shipping for this item is unavailable. I am sorry for the confusion. Free shipping is only for packages weighing less than 2kg, which can be shipped via China Post Air Mail. However, the item you would like to purchase weighs more than 2kg. You can either choose another express carrier, such as UPS or DHL (which will include shipping fees, but much faster), or you can place the orders separately, making sure each order weighs less than 2kg, to take advantage of free shipping. If you have any further questions, please feel free to contact me.

Best Regards!

(your name)

亲爱的×××：

非常遗憾，您的这笔订单是不可以免费送货的，我很抱歉搞混乱了。只有重量小于2千克的包裹才可以包邮，通过中国邮政航空邮件运送。然而，您购买的这笔订单的重量超过2千克，您可以选择另一家物流公司，如UPS或DHL（其中包括运输费，但这速度更快）。您也可以把订单分开，确保每个订单的重量小于2千克，即可享受包邮。

如果您有任何进一步的问题，请随时联系我。

诚挚的问候！

（你的名字）

（四）因为物流风险，卖家无法向买家国家（地区）发货时给出的回复

Dear ×××,

Thank you for your inquiry. I am sorry to inform you that our store is not able to provide shipping service to your country. However, if you plan to ship your orders to other countries, please let me know. I hope we can accommodate future orders.

I appreciate for your understanding!

Sincerely,

(your name)

亲爱的×××：

谢谢您的询问。

我很抱歉地通知您，我们的店铺不能够为您的国家提供运输服务。但是，如果您计划将您的订单发送给其他国家，可以联系我们，希望我们能再次为您服务。

我真诚地感谢您的理解！

诚挚的问候，

（你的名字）

（五）在产品发货后，告知买家相关货运信息

Hello, Sir/Madam,

It's a pleasure to tell you that the postman just picked up you item from our warehouse. It's by EMS，5～7 working days to arrive.

Tracking number is：×××.

Tracking web is：×××.

You can check its updated shipment on the web，which will be shown in 1～2 business days.

Our after-sale service will also keep tracking it and send message to you when there is any delay in shipping.

We warmly welcome your feedback.

Best Regards！

(your name)

先生/女士：

您好！

非常高兴地告知您，邮递员刚刚取走了您所购买的产品。您的产品将通过 EMS 的方式在 5～7 个工作日后到达您那里。

物流单号为：×××。

物流查询网址为：×××。

物流信息更新到网页上需要 1～2 个工作日，我们会实时查看物流信息，如果物流出现耽搁，我们会及时地告知您。

期待您的反馈！

诚挚的问候！

(你的名字)

（六）官网查询买家已签收包裹，提醒买家确认收货并给予好评

Dear Customer，

The delivery tracking information shows that your order（order No.：×××）has arrived to your shipping address. Please make sure your items have been received in good condition and then confirm satisfactory delivery.

If you are satisfied with your purchase and our service，we will greatly appreciate if you give us a positive rating and share positive feedback on your experience with us to help inform others.

If you have any questions or problems，please contact us directly for assistance and we will be glad to assist you.

Best Regards！

(seller's ID)

尊敬的顾客：

物流官网上的消息显示，您的订单（订单号：×××）已经邮寄到了您的目的地，请在确认货物完好后再进行确认收货。

如果您对我们的货物和服务满意的话，请给予好评，我们将非常感激您的评价，而且您

的评价会给其他买家提供参考。

如果您有任何问题,请直接联系我们,我们很开心能帮您解决相关问题。

诚挚地祝福!

(卖家 ID 号)

(七)物流遇到问题

Dear ×××,

Thank you for your inquiry. I am happy to contact you.

We would like to confirm that we sent the package on 26 Oct., 2021. However, we were informed that the package did not arrive due to shipping problems with the delivery company. We have resent your order by EMS; the new tracking number is:×××. It usually takes 7 days to arrive to your destination. We are very sorry for the inconvenience. Thank you for your patience.

If you have any further questions, please feel free to contact me.

Best Regards!

(your name)

针对速
卖通巴西客
户客服需要掌
握的技能

亲爱的×××:

谢谢您的询问。我很高兴与您联系。

我们想明确一下我们在 2021 年 10 月 26 日寄送的包裹。由于运输问题我们被告知包裹并没有到达。我们已通过 EMS 重新发送您的包裹,新的运单号码是:×××。到达您的目的地大概需要 7 天的时间。我们很抱歉给您带来不便,谢谢您的耐心。

如果您有任何进一步的问题,请随时联系我。

诚挚的问候!

(你的名字)

【课后思考】

1.假设你在速卖通上经营一家主营家用电器的网店,通过分析销售数据,发现店铺的印度客户和俄罗斯客户数量较多,你将如何分别针对这两国客户进行客服沟通和店铺营销?

2.假设你是一名跨境电商客服人员,在物流网站显示货物已被签收的情况下,顾客跟你反映说没有收到货,此时,你该如何处理?

第七章课后练习

第八章

跨境电商物流与海关

【学习目标】

理解跨境物流概念,可以归纳跨境物流涉及的企业类型,可以说出不同的跨境物流模式、不同跨境邮政包裹特征及不同国际(地区间)快递特征,可以辨析不同跨境物流模式异同,可以区别海外仓与边境仓,画出跨境物流运作流程及跨境电商海关流程。

【章节纲要】

本章主要分四节来阐述与探讨跨境物流与关境问题。第一节主要是跨境物流概述,第二节主要介绍传统跨境物流模式与分类,第三节主要介绍新型跨境物流模式,第四节主要介绍海关通关问题。

第一节　跨境物流概述

物流始终是电子商务中非常重要的部分。随着跨境电商的迅猛发展,跨境物流也随着一起急速发展。跨境物流多方面影响着电商卖家。卖家对物流的表现越来越关切,等待时间、清关成本影响着卖家的利润,在电子商务的频繁促销和激烈的价格竞争下,控制物流成本成为多数卖家保利生存常使用的手段之一,而在选择低价物流的同时,也要根据货物特点、买家要求等选择合适的物流方式。

一般而言,选择跨境电商物流要考虑4个方面的制约因素:一是价格,用于控制卖家成本并保证收益;二是时效,目前来看,欧美的物流市场已经比较成熟,购物旺季仍然需要避免爆仓及物流瘫痪,而对于跨境电商并不发达的新兴地区,如俄罗斯、巴西、印度等,还主要依赖邮政的普通服务;三是质量,保证运送货物完好无损、平稳地送至买方手中,已有很多卖家尝过了低价换低质的亏,因此领悟到选择合适的高质量物流才是最佳选择;四是服务,物流公司是否能提供全面综合、安全可靠的服务也是卖家考虑是否选择该物流渠道的重要因素。在本章中,我们将介绍国际(地区间)邮政包裹、国际(地区间)快递、跨境专线及海外仓储4种主要的跨境物流类型。

一、跨境物流的概念

跨境物流是指在两个或两个以上国家(地区)之间进行的物流服务。跨境物流是物流服务发展到高级阶段的一种表现形式。由于跨境电商的交易双方分属不同国家(地区),商品需要从供应方国家(地区)通过跨境物流方式实现空间位置转移,在需求方所在国家(地区)内实现最后的物流与配送。根据商品的空间位移轨迹,跨境物流分为境内物流、国际(地区间)物流与运输、目的国(地区)物流与配送 3 个方面。与境内物流相比,跨境物流涉及输出国(地区)关境和输入国(地区)关境,需要进行清关与商检,工作内容较为复杂,且很少有企业依靠自身能力单独办理并完成这部分业务。

二、跨境物流企业类型

跨境电商的发展推动着跨境物流的发展。通过梳理跨境物流经营企业类型,发现跨境物流企业包括以下几种:①交通运输业、邮政业发展起来的跨境物流企业,如 UPS、FedEx 等;②传统零售业发展起来的跨境物流企业,如美国的沃尔玛、法国的 Cdiscount 等;③大型制造企业或零售企业组建的跨境物流企业,如海尔物流、苏宁物流等;④电商企业自建物流体系,如京东物流、兰亭集势的兰亭智通等;⑤传统快递企业发展跨境物流业务,如顺丰、申通等;⑥新兴的跨境物流企业,如递四方、出口易等。

三、中国跨境物流发展现状

与境内物流相比,跨境物流除具备其共性外,还伴随国际(地区)性等特点,涉及范围更广、影响更深远。跨境物流不仅与多个国家(地区)的社会经济活动联系,更受多个国家(地区)间多方面、多因素的影响。物流硬件环境与软件环境存在国家(地区)间差异,不同国家(地区)标准也不同,境内物流、国际(地区间)物流与目的国(地区)物流在衔接上会存在障碍,导致顺畅的跨境物流系统难以构建。物流环境的差异,导致物流公司在运输与配送过程中,需要面对不同的法律、文化、习俗、观念、语言、技术、设施等,增大了跨境物流的运作难度和系统的复杂性。此外,如关税或非关税壁垒、物流成本、空间距离等,都会直接或间接影响或制约跨境物流。目前,我国跨境物流还停留在传统的商品运输、配送、货代等层面,物流高端服务与增值服务缺失,无法提供物流系统集成、供应链优化解决方案、大数据物流、云计算信息平台、跨境物流金融等,境外即时送能力也不足。此外,境内物流、国际(地区间)物流与目的国(地区)物流在衔接、可视化、信息透明度等方面表现较差,影响并降低了顾客对跨境物流的满意度。

第二节　传统跨境物流模式与分类

随着海淘或代购模式逐渐向跨境电商模式转变,跨境物流模式也逐渐趋于正规化、合法化、多样化。在跨境电商的发展过程中,国际(地区间)邮政包裹(尤其是国际或地区间邮政小包)与国际(地区间)快递扮演着极其重要的角色,在众多跨境物流模式中这两种的使用比重最大。在跨境电商发展的推动下,市场需求刺激了多种物流模式的出现,跨境物流模式也不再拘泥于国际(地区间)邮政包裹与国际(地区间)快递。以境外仓为首的新型跨境物流模式逐渐受到关注,并开始应用于跨境电商市场。根据跨境物流模式的出现时间及发展过程,我们将国际(地区间)邮政包裹与国际(地区间)快递视为传统跨境物流模式,将境外仓等近两年涌现的跨境物流模式视作新型跨境物流模式。学术界对跨境物流模式的研究较少,现有的成果也多集中在传统跨境物流模式上。虽有个别学者也提出了境外仓、第四方物流等新型跨境物流模式,但是这些模式出现较晚,尚缺乏系统的针对性研究。

一、国际（地区间）邮政包裹

（一）邮政包裹概述

1.邮政包裹现状

国际（地区间）邮政包裹是指通过万国邮政联盟（Universal Postal Union，UPU）体系实现货物的进出口运输，常采用个人邮包形式进行发货，实现跨境物流的载体。简单来说，即发件人将货物交给某地的邮局，从邮局出发将该货物通过国际（地区间）邮政体系送到收件人手中。作为邮政体系节点——邮局分布广泛，邮政枢纽交通体系全面覆盖，有自办的邮路，同时综合利用水、路、空等交通枢纽运送邮件，因此能够较全面地满足用户寄物品特别是小件零星物品的需求。万国邮政联盟简称万国邮联或邮联。它是商定国际（地区间）邮政事务的国际组织，宗旨是组织和改善国际（地区间）邮政业务，发展邮政方面的国际（地区间）合作，以及在力所能及的范围内给予会员所要求的邮政技术援助。万国邮联规定了国际（地区间）邮件转运自由的原则。统一了国际（地区间）邮件处理手续和资费标准，简化了国际（地区间）邮政账务结算办法，确立了各国（地区）邮政部门争讼的仲裁程序。正是由于这个组织的存在，我们可以通过万国邮政系统将一个包裹或信件从中国寄送到其他国家及地区。

目前邮政网络体系已覆盖了全球200多个国家和地区，比其他任何物流网络体系覆盖都更广泛，而只要有设置邮局的国家和地区，都可以实现邮件的发货与接收。因此，邮政物流渠道也是目前大多数跨境电商卖家最频繁使用的发货方式。各个国家和地区经营邮政包裹业务的策略不同，有的采取与运输部门竞争的原则，有的采取适当分工、相互配合的原则。我国采取的原则是：在不影响完成货物互通这一主要任务的前提下，利用邮政点多且互通、线长、面广的特点，以传递小件零星包裹为主，并适当收寄一部分商品包裹。

在跨境电商市场中，国际（地区间）邮政包裹又以国际（地区间）邮政小包居多。国际（地区间）邮政小包在目前跨境电商中使用最多，也是海淘与境外代购最常用的跨境物流模式。以中国为例，据不完全统计，目前跨境电商中有超过60％的商品是通过国际（地区间）邮政小包运输的。随着邮政快递遍布全球，联合国还专门设立了万国邮政联盟，专门处理国际邮政事务，推动邮政行业的国际合作，在万国邮政联盟中，跨境电商使用较多的有中国邮政、新加坡邮政、英皇邮政、比利时邮政、俄罗斯邮政、德国邮政、瑞士邮政等。万国邮政联盟设立了公约，主要内容包括以下几方面。

（1）国际（地区间）邮政业务的共同规则。

（2）函件业务的规定（邮资、重量、尺寸限制、禁寄物品、海关监管等）。

（3）函件的航空运输规则（不收燃油附加费、航空函件优先处理、改寄和退件原则等）。

（4）公约的生效日期和有效期限。

就境内跨境物流来说，采用邮政作为跨境电商收寄货物的居多。中国邮政利用自己的网络优势积极拓展跨境业务，成为中国跨境电商的重要物流支撑，目前还开发了国际e邮宝、e特快、e包裹、e速宝、中邮海外仓、中邮海外购等境外物流服务。

根据邮政的主要服务对象，国际（地区间）邮政包裹适合轻小型商品，对于货物体积、重

国际（地区间）邮政包裹

量、形状等方面限制性较高。国际(地区间)邮政小包的优势较明显,如价格实惠,物流网络全球覆盖面大,个人操作简单,通关方便等。

但是邮寄包裹的劣势也较为显著,主要有递送时间久、包裹丢失率高、非挂号件进度信息难以掌握,在物流服务水平上与国际快递四大巨头 FedEX、UPS、DHL 和 TNT 还存在差距。同时,在一些国家(地区)通关政策变化的影响下,国际(地区间)邮政小包的优势也受到挑战。

2. 邮政包裹限制

邮政快递对于货物包裹有一定的限制,如各类邮政包裹都不能装寄邮政禁寄物品,也不能超过规定范围和邮寄国家法令规定限制流通或寄递的物品;每件包裹的重量和尺寸不能超过规定的限度等。邮政包裹单件重量和尺寸根据邮政所采用的设备、运输工具、邮递方法等因素限定。境内包裹的单件重量限度是:装寄一般物品的限定为 15 千克,装寄易碎或流质物品不可超过 10 千克,快递小包最高重量为 500 克,整件不能拆开的包裹不可超过 1 千克。同时还以能够装入邮袋发运和便于处理、防止遗落为原则,分别规定了每件包裹的最大尺寸和最小尺寸限度。国际(地区间)包裹的重量、尺寸限度,万国邮政联盟的《邮政包裹协定》有统一的规定。一般规定每件包裹重量不超过 20 千克,每件包裹的任何一边长度不超过 150 厘米,其横周长不超过 300 厘米。

3. 邮寄包裹补偿规定

在邮寄过程中,包裹遗失或损坏在很多时候是不可避免的。对于包裹的补偿,邮政快递提出了补偿规定:凡查明责任属于承邮一方的,对普通包裹按重量补偿,但不超过规定的补偿金额最高限度;对保价包裹依据保价金额分别给予补偿。美国、加拿大等国对邮寄允许包裹作为平常邮件交寄,邮局收寄时不提供收据,处理时未登记,投递时无收件人签收,对这种包裹则不负补偿责任。中国对境内普通包裹长期采用按重量补偿的办法,但由于包裹的价值同重量并无一定的相关关系,因此普通包裹补偿问题往往难以圆满解决。为此,自 1980 年 9 月起改为按件补偿的办法。根据调查统计,普通包裹每件价值一般不高于 30 元,所以规定每件最高补偿额为 30 元。凡价值超过 30 元的包裹,个人邮寄的必须按保价包裹交寄。国际(地区间)包裹的补偿办法,则按万国邮政联盟的《邮政包裹协定》或按中国与相关国(地区)间的特别协议处理。国际(地区间)普通包裹的补偿,现在仍然采用按重量补偿并规定最高补偿额的办法。

(二)中国邮政挂号小包(China post registered air mail)

中国邮政挂号小包,简称中邮小包,是针对重量在 2 千克以下小件物品推出的空邮产品,支持发往全球绝大多数地区,基本上只要有邮局的国家都可以通邮。货物寄送限制:①违禁品不能发运,②液体、带电产品不能发运。全程可跟踪查询,运费按克计费。正常情况下 16～35 个工作日货物可到达目的地,特殊情况的时效为 35～60 个工作日到达目的地,特殊情况与"中邮平常小包＋"的时效特殊情况一致。

据不完全统计,我国跨境电商 70% 的包裹都通过邮政系统投递,其中中国邮政占据 50% 左右的份额,中国香港邮政、新加坡邮政等邮政小包也是中国跨境电商卖家常用的物流方式。

1. 优劣势

（1）优势：线路覆盖广、最具价格优势，清关有优势

中邮小包是我国市面上最有价格优势（具体资费标准请以官网最新价格公告为准）的小包产品之一，运用广泛。比如，发 1 千克的邮政小包，到南美洲、非洲约 120 元，到邻国（地区）80～90 元，到其他国家（地区）均价 100 元左右，在这个基础上加上 8 元挂号费，乘以各地货代折扣，才是最终发货成本。相较之下，其他小包即使基础收费持平也鲜有折扣，甚至可能高一个档次收费，成本优势都不如中邮小包。

（2）劣势：时效不太稳定，状况多

总体来说，中邮小包时效尚可，部分地区甚至谈得上很快。不过，无论是价格还是总时效，都比较不稳定，状况会多一些。速度最快的 1～2 个工作日，慢的则好几日。目前北京、上海、广州、深圳、天津是中国邮政挂号小包发货较快的城市，其他城市发货速度略慢，但折扣比较高。

2. 派送范围

全球 88 个国家及地区。

3. 时效

正常情况：16～35 天到达目的地。

特殊情况：35～60 天到达目的地。特殊情况包括：节假日、政策调整、偏远地区等，例如巴西等南美洲国家，预计时效可能超过 60 天。

4. 物流信息查询

物流详情可追踪节点：提供境内段收寄、封发、交航及目的国（地区）妥投等信息。

5. 计费

按不同区域首重和续重 100 克计费，然后再乘以相应折扣收费，挂号费外加 8 元/件，针对跨境电商主流市场，在小包中具有很大的价格优势。

（三）中邮平常小包＋（China post ordinary small packet plus）

1. 概述

中国邮政平常小包简称平邮，是中国邮政推出的经济小包基本形式。线上发货中国邮政平常小包＋是中国邮政针对订单金额 5 美元以下、重量 2 千克以下小件物品推出的空邮产品，运送范围通达全球 205 个国家和地区，无须挂号费即可追踪货物信息。该物流服务适合货值低、重量轻的货品，但需注意的是，平邮和中邮平常小包＋是需要区分的，很多时候，用户容易把这两种物流业务混淆。平邮不提供任何追踪信息，中邮平常小包＋作为平邮的进阶版本，可提供境内段信息追踪，而一旦境内物流服务商将货物交送给机场，则之后追踪信息将不再提供。在境内跨境物流市场上，很多货代（即货运代理，指在流通领域专门为货物运输需求和运力供给者提供各种运输服务业务的组织或个人的总称）提供的中邮平常小包＋服务都是不真实的，实为平邮。中国邮政当下只为可直飞的国家（地区）提供中邮平常小包＋服务。除此之外，跨境电商的服务人员还需要时常关注跨境物流市场的最新动态，以便及时对国际（地区间）相关政策的调整、市场的变化做出快速反应，避免损失。

比如,俄罗斯邮政曾因为邮政业务量暴增与网购逃税的问题限制接收未挂号的包裹,不少包裹面临丢失及拒收风险。中邮平常小包+具有以下货物寄送限制:①违禁品不能发运,②液体、带电产品不能发运。运费按克计费,可查询境内段追踪信息,不提供境外段跟踪信息。正常情况的时效为16~35个工作日货物可到达目的地,特殊情况的时效为35~60个工作日到达目的地。特殊情况包括节假日、政策调整、偏远地区等。

2.优劣势

(1)优势:价格便宜

平邮不需要挂号费,适合货值低、重量轻的物品,例如饰品、手机壳等品类。对于克重低的商品,如重量只有几克的,正常运费仅需几元,甚至更少。如果这类产品选择挂号小包,那就要增加至少8元的挂号费,将使得产品价格失去竞争力。

(2)劣势:安全性差,稳定性差

由于平邮无法追踪信息,买卖双方都无法知晓包裹在运输后半程的信息,丢件率也明显高于挂号小包。各跨境平台由于平邮小包提起的纠纷也明显高于其他小包。倘若包裹丢失,卖家一般要承担所有损失,包括产品、运输费用及退款。正因为如此,跨境电商平台不推荐卖家使用平邮,以免影响买家购买体验。

例如,速卖通平台只允许卖家选择线上发平邮,不允许卖家线下发货使用平邮,一旦产生纠纷,平台会要求卖家全额退款。即使线上可发平邮,也有限制条件。以下是速卖通规定的几个国家线上发平邮的条件。

①俄罗斯:实际支付金额≥2美元的订单不可使用平邮,现已停发。

②美国:实际支付金额≥5美元的订单不可使用平邮。

③乌克兰、白俄罗斯:所有订单不可使用经济类物流服务发货。

(四)中国邮政航空大包(China post air parcel)

1.中国邮政航空大包运输方式

通常而言,中国邮政大包(简称中邮大包)是指中国邮政航空大包,时效在各航空大包类型中时效最高,水运费用最低,但使用者却是最少的。中国邮政航空大包,是针对2千克以上,30千克以下(部分国家或地区限重20千克)大件物品推出的服务。货物寄送限制:①违禁品不能发运,②液体、带电产品不能发运。支持发往全球,全程可跟踪查询。运费按千克计费。中邮大包根据运输方式分为3种。中邮航空大包(air)、中邮空运水陆路运大包(sal)、中邮水陆路大包(surface)。

中邮大包的时效可以参考中邮小包。正常情况下中邮航空大包的时效通常为10~15个工作日,中邮空运水陆路运大包与中邮水陆路大包的时效通常为60~90个工作日。特殊情况下,中邮航空大包的时效通常为35~60个工作日,在一般情况下,不建议为了控制成本使用中邮空运水陆路运大包与中邮水陆路大包,因为其时效极为不稳定,容易对跨境电商买方消费体验造成不良影响。特殊情况包括节假日、政策调整、偏远地区等。中邮大包服务是中国邮政区别于中邮小包的业务,是中国邮政国际(地区间)普通邮政包裹3种服务方式中的航空运输服务方式,可寄达全球200多个国家和地区。对时效性要求不高而重量稍重的货物,可选择使用此方式发货。通常分为普通空邮(normal air mail,非挂号)和挂号空邮

(registered air mail)两种。前者费率较低,邮政不提供跟踪查询服务;后者费率稍高,可提供网上跟踪查询服务。

2.优劣势

(1)优势

价格比 EMS 稍低,且和 EMS 一样不计算体积重量;以首重 1 千克、续重 1 千克的计费方式结算,没有偏远附加费和燃油费;成本低。相对于其他运输方式(如 UPS、DHL、FedEx、TNT、EMS 等)来说,中邮大包服务有绝对的价格优势。采用此种发货方式可最大限度地降低成本,提升价格竞争力。

(2)劣势:时效性不高,退件有费用

由于中邮大包在运输和处理上难于小包,所以妥投速度相对较慢。中邮大包和中国香港包裹境外退件是有费用的。根据用户选择的退回方式收取对应的运费,邮局都会有对应的收费凭据给予发件人(包裹运单上可以选择经什么渠道退回)。

3.重量尺寸限制

重量限制:0.1 千克≤重量≤30 千克(部分国家或地区不超过 20 千克,每票快件不能超过 1 件)。

体积限制:寄往各国(地区)包裹的最大尺寸限度分为两种,一种为单边≤150 厘米,长度＋长度以外的最大横周≤300 厘米;另外一种为单边≤105 厘米,长度＋长度以外的最大横周≤200 厘米。

横周的计算公式:横周＝2×高＋2×宽＋长。

中邮大包最小尺寸限制:最小边长≥24 厘米,宽≥16 厘米。

(五)e 邮宝(ePacket)

1.概述

e 邮宝是中国邮政速递物流为适应跨境电商轻小件物品寄递需要推出的经济型国际速递业务,利用邮政渠道清关,进入合作邮政轻小件网络进行投递。e 邮宝最初是专为中国 eBay 寄件人提供发送邮件到美国的创新型物流服务,是中美通道的不二之选,后来随着跨境电商的发展拓展至 20 多个国家。其具有非常明显的优点,如覆盖范围最广、计费简单、清关能力强,能最大限度地避免关税。货物发送后,在境内先由 EMS 网络运输,到境外后,由境外邮政类的函件网投递邮件,其通关采用 UPU 电子报关体系,清关速度快,全程可追踪,时效和价格非常理想。从时效及价格上考虑,在中美的物流订单中,多数发件人会首选 e 邮宝。同时,其运送质量较高,就订单纠纷率而言,e 邮宝的纠纷率较低。

2.优劣势

(1)优势:性价比高,时效快

虽然 e 邮宝价格略高于中邮小包,但其时效性强,以致其性价比高。例如,同样一个普货小包裹经由中邮小包寄往美国,正常时效在 15~30 日,而 e 邮宝时效是 7~10 个工作日。另外寄往美国的 e 邮宝可追踪物流信息,而小包不可。将货发往美国的卖家更多选择 e 邮宝。

(2)劣势:服务范围小

e邮宝目前仅开通了面向38个国家或地区的服务,所以相对小包少了很多。

3.时效

参考时效:主要路向7～10个工作日;墨西哥20个工作日;沙特、乌克兰、俄罗斯7～15个工作日。

4.重量尺寸限制

限重:2千克。

单件最大尺寸:长、宽、高合计不超过90厘米,最长一边不超过60厘米;圆卷邮件直径的两倍和长度合计不超过104厘米,长度不得超过90厘米。单件最小尺寸:长度不小于14厘米,宽度不小于11厘米;圆卷邮件直径的两倍和长度合计不小于17厘米,长度不小于11厘米。

5.查询

提供收寄、出口封发、进口接收实时跟踪查询信息,不提供签收信息,只提供投递确认信息。客户可以通过EMS官网、寄达国邮政网站或拨打客服专线等方式查看邮件跟踪信息。

6.赔偿及退回

暂不提供邮件的丢失、延误、损毁补偿、查验等附加服务。对于无法投递或收件人拒收的邮件,提供集中退回服务(德国e邮宝暂不提供集中退回的服务)。

(六)中国香港邮政小包

中国香港邮政小包又称中国香港小包,是指通过中国香港邮政发送到境外客户手中的小包,最早被用于跨境电商领域。

1.优劣势

(1)优势:综合质量较高、各个指标较稳

普货配送方面,是小包中时效、价格、清关方面较为稳定的产品。包裹直接送往中国香港邮政机场空邮中心,而无须经过多个环节的中转,节约了派送时间,同时也降低了丢包率。中国香港邮政小包的离岸处理时间只需要1～3天,远远优于中国邮政挂号小包的2～7天。它对跨境电商主要市场发货都适用,客户体验更有保障,物流引发的售后问题相对较少。就综合质量而言,它是小包中的又一理想选择。

(2)劣势:价格相对略高,退件需费用

中国香港小包价格总体上相对中国邮政挂号小包略高,不仅单价总体略贵,挂号费也略高,一般都是13港元/票。另外,包裹退回后直接退往香港,然后再从香港到内地。香港的小包退件收费是发多少运费,退回来就收多少运费,退回内地还有进口费用。客户在填单的时候应填写是否要退回;没有填写的,邮局默认弃件。

2.时效

中国香港是全世界物流最发达的地区之一。中国香港邮政的航空小包,几乎能做到当天投递,当天上飞机开始运送,大部分国家和地区只需要5～12天可妥投,有时候3天即可到达英国、爱尔兰、美国、加拿大等地。具体投递时间大致如下(括号内的数字仅供参考):亚洲地区一般为 3～7 个工作日(韩国签收 6 天);美国、加拿大、澳大利亚一般为 5～12 个工作日(美国签收 10 天);西欧地区一般为 7～21 个工作日(其中,英国、爱尔兰为 3～10 个工作日)。

值得注意的是,中国香港小包发货,需要转运到香港,和内地的邮政发货不一样,上网时效是 2～4 个工作日,稍慢。当然这不影响总体时效,也不排除个别货运代理能做到承诺的次日到达。

3.分类

中国香港邮局称邮政小包平邮为大量投寄空邮(bulk air mail service),称香港邮政挂号小包为易网邮服务(imail service)。前者费率较低,邮政不提供跟踪查询服务,后者费率稍高,可提供网上跟踪查询服务。一般 eBay 卖家所销售的电子产品、饰品、配件、服装、工艺品都采用后者来发货。

二、国际(地区间)快递

国际(地区间)快递也就是我们通常所说的国际(地区间)商业快递,在跨境物流市场上,最知名的商业快递四大巨头分别是美国联合包裹运送服务公司(UPS)、德国敦豪快递服务公司(DHL)、美国联邦快递集团(FedEX)和荷兰天地公司(TNT)。境内较知名的跨境物流服务商有 EMS 和顺丰速运等。

国际(地区间)快递

(一)UPS 与 DHL

UPS 是世界最大的快递公司,DHL 是欧洲最大的快递公司,两个公司都具有很强劲的竞争力,拥有全球化网络和代理清关资质,并且值得关注的是,它们都对跨境电子商务的物流业务非常熟悉,提供的物流服务高效安全,其中 UPS 在欧洲和美洲的地域上较为有优势,其覆盖面广泛,在全球 200 多个国家及地区中设立了分点收货,拥有众多的网点,派送收件都非常迅速;提供货到付款的服务(开展的地区不多),官网信息更新速度快;清关快速简易,在北美地区尤为迅速;折扣较多,在促销季节价格上会有一定的优势;时效较快,在全球多数地区发货 3～6 天内派送完毕。DHL 在发往欧洲、日韩区域上,价格更为有优势,具有清关快、派送快、时效高等特点。20 千克以下的货物运送价格都较便宜;21 千克以上物品具有更优惠的递送价格,部分地区大重量的货物运送价格比国际 EMS 还要低,全球时效一般在 2～5 天。

(二)FedEx

FedEx 全称为 Federal Express,中文简称联邦快递,是全球最具规模的快递运输公司,隶属于美国联邦快递集团,是该集团快递运输业务的中坚力量。FedEx 在欧洲、东南亚、南美地区的时效上相对较好,发往东南亚的货物甚至能达到隔天送达,时效性极高。发往东南亚地区的 21 千克以上的较重货物的快递费用相当于 DHL、UPS 的一半,同时运输速度也较为理想,这是因为其在东南亚地区的清关速度、派送时效、网点的分布都是其他的国际快递公司所不能比拟的。联邦快递派送文件有非常大的优势,推出的文件隔日到达业务拥有非常大的竞争力,但收费较高。

FedEx 分为 FedEx IP（international priority，联邦快递优先型服务）和 FedEx IE（international economy，联邦快递经济型服务）。

1. FedEx IP 和 FedEx IE 的区别

FedEx IP：时效快，递送时效 2～5 个工作日，清关能力强，可为全球 200 多个国家及地区提供服务。

FedEx IE：价格相对优惠，递送时效一般为 4～6 个工作日，略慢于 FedEx IP，可为全球 90 多个国家及地区提供快递服务。

虽然 FedEx IE 和 FedEx IP 享受同等的派送网络，但是有少部分国家或地区的运输线路不同。

2. 资费标准

FedEx 资费计抛，计算运输货品的体积重和实际重量，二者相比取较大者来计费。

体积重计算公式为：体积重＝长（厘米）×宽（厘米）×高（厘米）/5000。

具体资费以 FedEx 官网公布为准，也可咨询货运代理。

3. 跟踪查询

跟踪查询网址为：http://www.fedex.com.cn。

4. 重量尺寸限制

重量限制：一般货物，每件≤68 千克，单件超过重量上限的须提前预约，一票多件的总重量不要超过 300 千克，超过须提前预约。

尺寸限制：一般货物，最长边≤274 厘米，最长边＋（高度＋宽度）×2≤330 厘米。

（三）TNT

TNT（Thomas National Transport，TNT）是世界四大商业快递公司之一，公司总部设在荷兰的阿姆斯特丹。公司利用遍布全球的航空与陆运网络，提供全球门到门、桌到桌的文件和包裹的快递服务。特别是在欧洲、亚洲和北美洲等地，TNT 快递可以针对不同顾客的需求，提供 9 点派送、12 点派送、隔天派送、收件人付费快件等服务内容。TNT 快递的电子查询网络也是全球最先进的。

TNT 是荷兰最大的快递公司，是荷兰邮政的一部分，也是欧洲国际快递行业的龙头，在西欧国家具有较强的清关能力，在中东路线的价格也较为有优势。其在欧洲地区的市场占有率最高，拥有一流的清关速度，一流的分拣物流系统，时效也高。通常情况下，货物能在 2～4 个工作日通至全球，在西欧地区 3 个工作日可妥投。TNT 物流网络较为健全，查询网站信息更新快，出现问题纠纷响应也较迅速。货通全球无偏远地区派送附加费用。然而，TNT 快递公司对货物的限制也比较多，敏感货物不适合走 TNT 快递渠道。

1. 资费标准

运费结构：基本运费＋燃油附加费（燃油附加费每个月有变动）。

体积重超过实际重量时以体积重计费。体积重计算公式为

$$体积重＝长（厘米）×宽（厘米）×高（厘米）/5000。$$

具体资费以 TNT 官网公布为准，也可咨询货运代理。

2.参考时效

一般情况,TNT 参考时效为 3～7 个工作日。

3.跟踪查询

跟踪查询网址为:http://www.tnt.com。

4.重量尺寸限制

重量限制:经济 TNT 单件包裹不超过 70 千克,一票货不超 99 件,计费重量不超过 1500 千克,环球 TNT 单件不超过 30 千克,一票货不超过 99 件,计费重量不超过 500 千克。

尺寸限制:经济 TNT 单件包裹三边尺寸不超过 180 厘米×120 厘米×150 厘米,环球 TNT 单件包裹三边尺寸不超过 100 厘米×60 厘米×70 厘米。

5.优势

在欧洲、中东等地清关速度较快,提供报关代理服务;军事不稳定区域有优势。

6.劣势

价格相对较高,综合时效相对慢一点。

(四)EMS

EMS 国际(地区间)快递是各国家(地区)邮政开办的一项特殊邮政业务。该业务在各国(地区)邮政、海关、航空等部门均享有优先处理权。以高速度、高质量为用户传递国际(地区间)紧急信函、金融票据、商品货样等各类文件资料和物品,同时提供多种形式的邮件跟踪查询服务。EMS 还提供代客包装、代客报关、代办保险等一系列综合延伸服务。

1.优势

计费简单,价格为中国邮政 EMS 的公布价乘以折扣。当天发货,当天交付邮局,当天上网跟踪,从而节省快件在境内运输的时间。通关能力强,可发名牌产品、电池、手机等 3C 产品。货物不计体积,适合发体积大、重量小的货物。EMS 国际(地区间)快递全世界通邮,可到达全球 200 多个目的地。无燃油附加费及偏远附加费。时效有保障,东南亚、南亚地区 3 天内可以妥投,澳大利亚 4 天可以妥投,欧美国家 5 天能妥投。无法正常妥投时,有免费退回服务。寄往俄罗斯及南美洲等地具有绝对优势,因为俄罗斯自 2014 年暂停个人提供商业快递包裹服务,而南美洲国家对商业快递不仅容易征收关税,而且需要提供税号。

2.劣势

速度相对其他商业快递慢一点。网站跟踪信息相对滞后,出现问题只能做书面查询,查询时间较长。不能一票多件,大货价格偏高。另外,跨境邮寄包裹中,客户在查询国际(地区间)包裹信息时经常会显示包裹已经互封开拆、互封封发或者直封开拆等提示信息,以下来做简单介绍。

(1)互封开拆

经过查验后合格的总包,要再封上,称为互封。互封开拆就是指从关境出来的总包,继续走投递程序,总包经由邮政人员拆开(二次开封),分拣,过机扫描后,再进行抽查,看看物品是否和申请一致。

（2）互封封发

根据不同地址分拣后的出口小包裹，再次封装成为总包，发往目的地投递站点，等待配送。

（3）直封开拆

总包在出境之前已经封好，直接邮寄到当地国家（地区），称为直封。例如，从中国至目的国家（地区）的包裹，没有拆开过邮袋，到了目的国家（地区）才拆开，再由目的国家（地区）按地区分开，之后按地区装袋封发，进行邮寄配送。直封开拆操作在境内办理出关时，关境及进出口检验检疫部门会打开总包的袋子（一次开封），根据清单核对里边的小包裹数量和内容，根据需要，可能会过X线机检查物品与登记信息是否相符。

（五）顺丰速运及其他

随着跨境电商如火如荼地发展，以顺丰速运为代表的境内快递公司也渐渐加入跨境电商物流领域。顺丰国际快递的主要优势在于境内网点分布广，服务意识强，价格具有一定竞争力。劣势在于开通的国际（地区间）线路少，卖家可选择的国家（地区）相对较少，揽收人员对于国际（地区间）快递的专业知识相对不足。

顺丰国际（地区间）小包系列，如欧洲小包，是顺丰和荷兰邮政联手推出的优质区域小包，清关好，派送快，查询优，平邮也可跟踪查询。

除欧洲小包，顺丰还开通有美国小包、俄罗斯小包、澳大利亚小包，覆盖全球的经济小包，帮助卖家货通全球。若确认货件遗失，顺丰会在8个工作日内完成赔付。

顺丰也有和本土邮政合作的小包。本土邮政会开辟绿色通道，使本土小包既享有邮政发达的网络覆盖系统，又能实现在本土优先清关、配送，整条线路畅通无阻。发往欧洲的小包5~10个工作日即可妥投，发往美国、加拿大的小包7~12个工作日可妥投，时效较以往的普通小包有不小的提升，收费接近邮政小包，是广大卖家又一个理想的选择。

（六）国际（地区间）快递与邮寄快递区别

国际（地区间）快递与邮寄快递的最大区别主要体现在时效性及价格两方面。由于国际（地区间）快递大多体系健全，且业务熟练，交通网络覆盖面广，因此在时效性上更有优势。而高时效是需要用高价格来进行交换的，国际（地区间）快递的价格较高，且有不少的附加费用，因此国际（地区间）快递更加适用于对时效要求高、货值高、对价格不敏感的货物的运输，不适用于小包快递。为此，DHL特意推出了德国小包物流服务，专为重量小于2千克的快递服务。还值得一提的是，四大快递巨头对于货物的要求高，仿牌、含电、特殊类产品大都不能运送，这也在一定程度上限制了其市场份额的拓展。

我国的快递企业大都不能独立承担国际（地区间）物流的全程运送服务，鉴于快递巨头具有国际（地区间）快递业务经营许可和报关单位相关资质，因此，我国的国际（地区间）物流大多需要境外网络的帮助，我国约80%的国际（地区间）物流业务都由这几家快递巨头负责。近年来，顺丰的国际线路在逐步地增多，但由于起步较晚，通达范围仍然有限，与境外寄递企业的合作也较为松散，短时间内还无法与国际快递巨头抗衡。

国际四大快递巨头领跑快递业有许多值得借鉴的方面。一是其业务不单单局限于点对点的快递服务，而是提供集物流、金融、保险、代理、电子商务等于一身的综合性服务。四大快递巨头除了提供速递服务外,还提供包括库存、运输、货代及售后服务等多项物流业务。综合的业务体系能够更加全面地满足用户的需求,同时也使其物流体系更加健全。二是其货物运输高时效性提高了其服务水平,为了实现高时效,FedEx 开通了直航中国等国家的业务,DHL 采用商用航班来传送货物,且通过选用多个班次,将货件用最短的时间送到客户手中。三是四大国际快递巨头通过采用先进的技术,提高工作效率与服务质量。比如,率先使用了先进的高科技速递工具速递资料收集器(delivery information acquisition device,DIAD),收货员只要用它扫描包裹上的条码,便完成递送记录,从而取代了传统的纸上递送记录,也让收货人的签名数字化。对于消费者来说,不仅意味着所寄送的物品能很快发出,还可以随时跟踪包裹的行踪;通过快递公司的官方网站,客户可以通过手机或电脑随时随地查到他们的货物的具体位置,以及关于物流轨迹的一切情况。

第三节　新型跨境物流模式

一、跨境专线

新型跨境物流模式

(一)跨境专线发展现状

跨境专线也是一种当下跨境电商物流较为流行的物流模式,指在境内仓库集货,之后批量发往目的国家(地区),一般是通过航空包舱方式运输到境外,再通过合作公司进行目的地派送。这种跨境物流方式,相对小包邮寄来说时效性强,区域针对性强,集包集货,丢包率低,运用规模经济来降低成本。然而对于小包邮寄来说,价格仍较高。跨境物流专线一般基于较为热门的、需求量大的区域设置点对点的物流服务。当下业内使用最普遍的物流专线包括美国专线、欧洲专线、澳洲专线、俄罗斯专线等,有一些物流公司也推出了中东、南美和南非专线等。在境内的快件揽收范围主要集中于东部沿海的一线城市,揽件范围覆盖面较小。

我国开通的跨境专线物流区域比较集中,主要面向欧美国家与东亚地区,而开发的非洲、南美洲等地区的专线物流较少。截至 2016 年底我国面向欧美与东亚地区开通的跨境专线物流数量,已占境外跨境专线物流总数量的 70%以上。随着跨境电子商务的不断发展,我国跨境专线物流规模也不断扩大,专线物流产品不断增多。许多平台企业也在不断积极推进跨境专线物流发展,例如,最初阿里巴巴整合了俄罗斯渠道服务商推出了"中俄通"服务,初期开通了 2 条中俄物流专线;随后阿里巴巴旗下速卖通与燕文物流达成合作协议,开通了针对南美巴西与俄罗斯市场的线上发货航空专线;2015 年 7 月与 11 月速卖通又新增了西班牙物流专线和英国专线;至 2021 年 1 月,"菜鸟特货专线—标准"已拓展至 50 个国家(地区)。

(二)跨境专线运作模式

专线运作是一个分环节的专业分工过程,需要综合考虑物流运营方的资源整合能力,选择能够主导整个专线运作流程的运营主体。若货物从境内出发,则首先需要考虑的是境内物流网点的分布情况,揽收最好集中,以便加快集货速度从而保证物流的时效性。为了控制成本,境内集货仓与货源位置及运输枢纽的距离要适中;其次,头程(指转运运输中的第一程）多采用全货包机运输，以节约时间，其价格和耗时均介于邮政小包和国际（地区间）快递之间，然而，若头程全货包机运输到达的地址离客户地址较远，也会影响物流的全程实现；之后，鉴于清关对于专线快递的大货量的包裹较为严格，因此对于专线快递来说，要求清关方面较为专业，如果在货物目的地有专业的代理公司配合清关，则有可能极大地降低清关成本。在清关完成后，需要对包裹进行拆分配送。最后，则由当地的邮政或快递负责将拆分了的货物送至收件人手中。在以上的流程中，最重要的两环分别是境外清关及与当地邮政或快递合作。

随着跨境电商的发展，现在也引申出跨境电商的仓配一体模式，跨境电商平台会在一些热门城市建立大型仓储中心，商家将货物发至平台指定的仓库，当境外客户通过平台确定订单后，则由平台直接将订单需求通知仓储中心，然后仓储中心进行拣货、分装并通过物流运营商将货物发送至境外买家手中。

（三）国际（地区间）物流专线

国际（地区间）物流专线也是跨境电商发展背景下出现的一种新型跨境物流模式。国际（地区间）物流专线具体指在两个以上国家（地区）形成的跨境物流模式，运输线路、运输时间、物流起点与终点、运输工具都是固定的，尤其是针对固定跨境物流线路而言更是如此。国际（地区间）物流专线对跨境电商而言，可以长途跨境运输，具有很高的规模化属性，通过专线物流模式，能够起到规模经济效应，对于降低跨境物流成本意义重大，尤其对固定市场的跨境电商而言，是一种行之有效的跨境物流解决方案。依据线路的不同，国际（地区间）物流专线种类非常多，以中国为例，可分为中俄专线、中美专线、中欧专线、中澳专线等。依据运输方式的不同，国际（地区间）物流专线分为航空专线、港口专线、铁路专线、大陆桥专线及多式联运专线。已经开通的专线主要有郑欧班列、日本 OCS、欧洲 GLS、渝新欧专线、中欧（武汉）冠捷班列、国际传统亚欧航线、顺丰深圳—台北全货机航线等。国际（地区间）物流专线的时效性优于国际（地区间）邮政小包，弱于国际（地区间）快递；国际（地区间）物流专线的物流成本低于国际（地区间）快递，但要高于国际（地区间）邮政小包。国际（地区间）物流专线具有明显的区域局限性，无法适应跨境电商的无地域限制性物流需求。这将导致其无法成为跨境物流的主要模式之一。国际（地区间）物流专线会成为挖掘固定市场的跨境电商物流解决方案，也可以成为跨境物流的中间环节及周转环节。在业务量能够支撑的情况下，可以开发多条国际（地区间）物流专线，尤其是可形成国际（地区间）物流专线网络，能够增加国际（地区间）物流专线的使用频率与整体价值。

二、海外仓

（一）海外仓概念与现状

海外仓是指建立在海外的仓储设施。在跨境贸易电子商务中，海外仓是指境内企业将商品通过大宗运输的形式运往目标市场国家（地区），在当地建立仓库，储存商品，然后再根据当地的销售订单，第一时间做出响应，及时从当地仓库直接进行分拣、包装和配送。海外仓是随着跨境电商的迅猛发展而诞生的，满足了企业、用户对跨境物流敏捷化、高时效、低成本、可视化等要求。比如，和境内网购一样，跨境电商的用户也经常会有退换货的需求，海外仓的建设,有利于提高解决用户退换货需求的效率,同时也提高了平时跨境电商消费的物流速度,使商品能够更快到达境外买家的手中。海外仓相当于在境外打造跨境电商的本土化服务,充分利用中国制造的优势参与国际(地区间)竞争。

海外仓通过大宗货物运输降低物流成本;将传统的国际(地区间)派送转化为当地派送,保证商品更加快速、安全;退货处理更加快捷,能够满足当地买家的购物习惯,解决传统国际件退换货问题。同时,海外仓与传统仓储物流相结合可以规避外贸风险,避免购物狂欢时期造成的物流瘫痪。事实上,物流环节一直是跨境电商发展的一个瓶颈,因为跨境物流在货物运输过程、清关过程中都存在很多不确定因素,造成物流体系的不稳定,而建设海外仓储,则是一个能降低成本、加快配送时效、规避风险的有效途径。海外仓储及其配套系统,也能给卖家带来更好的跨境贸易购物体验,节省更多的时间,减少出错率。

海外仓作为一种全新的跨境物流解决方案得到了广泛推广。海外仓并非是一个单纯的跨境物流方式或库存方案,而是通过对现有市场上所有的物流运输方式进行整合,打造一站式的物流服务体系,建立仓库并以仓库为中心整合高效、高质、可追踪的物流配套体系,包括大宗货物运输、境内外贸易清关、精细化库存管理、个性化订单管理等。

对从事跨境电子商务的出口方而言,运用国际(地区间)快递、国际(地区间)小包等传统方式将货物快递给境外消费者的缺点已是非常明显,如物流成本高、时效性差、追踪困难、海关清关麻烦、售后退换货服务难以实现等,这些缺点不但影响了跨境电子商务卖方的收益,增加了贸易风险,同时也严重影响了消费者的满意度,并最终限制了跨境电子商务的发展。基于海外仓方式下卖方货物集运、可从消费者所在区域发货、发货流程连贯性好等特点,跨境电商物流成本高、配送周期长这些问题得到了有效解决,大大缩短了物流时间,提高了物流效率,最终提升了用户购物体验。但是,海外仓在运营上也存在风险。首先,对于物流方的考验较大,要求物流方在多方面具有一定的实力,包括物流企业的本地化运作、仓储能力、清关能力及与当地物流合作伙伴的合作关系等。其次,一旦物流企业的运作能力欠缺、仓储信息更新不及时,就非常容易出现库存积压等问题,如果回流到境内,则又成为商品的进口活动,除了国际(地区间)货运成本外,还需要缴纳各类进口费用,在更严重的情况下,将造成其整个海外仓的物流体系瘫痪。此外,境外仓也会面临该所在地的政治、法律、社会等风险。因此在海外仓建设之前,一定要做好全面充分的考虑。

境内外诸多的电商和物流企业也积极推动海外仓的建设与发展。例如,京东在 2015 年4 月正式上线京东全球购业务,积极打通跨境电商与海关和保税仓库的通道;阿里巴巴投资美国母婴电商 Zulily 并积极与各地区政府合作打通跨境电商流程,开展跨境网购业务;跨境电商巨头亚马逊海外购先后将服装、女包、厨具、鞋靴等品类的众多海外大牌商品引入中国并合作建设海外仓储;2014 年唯品会便开始布局海外业务,至 2018 年已经完成 11 个海外办公室、18 个大国际货品仓(含海外仓和保税仓)的建设和运营,地区覆盖法国、澳大利亚、韩国、美国等以时尚和品质著称的国家和地区;此外,境内顺丰、韵达等物流企业也积极涉足海外仓市场。与传统物流模式比较,海外仓可以有效地降低物流成本,解决物流过程中的时间控制、物流企业与海关商检的及时沟通、商品本地化及退换货等诸多传统物流模式难以解决的难题。

（二）海外仓管理与运作

虽然海外仓具有优势也带来了许多便利,但是海外仓的运营成本非常高,因此海外仓的运营、管理、选址等问题非常重要。在境外发货前,考验物流企业的本地化运作、仓储、清关及与当地合作伙伴协作等能力。如果没有特别大的量或特别高的利润,达不到集运规模,要慎重考虑海外仓这一种新型物流方式。

1. 海外仓选品规则

为了满足市场多样化的商品需要,跨境电商的商品种类不断增多,然而,面对这众多的商品,哪些类型的商品适合海外仓的模式?对于这个问题,我们进行了思考。

首先,我们要对海外仓的产品进行定位,可从以下几个方面来考虑。

（1）大型产品

主要指尺寸大、重量重的产品,因为此类产品的重量跟尺寸都已经远远超出小包快递的规格,直接用国际（地区间）快递的话,费用太过昂贵,而使用海外仓刚刚好弥补了这一缺点。

（2）高价格、高利润产品

海外仓的本地配送服务相对于国际（地区间）快递,丢包率跟破损率都可以控制在一个相对较低的水平,高价格的产品运用此方式可以大大降低丢包破损的风险;同时,海外仓的运营成本很高,因此如果利润低的产品,则有很大可能无法承担海外仓的较高成本。

（3）热门产品

这一类产品由于受到本地市场的热捧,货物的周转率会大大地加快,货物积仓的风险减小,而卖家也能更快地回笼资金。

了解了海外仓的产品定位,我们也需要对选品的方法及需要注意的细节有所考虑。在选择产品过程中,相关企业应立足于数据,从数据出发进行分析。判断一个产品是否为热门产品,了解买家的偏好,最好的方式之一就是数据分析。这些数据可来源于现有的电商平台,也可通过数据抓取工具获取其他网站的数据。

从数据出发选择海外仓产品是一个有效的方法。我们还可以从其他促成因素出发,如政治、经济、文化、宗教等。要想选好合适的产品,我们需要在了解产品自身的基础上,花费时间去了解我们的用户和潜在用户,明晰产品应该怎样设计、如何服务才可以让用户中意。综上所述,目前有四大类产品适合采用海外仓。

①高利润、高风险,体积大且重量超重的物品,境内小包无法运输或运费太贵的产品（如灯具、户外产品等）。

②高风险、低利润,境内小包或快递无法运送的产品（如危险产品、化妆品等）。

③低风险、高利润,日用快清品,非常符合本地需求,需快速送达的产品（如工具类产品、家居必备产品、母婴产品）。

④低风险、低利润,在境外市场热销且批量运送更具优势的产品（3C配件、爆款服装等）。

在上述的4个类型中,第①和第③类产品较为适合海外仓,可以适当降低海外仓的运营风险,而第②和第④类产品不太适合建立海外仓。

2. 海外仓选址

从全球来看,目前跨境电商发展比较成熟的国家有美国、德国、日本等。海外仓的订单流入及入仓成本是选址的关键因素。在考虑了大区域之后,我们还需要就该区域的具体情况进行具体地址选择,即海外仓的建设首先要考虑本土化问题。

比如,对于跨境电商发展较成熟的国家美国来说,美国国土面积大,物流仓储门槛高,选址需要靠近重要港口和交通枢纽,靠近人口密集区,以便距离用户更近。同时,由于美国的人力成本非常高,而海外仓中的扩张和搬迁,劳力的使用是必要的,因此选址也需靠近劳工资源。基于这些考虑,对于美东地区来说,新泽西州为首选,毗邻纽约,仓库、华人聚集、交通发达。西部首选加州或俄勒冈免税州。

再比如,邻近美国附近的加拿大,虽然美国仓可以部分覆盖加拿大,但是美国关税的起征点较低,造成关税成本增加,而时效性却没有更多的改善。如果需要在加拿大建仓,一般设置在温哥华或多伦多,靠近城市,这是基于加拿大地广人稀的特点来考虑,海外仓需要更加靠近消费者密集地区。对于地域面积较小的日本,海外仓的建设则可考虑在大阪、名古屋至东京之间的近郊,因为快递时效受地点的影响较小,这时候就需要更多地考虑选址的成本。

基于上述例子,我们可以总结出,对于不同国家(地区)的不同特点,海外仓的选址也存在不同。对于地广人稀的国家,海外仓的选址着重考虑人口较密集的区域或靠近交通枢纽的区域;对于劳动力成本高的国家,则应考虑靠近低价劳动资源的地区建设海外仓;地域较窄的国家,则可较少考虑地域问题,更多需要考虑仓库租赁成本等。除此之外还应考虑到当地的关税政策。

3.海外仓管理

仓储管理中所涉及的事项复杂,在运作管理时所需考虑的事项较多,尤其是各部分环节和流程上的管理更需重点考虑。主要可以从以下几个方面着手。

(1)物资验收

在仓储的管理中,物资产品是主体,想要提升仓储的管理运作,在物资的验收方面就要注意,做好严格的检查是最重要的。

物资产品到库后,仓库管理人员需对到货的产品物资进行核对,查看相应的产品名称、数量、规格、验收物品的完整程度及质量情况等是否与单据上相符。在验收过程中如若有任何一项不符合要求都不得入库,并需及时与厂家联系沟通做好货物对接工作。

(2)物资入库

所有的物资核对无误后入库,仓储管理人员需将产品物资的数量、质量及单据等填写完整,严格保证入库的准确性,做到及时和安全。

为保障入库的精准性,也要及时通过系统指定相应的台账,做到物资产品的资料和台账都齐全清晰,所有台账都需明确产品名称、规格、型号和级别、入库数量等,根据制定的存放区域摆放,将相应编码信息输入系统中,这样后续在搜索查找时省时省力,效率得到极大的提升。

(3)物资出库

在整个仓储管理中,主要的流程是入库—管理—出库,在日常的物资产品出库流程中,需根据销售部门的订单或产品的编码信息来查找,快速找到货物物资的管理区域。出库与入库有很多相似之处,需根据订单反复核对产品的名称、数量、规格型号及质量情况,确保产品的完整性,标注好相应的编码,便于出库人员操作。在完成出货后也需及时将信息录入系统中,防止后期在核对库存时出现偏差,影响报表制作。

4.海外仓运营风险及问题

(1)政治地域文化因素对海外仓发展影响巨大

从国际(地区间)贸易发展历程来看,跨境物流一直以来受物流流经国(地区)的政策、国情及其文化因素影响。如在政治环境和地域因素影响下,俄罗斯海外仓建设较为迟缓。另外,俄罗斯因关税较高、本土快递业发展滞后、网点布局大多集中在大中城市等因素,使得在其本土海外仓布局的困境。相反,在欧美国家,由于地域快递行业发展已趋近成熟,欧美买家对海外仓都有较为全面的认识,其海外仓的管理整体规范、综合人才素质较高,从而促进了该地区海外仓的建设与发展。

同时,自2014年起,跨境电商开始拓展至小语种国家,很多跨境电商企业开始激烈争夺小语种市场,并十分关注这些地区的海外仓储状况。例如速卖通着手加强与巴西本土服务商在物流和支付上的合作。但语言沟通、文化传统、民族习俗等方面的隔阂,为境内跨境电商在这些小语种地区的海外仓建设造成了一定的困难。

(2)运营能力与竞争对手等因素对海外仓影响明显

为了保证海外仓的顺利运作,跨境电子商务海外仓公司要不断建设完善物流信息管理系统,统一规划和建设公司的信息流。同时需要整合境内外电子商务平台的信息数据,并将电商与物流企业的信息统一、集成,便于管理,实现电商、物流协同运作,从而保证仓储的高效运转,减少物流成本,加快订单响应速度。这对于海外仓运营企业的运营能力有非常大的考验,影响了海外仓企业的盈利、客户的满意度,甚至直接决定了海外仓的存活。可以说在21世纪的竞争中无信息化和大数据支持则无法迅速掌握市场需求。物流管理和信息化水平直接制约海外仓的运营能力和快速响应能力,这对于跨境物流的发展至关重要。并且随着跨境电商与海外仓的迅猛发展,越来越多的物流或跨境电商企业把目光转向海外仓,不断更新完善运营能力,避免在激烈的竞争中被淘汰。

除了不断提高运营能力来面对激烈的竞争,企业还需同时做好海外仓的本土化服务。如果没有打造一个在当地有丰富经验的团队,则很难从根本上解决当地用户的需求及问题。建立海外仓的企业要争分夺秒提升自身的服务水平和竞争实力才能够不断超越竞争对手。

(3)费用及资金问题对海外仓的影响突出

海外仓的费用一般包括头程费用、仓储及出入库操作费和本地配送费用。头程费用一般是指货物从境内到海外仓库这一过程产生的运费;仓储及处理费是指客户货物存储在海外仓库的仓储费和入库环节产生的操作费;本地配送费用是指海外仓进行终端派送的本地物流费用,这些费用都属于海外仓的成本,直接影响着海外仓企业的盈利水平。海外仓库存占用大量的流动资金将会直接影响跨境企业的资金流的稳定性和企业发展战略的实现。

(4)三方海外仓建设速度难以反应消费市场需求的快速变化

随着跨境电商的发展,跨境电商的服务分工越来越清晰,如为用户提供商品的专业产品生产商,专门的电商运营企业负责电商的运营、推广及营销等。海外仓的建设也一样,除传统的自建海外仓外,还出现了专门运营海外仓的第三方企业。与境外发达国家第三方海外仓的成熟现状相比,境内企业采用第三方海外仓的情况还属于起步与摸索阶段。在消费市场需求变化节奏快的今天,由于受到企业经营管理能力等方面的制约,第三方海外仓建设相对较慢。

(三)海外仓费用

通过对海外仓选品的介绍,在选出自己的海外仓产品后,我们需要对海外仓产品的费用进行计算,以便企业对于海外仓的运作进行成本控制。目前海外仓费用主要包括头程费用、处理费、仓储费、尾程运费、关税增值税/杂费。其中头程费用涉及空运、海运散货、海运整柜,当地拖车等环节;而处理费则是指商品在仓库中的运作产生的费用,有入库费用、出库费用;仓储费则有淡季、旺季之分,指货物存储在仓库的费用;最后的尾程运费涉及自由物流费用,即最后将货物送至消费者手中的费用,可以在我们之前已经介绍过的快递服务中进行选择。一般而言,我们把这些成本分为三大类:头程费用、仓储及处理费、尾程费用。根据不同的快递公司、物流公司及不同的运输方法都有所不同。

1.头程费用

头程费用指货物从起始国家(地区)送往目的国家(地区)这一段路程的物流费用,我们常见的有海运、空运等。空运的费用主要包括运费+清关费+报关费+其他费(文档费、拖车费、送货费),其运费主要按重量计算,有最低起运量限制(一般为5千克以上);空运途径可分为客机行李托运,普货空运和商业快递,它们的时效及价格也有所不同。除了空运外,海运也是跨境货物运输经常采用的物流方式,在选择海运的过程中,我们应该根据货物的特点及企业的需求选择集装箱。海运可分为集装箱拼箱和集装箱整。集装箱拼箱(less than container load,LCL)是指装不满一整箱的小量货物。这种货物通常是由承运人分别揽货并在集装箱货运站或内陆站集中,而后将两票或两票以上的货物拼装在一个集装箱内。同样要在目的地的集装箱货运站或内陆站拆箱分别交货。以实际体积计算运费,体积会分层计算,1立方米起运。集装箱整箱(full container load,FCL)是以集装箱数量计算运费。由发货人负责装箱、计数、机载并加铅封的货运。承运人不负责箱内的货损、货差。除非货方举证确属承运人责任事故的损害,承运人才负责赔偿。承运人对整箱货,以箱为交接单位。只要集装箱外表与收箱时相似并铅封完整,承运人就完成了承运责任。整箱货运提单上,要加上"委托人装箱,计数并加铅封"的条款。

2.仓储及处理费

仓储及处理费主要由海外仓的仓储成本决定,货物的仓储成本主要是指货物保管的各种支出,其中一部分为仓储设施和设备的投资,另一部分则为仓储保管作业中的活劳动或者物化劳动的消耗,主要包括工资和能源消耗等。根据货物在保管过程中的支出,可以将仓储成本分成以下几类:①保管费,为存储货物所开支的货物养护、保管等费用,它包括用于货物保管的货架、货柜的费用开支,仓库场地的房地产税等;仓库管理人员的工资和福利费(福利费可按标准提取,一般包括住房基金、医疗及退休养老支出等),一般包括固定工资、奖金和各种生活补贴。②折旧费或租赁费,仓储企业有的是以自己拥有所有权的仓库及设备对外承接仓储业务,有的是以向社会承包租赁的仓库及设备对外承接业务。自营仓库的固定资产每年需要提取折旧费,对外承包租赁的固定资产每年需要支付租赁费。仓储费或租赁费是仓储企业的一项重要的固定成本,是构成仓储企业的成本之一。对仓库固定资产按折旧期分年提取,主要包括库房、堆场等基础设施的折旧和机械设备的折旧等。③修理费,主要用于设备、设施和运输工具的定期大修理,每年可以按设备、设施和运输工具投资额的一定比率提取。④装卸搬运费,货物入库、堆码和出库等环节发生的装卸搬运费用,包括搬运设备的运行费用和搬运工人的成本。⑤管理费用,指仓储企业或部门为管理仓储活动或开展仓储业务而发生的各种间接费用,主要包括仓库设备的保险费、办公费、人员培训费、差旅费、招待费、营销费、水电费等。⑥仓储损失,指保管过程中货物损坏而需要仓储企业赔付的费用。造成货物损失的原因一般包括仓库本身的保管条件,管理人员的人为因素,货物本身的物理、化学性能,搬运过程中的机械损坏等,实际中,应根据具体情况,按照企业的制度标准,分清责任合理计入成本。

从以上内容我们不难总结出,仓储成本决定了海外仓的仓储收费,而当地的人力成本、所在区域的租赁费用、距离交通枢纽距离等因素都影响了仓储成本。

3.尾程费用

尾程费用主要是依据所选用的快递方式及货物自身的尺寸重量给出,这部分在前面的物流方式选择中我们已经有了一定的介绍,同时各大快递官网上对于快递的费用也有非常详细的说明,大家可以自行了解。

三、其他跨境物流类型

(一)边境仓

边境仓是一个衍生于海外仓的概念与跨境物流模式。边境仓与海外仓的区别在于仓库所处的地理位置不同。海外仓是建设在跨境电商交易主体卖方所在国家(地区)之外的仓库,边境仓则是建设在跨境电商交易主体买方所在国家(地区)或邻国(相邻地区)的仓库。边境仓具体指的是在商品输入国家(地区)的邻国(相邻地区)边境,通过租赁或建设仓库,预先将商品送达该仓库,通过跨境电子商务平台进行商品的陈列、浏览、下单、处理、支付及客服等一系列活动,通过线下物流直接从该仓库进行跨境物流运输与配送。按照仓库所处地理位置的差异,边境仓可以分为绝对边境仓与相对边境仓两类。绝对边境仓的仓库设在交易主体卖方所在国家(地区)内,该仓库所在地方与买方所在国家(地区)相邻。如中国在中俄边境的城市(如哈尔滨等)成立仓库对接与俄罗斯的跨境电子商务业务。相对边境仓指的是跨境电商交易主体所在国家(地区)不接壤,仓库设在交易主体买方所在国家(地区)的邻国(相邻地区)的边境城市,用于应对跨境电商交易所产生的跨境物流业务需求。如中国与巴西的跨境电商交易,在与巴西接壤的阿根廷、哥伦比亚、巴拉圭、秘鲁等国家的临近巴西的边境城市设立仓库。相对边境仓是一个相对的概念,相对于交易主体中买方所在国家(地区)而言属于边境仓范畴,相对于交易主体的卖方所在国家(地区)而言又归属于海外仓范畴。边境仓可以规避海外仓的一些风险,是针对本国(地区)的保护主义及跨境电商业务发展而产生的一种新型跨境物流模式。一些国家(地区)政局不稳定、税收政策苛刻、货币贬值及境内通货膨胀等因素,刺激了边境仓的出现与发展,如乌克兰的政治危机,阿富汗国内的政局动荡,巴西限制外来企业并实施严格的税收政策等。边境仓在一些自由贸易区极具优势,如巴西因为本土保护主义及苛刻的税收政策,制约了跨境电商与跨境物流的发展,但是利用南美洲自由贸易相关协议的优势,可以通过在巴西的邻国建立边境仓,从而规避风险,推动巴西及南美跨境电商业务发展。边境仓具有海外仓无法实现的优势,可以规避输入国(地区)的政治、税收、货币、法律等风险;可利用区域政策,如北美自由贸易协定等拓展业务。

(二)保税区、自贸区物流

在跨境电商发展背景下,保税区与自贸区价值突显,全球各国(地区)加快了保税区与自贸区建设的步伐。保税区或自贸区的物流服务,成为跨境电商市场中一种新兴的跨境物流模式。保税区或自贸区物流是指通过国际(地区间)货运预先将商品运至保税区或自贸区仓库,通过跨境电子商务平台进行商品陈列、下单、处理、支付等活动,当处理完网络订单后,通过线下的保税区或自贸区仓库实现商品的分拣、包装、发货和终端配送等物流活动。自贸区或保税区物流模式集规模化物流、集货物流、本地化物流优势于一身,有利于缩短物流时间、提高物流时效、降低物流成本,还利于享受保税区或自贸区的资源优势。保税区或自贸区物流可以享受保税区或自贸区的优惠政策与综合优势,主要体现在物流、通关、商检、收付汇、退税等方面,也简化了跨境电商与跨境物流烦琐的流程与手续。如亚马逊在上海自贸区建立了自贸区物流仓库,预先将商品送至自贸区物流仓库。当消费者下单后,商品由自贸区物流仓库发出,能够实现集中化的国际(地区间)货运、通关与商检,既降低了跨境物流成本,也缩短了物流时间,提高了物流与配送时效。天猫国际、苏宁全球购等纷纷推出保税区物流模式,通过与郑州、重庆等跨境电商试点城市合作,在保税区设立物流保税仓库,预先将商品送至保税仓库,当消费者下单购买后,商品直接从保税区仓库发出。

(三)集货物流

跨境电子商务隶属于电子商务范畴。基于互联网的跨时空界限特性,跨境电商消费较分散,单笔订单量小,产品种类繁多。在快速发展的跨境电商业务的驱使下,集货物流随之出现。集货物流模式的出现是为了降低高额的跨境物流成本。集货物流具体指先将商品运输到本地或当地的仓储中心或集散中心,当积累到一定数量或达成一定规模后,通过与国际(地区间)物流公司合作,通过国际(地区间)货运模式将商品运至境外的买家手中,或者将各地发来的商品先进行聚集,然后再批量配送;或一些商品属性或种类相似的跨境电商企业形成战略联盟,成立共同的跨境物流运营中心,利用规模优化与互补优势等理念,实现降低跨境物流成本的目的。例如,米兰网在广州与成都自建了仓储中心,商品在仓储中心聚集后,通过与国际(地区间)快递公司合作将商品送至境外买家手中。大龙湾在深圳建立了仓储中心,采取集中发货方式满足跨境物流需求,既提高了跨境物流的整体效率,又降低了跨境物流成本。虽然保税区或自贸区物流模式类似于集货物流模式,大致可以归属于集货物流范畴,但是集货物流又不等同于保税区或自贸区物流模式。集货物流不仅可以集中仓储再进行跨境电子商务活动,还可以先进行跨境电子商务活动再集中进行物流与配送。

四、跨境物流类型比较

通过分析各跨境物流模式在速度、成本、适用性及目前的使用率等方面的表现,能够对各类跨境物流模式有较为清晰的了解。在主要的跨境物流模式中,国际(地区间)邮政包裹与国际(地区间)快递使用较早,且是主要的跨境物流使用模式。国际(地区间)邮政小包得益于万国邮政联盟的物流网络体系,在全球范围内网络最密集,能够辐射全球200多个国家或地区。在跨境物流模式中,国际(地区间)邮政小包的成本是最低的,相应的时效性也是最差的,跨境物流周期基本在1个月以上,有时甚至几个月,还容易出现丢包、商品丢失等问题。国际(地区间)快递基于成熟的全球性国际快递公司,如UPS、DHL、FedEx、TNT、EMS等,在跨境电商市场中使用率也很高,主要得益于其物流速度快。海外仓近几年出现后,发展极快,已成为诸多跨境电商极佳的物流解决方案。海外仓还可以有效解决本地化及退换货问题,其使用率正处于快速上升趋势。第三方物流与第四方物流得益于其专业性优势,在同一国家(地区)内应用范围较广,所以也具有较好的发展前景。其物流时效性与成本视不同情况、企业与商品需求而不同。规模性优势显著的保税区或自贸区物流、国际(地区间)物流专线、集货物流等模式,在物流时效性与成本方面具有一定的优势,但是在适用性上具有显著的局限性,其局限性不仅体现在地理局限性、时间局限性等方面,还体现在对企业与商品较多限制方面。保税区或自贸区物流与其他物流模式相比,具有一个显著的特征,因其设在保税区或自贸区内,所以能够充分利用保税区或自贸区的政策促进其发展。并不存在占绝对优势或劣势的跨境物流模式,物流模式的选择需要根据不同需求来确定。不同跨境物流模式也有其最佳的适用范围。

主要跨境物流类型的比较如表8-1所示。

表 8-1　主要跨境物流类型的比较

物流类型	优势	劣势	适用范围
国际(地区间)邮政包裹	覆盖面广、价格低	时效性差、货品难追踪、丢包率高	零星、小件包裹
国际(地区间)快递	速度快、安全、全程可追踪、丢包率低、优质服务	价格高、覆盖面有限	货值高、对时效性要求高的货物
专线物流	成本较低、速度适中、丢包率较低	覆盖面不大	特定线路的货物
海外仓	物流服务好、时效高、售后问题解决方便	风险多、对海外仓运营者要求高	临近边境的国家(地区)货物、畅销品,单价、毛利润高的商品,尺寸、重量大的商品

(一)国际(地区间)邮政包裹

1.优势

基于邮寄快递的发展历史长,联合国设立万国邮政联盟处理关于国际(地区间)邮政事务并推动国际(地区间)物流的合作发展,邮寄快递形成了覆盖面极广的物流网络;鉴于其可基于已有的邮政设施完成货物运输,且运输货物大多对运送时效性要求不高,因此价格非常便宜。

2.劣势

邮路模式属于低速、低价模式,邮寄快递运送速度慢,容易丢包,货物追踪信息匮乏,这就造成电商卖家客户服务压力较大。

3.适用范围

零星、小件包裹。

（二）国际（地区间）快递

1.优势

国际快递巨头大多都有自己非常完善的物流体系，拥有全球网络和代理清关资质，因此业务高效熟练，对于物流信息反馈及时，全程可追踪，货物丢包率低，服务水平高；通过整合多样化的物流渠道，运送速度快，保证了货物运送高时效。

2.劣势

高时效与高服务水平并非是无偿的，需要用更高的物流费用来保证。国际（地区间）商业快递有很多额外的附加费用，特别是送往偏远地区，费用更加高昂；对货物的限制多，并非所有的货物都可采用国际（地区间）快递这一物流方式进行运送。

3.适用范围

货值高、对时效性要求高的货物。

（三）专线物流

1.优势

集中大批量货物发往目的地，通过规模效应降低成本，因此，价格比商业快递低，速度快于邮政小包，丢包率也比较低，是一种各方面较为折中的跨境物流方式。

2.劣势

专线物流主要为需求量大、热门的线路设置，因此其揽收范围覆盖面并不大，且价格相对来说，依旧较高。

3.适用范围

特定线路的货物。

（四）海外仓

1.优势

是一种创新型物流方式，通过建立海外仓储，拉近了供货源与消费者之间的距离，消费者收到货物的时限更短，卖家处理售后问题更加及时，对于提升消费者消费体验非常有效；通过集中货物批量运输的方式将货物运送至海外仓，使大件、重量级货物也能够打开销路，多样化了商家的商品种类。

2.劣势

考验物流运营商的多项实力，如仓储管理能力、物流运营能力、供应链管理水平等。

3.适用范围

临近边境的国家（地区）货物、畅销品，单价、毛利润高的商品，尺寸、重量大的商品。

第四节　海关通关

　　跨境运输的货物,进出不同国家(地区)前需通过该国(地区)海关关境,通过流程包括办理海关申报、查验、征税、放行等一系列清关手续,通过后则称通关。海关是指依据本国(地区)的法律、行政法规行使进出口监督管理职权的国家行政机关。海关通关环节对于整个跨境物流流程来说是非常关键的一环,在海关通关后,物流商或电商方才可提取跨境电商的货物并进行下一步分配。清关被扣货、货物延迟等问题都有可能带来巨大的经济损失。因此,了解海关通关流程对于跨境电子商务的发展非常有必要。本节将对跨境电子商务企业的报关、进口货物的清关、跨境电子商务的出口退税等流程进行介绍。

一、出境货物报关

(一)跨境电商出口通关流程

(1)在跨境电商服务平台上备案。
(2)货物售出后,电商、物流、支付企业向跨境电商服务平台提交订单、支付、物流三单信息。
(3)跨境电商服务平台完成三单比对,自动生成货物清单,并向我国电子口岸发送清单数据。
(4)货物运往跨境电子商务监管仓库。
(5)关境通过跨境电商服务平台审核,确定单货相符后,货物放行出口。
(6)电商公司凭报关单向国税局申请退税。

(二)报关单证

　　报关即是货物通关过程中的申报流程,是指货物、行李和邮递物品、运输工具等在进出关境或国境时由所有人或其代理人向海关申报,交验规定的单据、证件,请求海关办理进出口的有关手续过程。

　　通常情况下,进出口报关需要报关人员提前准备报关所需资料以便货物能够顺利通过海关,保证贸易正常进行。报关通常涉及货物进(出)口报关单、贸易合同、托运单、提货单、报检委托书、代理报关委托书、货物发票及根据海关要求提供的一些其他的必要证明等单证。

1.货物(进出口)报关单

　　货物(进出口)报关单指报关人员按照海关要求的格式对进出口货物的实际情况提供书面申明,海关据此对货物按适用的海关制度办理通关手续的法律文书,是海关监管、征税、统计及开展稽查和调查的重要依据,是出口退税和外汇管理的重要凭证,也是海关处理走私、违规案件,以及税务、外汇管理部门查处骗税和套汇犯罪活动的重要证书。

2.贸易合同

　　贸易合同用于证明报关人员的货物是用于出口销售的,一般合同中有买卖方、单价、日期、商品数量、商品品名、金额等内容。

3.托运单

托运单俗称下货纸,是货主(托运人)根据贸易合同及信用证条款内容填制的、向货运代理公司或运输公司委托运输的凭证,其说明了托运人与被委托方之间的权利和义务。

4.提货单

提货单为货物运送代理或运输公司(承运人)给托运人的凭证,是货物到达目的地后,收货人或其代理人向码头、仓库货船边取货的依据。提单上的内容是否与其他单证上的一致是需要仔细核对的,以此避免不必要的纠纷。

5.报检委托书

过境的商品是需要检验才可通关的,报检委托书则是申请检验的单位委托报检单位代理向国家质量监督与检验检疫机构(以下简称质检机构)或其他检验机构办理检验手续的委托书。通俗来说,申请检验的单位出于一些原因无法在质检机构或其他检验机构办理商品检验相关工作,委托别的代理时向质检机构出示的,申请报检的单位全权委托代理办理报检手续的说明,以便质检机构或其他检验机构接受该报检代理的报检申请,从而对报检商品实施检验。

6.代理报关委托书

代理报关委托书是指托运人委托承运人或其代理人办理报关等通关事宜,明确双方责任和义务的书面证明。委托方应及时提供报关报检所需的全部单证,并对单证的真实性、准确性和完整性负责,以便顺利通关。

一般情况下,传统外贸出口通关单据包含发票、装箱单、报关单。在跨境电商中,由于订单零散碎片化,所以大多数情况下不会使用到这些正式的单据。例如,邮政类小包的报关信息就直接显示在面单上。

7.货物发票

只有在寄送商业快递时,快递公司才会让卖家提供货物的发票。发票又分为形式发票(proforma invoice)和商业发票(commercial invoice)。在理论上,用于报关的发票必须是商业发票。两者涵盖的内容基本一致,主要区别在于:一是名称不同;二是形式发票更像是一种估价单据,没有商业发票正式。

发票一般包含以下内容:①发票字样及寄件人的公司抬头(英文);②寄件人的公司名称、地址(英文)及电话;③收件人的公司名称、地址(英文)及电话;④分运单号码和发票号码;⑤贸易术语[如 FOB(离岸价格)、CFR(成本加运费)、CIF(成本加保险费加运费)等];⑥货物重量;⑦货物尺寸或体积;⑧物品名称的详细描述(中英文);⑨货物数量;⑩单价及申报总价(注明货币单位:美元);⑪原产地;⑫关境编码(部分快递公司要求);⑬寄件人的公司章(部分国家有要求)。

需要注意的是,发票必须是原件(不可手写),复印件、传真件无效;不得有修改痕迹(修改后须盖章)。

二、出口退(免)税

2014 年之前,跨境电商出口商品特点是多品种、小批量、多频次,大多从事跨境电子商务的企业选择通过行邮物品渠道将产品寄到境外。由于缺乏正规出口报关单,电商企业的出口产品既不能合法结汇,又不能享受退税优惠。不少跨境电商企业被迫处于"灰色"生存状态,无法做强做大。

出口退税是国家为了鼓励企业出口,并扩大出口额的一种手段,是指国家运用税收杠杆奖励出口的一种措施。为促进跨境贸易电子商务零售进出口业务发展,方便企业通关,规范海关管理,实现贸易统计,我国海关总署增列海关监管方式代码9610,全称跨境贸易电子商务,简称电子商务,适用于个人或电子商务零售进出口商品。本部分将介绍出口企业货物的退税或免税。一般出口货物退税分为两种方式:一是退还进口税,即出口产品企业用进口原料或半成品,加工制成产品出口时,退还其已纳的进口税;另一种是退还已纳的境内税款,即企业在商品报关出口时,退还其生产该商品已纳的境内税金。传统企业在拿到增值税发票后,货物报关出口、回款结汇的同时就可以申请退税。

(一)出口退(免)税条件

1.对于外贸企业出口的货品的出口退(免)税条件

(1)必须是增值税、消费税征收范围内的货物。增值税、消费税的征收范围,包括除直接向农业生产者收购的免税农产品以外的所有增值税应税货物,以及烟、酒、化妆品等11类列举征收消费税的消费品。

(2)必须是报关离境出口的货物。所谓出口,即输出关口,它包括自营出口和委托代理出口两种形式。区别货物是否报关离境出口,是确定货物是否属于退(免)税范围的主要标准之一。凡在境内销售、不报关离境的货物,除另有规定者外,不论出口企业是以外汇还是以人民币结算,也不论出口企业在财务上如何处理,均不得视为出口货物予以退税。

(3)必须是在财务上做出口销售处理的货物。出口货物只有在财务上做出口销售处理后,才能办理退(免)税。也就是说,出口退(免)税的规定只适用于贸易性的出口货物,而对非贸易性的出口货物,如捐赠的礼品、在境内个人购买并自带出境的货物(另有规定者除外)、样品、展品、邮寄品等,因其一般在财务上不做销售处理,故按照现行规定不能退(免)税。

(4)必须是已收汇并经核销的货物。按照现行规定,出口企业申请办理退(免)税的出口货物,必须是已收外汇并经外汇管理部门核销的货物。

国家规定外贸企业出口的货物必须要同时具备以上4个条件。生产企业(包括有进出口经营权的生产企业、委托外贸企业代理出口的生产企业、外商投资企业,下同)申请办理出口货物退(免)税时必须增加一个条件,即申请退(免)税的货物必须是生产企业的自产货物或视同自产货物才能办理退(免)税。

2.跨境电子商务企业,出口货物退(免)税需要满足的条件

(1)电子商务出口企业属于增值税一般纳税人,并已向主管税务机关办理出口退(免)税资格认定。

(2)出口货物取得海关出口货物报关单(出口退税专用),且与海关出口货物报关单电子信息一致。

(3)出口货物在退(免)税申报期截止之日内收汇。

(4)电子商务出口企业属于外贸企业的,购进出口货物取得相应的增值税专用发票、消

费税专用缴款书(分割单)或海关进口增值税、消费税专用缴款书,且上述凭证有关内容与出口货物报关单(出口退税专用)有关内容相匹配。

3.适用增值税、消费税的免税政策

电子商务出口企业出口货物[财政部、国家税务总局明确不予出口退(免)税或免税的货物除外,下同],同时符合上述条件的,适用增值税、消费税退(免)税政策。电子商务出口企业出口货物,同时符合下列条件的,适用增值税、消费税免税政策。

(1)电子商务出口企业已办理税务登记。

(2)出口货物取得海关签发的出口货物报关单。

(3)购进出口货物取得合法有效的进货凭证。

(二)出口货物退税方法

目前,企业货物出口退税主要有两种方式,分别是"先征后退"及"免抵退"。"先征后退"是指生产企业自营出口或委托代理出口的货物,一律先按照《增值税暂行条例》规定的征税率征税,然后由主管出口退税业务的税务机关在国家出口退税计划内按规定的退税率审批退税。"先征后退"办法,适用于没有进出口经营权的生产企业委托出口的自产货物。其特点是,对出口货物出口环节照常征收增值税、消费税,手续齐全给予退税。征税由主管征税的国税机关负责,退税由主管出口退税的国税机关负责。

"免抵退"适用于有进出口经营权的生产企业自营或委托出口的自产货物的增值税,计税依据为出口货物的离岸价,退税率与外贸企业出口货物退税率相同。其特点是,出口货物的应退税款不是全额退税,而是先免征出口环节税款,再抵减内销货物应纳税额,对内销货物应纳税额不足抵减应退税额部分,根据企业出口销售额占当期(1个季度)全部货物销售额的比例确定是否给予退税。具体来说,免:生产企业出口的自产货物、免征本企业生产销售环节增值税。抵:生产企业出口的自产货物所耗用的原材料、零部件、燃料、动力等所含应予退还的进项税额,抵顶内销货物的应纳税额。退:生产企业出口的自产货物在当月内应抵顶的进项税额大于应纳税额时,对未抵顶完的部分予以退税。

(三)出口货物退税流程

出口货物退税需要准备以下资料:采购合同、采购增值税专用发票、装箱单、代理报关委托书、报关单、销售合同、出口发票、形式发票、物流提运单及结汇水单或收汇通知书;如果产品需要商检的话,还需要提供产品的商检单。

一般而言退税的形式有:出口免税并退税,指货物在出口销售环节不征增值税,对货物在出口前实际承担的税收负担,按规定的退税率计算后予以退税;出口免税不退税,指货物在出口销售环节不征增值税,而且因为这类货物在前一道生产、销售环节或进口环节是免税的,因此出口时该货物的价格中是不含税的,也无须退税;出口不免税也不退税,出口不免税是指国家限制出口的某些货物在出口环节视同内销,照常征税,出口不退税是指对这些货物不退还出口前实际负担的税款。适用这个政策的主要是税法列举限制出口的货物。

出口企业办理出口退税首先得从征税机关处取得一般纳税人资格,并在商务部门办理备案登记,在货物出口过程中办理出口货物退(免)税认定手续并在报关出口后向征税机关提交纳税(预免抵)申报、从海关取得报关单并在外汇管理局办理收汇核销取得核销单,将这些单证收集齐全后便可向退税部门申报,申报成功则由银行将退税款打入企业账户。

三、进口海关清关

鉴于每个国家(地区)都对跨境进入自己领土的货物检验要求更加严格,进口通关问题往往比出口要复杂得多。一般而言,进出口海关通关的步骤为报关、查验、征税、放行。

全球跨境贸易蓬勃发展,"一带一路"打开了"筑梦空间",加强了世界经济共同体进程。在经济全球化进程中,世界各国(地区)海关对进口贸易政策也有所不同。

(一)进口货物形式

在跨境电商风靡全球之前,通关的货物主要有国际(地区间)邮件、快件、贸易货物,同时也存在水客、走私等非法渠道(见图8-1)。不同的进出口实物形式,针对它们的申报要求、税收方案、管理制度、检验体制也是不同的。一般而言,各国(地区)的进出口实物都有"物品"和"货物"的区分,物品多属合理自用的范围,货物属于贸易范畴,用于销售。海关对于物品大都免征、少征税;货物进口需要交纳关税及增值税等。值得注意的是,对于个人物品进口,海关根据合理的自用数量设有免征额,若超过免征额则会被视为"货物",个人在申报物品进口时,应该如实申报。

跨境电商的出现与兴起,使商品入境应该定位为何种货物形式,按照哪种形式征收税费与进行监管一开始成为难以解决的问题。在对跨境电商的货物形式进行归类时,一方面,由于跨境电商商品进口的一方是消费者,自用进口货物而不是用于贸易销售,因此不属于贸易方,不可归于国际(地区间)贸易货物一类;另一方面,跨境电商的寄送方不是个人,而多为电商企业,将跨境电商归为物品类,巨大的跨境电商货物量是个人物流监管难以实现的。因此跨境电商商品进口在起初属于灰色领域,随着跨境电子商务的迅猛发展,对于跨境电商的商品类型鉴定十分有必要。从2014年开始,国家海关及相关部门陆续出台了系列政策法规,促成跨境电商货物进口合法化,全力支持跨境电商发展。至此,合法的进口货物形式有:国际(地区间)邮件、快件、国际(地区间)贸易及跨境电商。

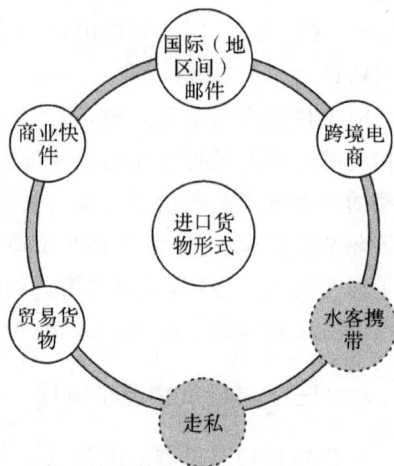

图 8-1　6种进口货物模式

(二)跨境电商清关流程

跨境电商的整个清关流程可以分为以下几个环节:消费者在跨境电子商务平台下单—电商运营方根据订单商品集采—货源方运用境内物流运送货物—入境海关报关检验完成清关—境内快递配送货品至消费者。

对于贸易货物类的进口清关,之前需要"一关三检",及海关对货物征收相应的关税、增值税、消费税,货物需通过商品检验、动植物检疫和卫生检疫。商品检验是质量监督与检验检疫机构通过检验给出货物质量、数量说明的过程;动植物检疫是为了防止危害动植物的病、虫、杂草及其他有害生物由境外传入境内或由境内传出去,对于保护环境非常关键;入境、出境的旅客、员工个人携带或者托运可能传播传染病的行李和物品应当接受卫生检查。现在货物清关只需要"一关二检",即海关、边防检查站、检验检疫局。

在国家出台政策方针合法化跨境电子商务的同时,也赋予了跨境电商在出入境的过程中多项通关便利。省掉了入境贸易货物的烦琐流程,实现"一次申报,一次查验,一次放行",即通过海关商检与电商、物流、支付、仓储企业的系统对接,信息共享与协同作业,自动合成电商企业提供的报关单、支付企业提供的支付清单、物流企业提供的物流运单,将三单信息一步到位合成为清单,集中向海关申报。在海关查验通过后,即可放行,货物交由境内物流方运送至客户或直接入库。

(三)跨境电商清关平台打造

跨境电商有两种入境通关模式,直邮和保税。直邮主要分为 EMS 直邮、个人快件和 BC(即 B2C,business to customer,企业对消费者)直邮 3 种模式。EMS 直邮的好处是速度相对较快,也比较稳定。对跨境电商来说比较关键的一点就是,除了抽查,它基本上是不用缴税的。而 EMS 的劣势也比较明显——价格较高;个人快件原则上是境外的个人发给境内的个人,用于自身使用的物品,因此这些物品都不需要备案,也不会受到正面清单的约束,但个人快件税率很高,根据商品类型分别有 15%、30% 和 60% 三档税率,虽然有 50 元的免征额度,但综合来说依然比跨境电商综合税高得多。BC 直邮又称保税直邮,是国家主推的一种方式,相对较快也较稳定,但每一单都必须缴税,并且需要进行备案,并受到正面清单的限制。

保税仓又称保税备货模式,主要流程为:货物到岸—报关报检—进海关监管仓—商家销售产品—数据通过试点平台向海关申报—海关审核—发货—消费者收货。货物进入保税区以后,是保税状态(暂时不交关税增值税,出区的时候要缴纳),发货的时候因为有订单、支付单、运单,以及消费者实名认证信息,所以是按照个人物品出区的,不征收关税、增值税。

这两种入境通关模式都基于电子信息化,为了更好打造跨境电商清关便利化,跨境电商公共服务平台应运而生,实现了跨境电商各方面业务的单一窗口,是电商、支付、物流、仓储、邮政、消费者与海关、国税、质量监督与检验检疫、外汇管理及相关政府机构之间的桥梁,整合了多项服务,完成企业备案、商品备案、订单、运单、支付单、物流状态及消费者身份等统一信息的交换。当跨境电商相关企业及其商品信息在跨境电商服务平台完成了备案后,三单数据从物流、支付等企业传输到企业备案的跨境服务平台,再有平台将数据打包传给海关管理平台,三单和海关所掌握的报关单进行数据核对,海关即可开始审单。与此同时,海关还可抽样查验货物,并与所有数据进行比对,比对无误后则可放行并完成清单,反馈结果也会通过服务平台告知报关企业。事实上,除了跨境电商公共服务平台,还有跨境电商通关服务平台与跨境电商综合服务平台。跨境电商通关服务平台是为外贸企业进口通关提供便利服务的系统凭证,主要为传统外贸企业、跨境电商进出口企业服务,它的建设节省了报关时间,提升了通关效率。跨境电商综合服务平台囊括了金融、通关、外汇、物流、退税等方面的综合代理服务,专为传统外贸企业、跨境电商进出口企业、跨境电商平台卖家服务,为用户打造了一站式服务,降低了外贸门槛和外贸风险,属于新兴服务代理企业。3 个平台分工协作,共同为企业、政府、个人等打造便捷服务。三者关系如图 8-2 所示。

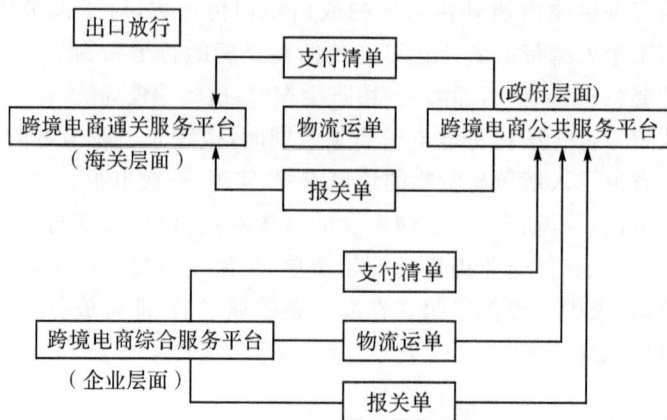

图 8-2　跨境电商平台关系

（四）关境扣关

在目的国（地区）遇到的最多问题当属扣关。遇到货物被扣关了这类问题时不必过于慌张，首先要了解货物被扣关的原因，因为每个国家、地区的关境条例都有所不同。当出现扣货、扣关，相关关境部会给出一份说明，里面涵盖了扣货原因，发件人或收件人必须配合关境部门提供相关的文件。

1.货物被扣关或者不允许清关原因

（1）商品、货物填写不详细、不清楚，须重新提供证明函，具体说明货物的品名及其用途。

（2）货物申报价值过低（关境部门有理由怀疑逃税）。

（3）国际（地区间）快递货物单、证不齐全，需要提供必需的单、证，例如发票、装箱单、进口许可证、3C 认证。

（4）敏感货物，属于进出口国家（地区）禁止或者限制进口、出口的物品。

（5）收货人条件不允许（没有进口权等）。

（6）超过目的国（地区）进口最低免税金额。

（7）其他当地国家（地区）规定的相关政策。

一般情况下，我国 B2C 遇到的大多数扣关问题是由于前三项中当地国家（地区）的相关政策。货物一旦扣关，发件人或收件人应尽量配合关境部门，提供相关的文件。一般情况下，关境部门会对货物进行评估，只要与发件人或收件人陈述相符，办理完清关手续，即可放行。

2.处理方法

（1）如因申报货值太低扣关，可与客户协商交关税后从关境部门拿货出来，如果关税不高可以考虑和买家分摊。

（2）如因手续不全的货物扣关，比如个人进口，关境部门要求有进口权，可以找有进口权的公司代理清关。

（3）如果需要相关认证手续，应将手续提供给海关。

（4）可以向关境部门申请货物退运，按国际惯例，清关不了的货物可以申请退运回发货地或是第三方贸易港口。

3.如何尽量避免海关扣货

(1)为了避免海关扣货,针对一般的包裹,尽量勾选"礼物",但不要直接在申报品名里填写"gift"。私人包裹相对被查的概率低一些。另外,关境部门扣货后,清关费是根据申报价值计算的,申报价值越高,清关费越高。

(2)了解各国(地区)政策。如澳大利亚虽然通关容易,但是电池类产品是海关不允许的,因此电池或者带电池的产品,尽量不要发往澳大利亚。如果一定要卖带电池的产品,可以给客户说清楚不发电池,只发产品。

(3)选择安全的递送方式。DHL 的扣货率是很高的,其次是 FedEx 和 UPS;相对安全的递送方式是航空挂号小包和 EMS,另外 EMS 就算是被关境部门扣货,还是能够免费退回到发货地点的。尤其是针对俄罗斯、巴西等海关极为严格的国家,航空挂号小包和 EMS 在通关上有绝对的优势。

跨境电商自发货、FBA 与海外仓的区别

(4)重量越重的包裹被关境部门扣货的可能性越大。

(5)不同产品被关境部门扣货的概率不同,如电子产品被扣的概率比服装类高。

(6)寄往不同的国家(地区),采用的申报策略也应有所不同。

【课后思考】

1.某境内家居企业想要开拓境外市场,请根据你所学的知识,为其选择跨境物流方式并说明理由,同时收集资料计算所需物流成本。

2.假设你是一位企业货物进口清关代理,请模拟为任意一企业货物报关,向企业提交清关流程说明并准备清关所需要的文件。

第八章课后练习

第九章

跨境电商支付

【学习目标】

了解第三方支付及跨境移动支付的概念,第三方支付的原理,第三方支付业务流程和第三方支付的优缺点;可以针对不同跨境电商平台选择不同的跨境支付模式;可以列举常用的跨境支付工具和跨境移动支付类型,可以辨析跨境支付风险;学会如何防范跨境支付风险,并了解跨境电商支付发展方向。

【章节纲要】

本章主要分四节来阐述与探讨跨境支付问题。第一节主要介绍跨境电商支付管理,第二节主要介绍跨境电商支付渠道和跨境移动支付,第三节主要介绍跨境电商收款账户设置与卖家提现,第四节主要介绍跨境电商支付的发展前景。

第一节　跨境电商支付管理

一、跨境电商支付产生的背景

跨境
电商支付

传统进出口货物或服务贸易受到全球经济增长放缓、需求降低、人力成本上涨等诸多不利因素影响,集装箱式传统外贸大额贸易方式受到一定的冲击,市场规模增长乏力,进出口业务发展趋缓,出口业务甚至出现负增长。而随着互联网技术的迅猛发展和日渐成熟,在传统外贸出口增长乏力之际,我国跨境电子商务发展却呈现迅猛增长的势头,一跃成为我国外贸新的增长点,成为国际(地区间)贸易的新方式和新手段,逐渐成为我国外贸不可忽视的新增长点,改变着传统国际贸易(地区间)格局。

随着中国跨境网购用户数量的激增、人民币升值及物流配送环节的不断成熟和完善,境内用户的境外网购交易额呈现逐年递增趋势。在跨境电商、海淘、留学教育、出境游等产业的推动下,中国跨境清算结算需求增长强劲,跨境电商支付市场将获得极好的发展机遇。在当前经济全球化、金融全球化、消费国际化的环境下,跨境电子支付服务已经成为中国支付体系的重要组成部分,并在跨境商务和个人消费生活中发挥重要的作用,在现代支付体系中扮演着越来越重要的角色。随着跨境电子商务和非金融机构支付业务的迅猛发展,一些规模较大、发展比较成熟的支付机构对扩展跨境支付业务的需求逐步强烈。2009年,国家外汇管理局批复同意支付宝和财付通开办境外收单业务,外卡支付业务一直未予放开。但实际业务中,个别支付机构通过境外设立分公司的方式变相开展了外卡支付。占我国跨境第三方支付市场份额最大的支付宝近年业绩增长迅猛,但每年数百亿美元规模的跨境第三方支付市场仍主要由美国 PayPal 等境外支付公司主导。大量跨境电商企业在境外开立账户收取货款,并通过个人分拆结汇等方式流回境内。同时,这些境外支付公司对我国境内外贸企业不仅收费高,而且管理苛刻,在发生纠纷时普遍偏袒境外持卡人,冻结我国境内企业的资金动辄数月甚至半年。因此,扶持我国自有支付公司拓展跨境业务,对于促进我国跨境电子商务和第三方支付市场健康发展具有重要意义。

二、第三方支付概念

迅猛发展的电子商务浪潮改变了传统购物方式和商业模式,消费者通过网上购物可以享受到境外质优价廉的商品。然而,跨境电子商务与境内电子商务相比,买卖双方风险更难控制。在跨境电商平台这种虚拟的无形市场,交易双方互不认识,不知根底,卖家不愿先发货,怕货发出后不能收回货款;买家不愿先支付,担心支付后拿不到商品或商品质量得不到保证。由于货物和款项在国家(地区)间传递交易,物流与资金流在时间和空间上不同步,各国或各区域语言不同,法律法规各异,相隔万里。这种信息不对称,导致商家与消费者的彼此信任度相对较低。因此安全、便捷的支付方式,成为商家和消费者最为关心的问题。

传统国际(地区间)贸易中所使用的结算方式难以满足单票金额较小、批量较多及批次较多的碎片化跨境电商的需要,传统的结算方式主要有电汇(T/T)、托收和信用证(L/C)。电汇和托收以商业信用为基础,出口商需要承担较大的风险,且贸易融资不便。信用证以银行信用为基础,虽可以降低出口商的收款风险并提供融资便利,但手续较为繁杂,费用较高。而跨境电子商务的每笔成交金额较低,无法承担国际(地区间)贸易中传统结算方式的费用,亟待低费用甚至零费用的支付手段,以解决跨境电子商务发展过程中跨境支付费用高昂的难题。

正是在这种背景下,第三方支付在国际(地区间)小额贸易中应运而生。第三方支付是指具备实力和信誉保障的第三方企业和境内外的各大银行签约,为买方和卖方提供的信用增强服务。在银行的直接支付环节中增加一个中介,通过第三方支付平台交易时,买方选购商品,不直接将款项打给卖方而是付给中介,中介通知卖家发货;买方收到商品后,通知付款,中介将款项转至卖家账户。它在商家与消费者之间建立了一个安全的可以信任的中介,可以对双方进行监督和约束,满足了商家与消费者对信誉和安全的需求。为了解决网络交易安全问题,可使用"第三方担保交易模式"。第三方是买卖双方在缺乏信用保障或法律法规支持的情况下的资金支付"中间平台"。买方将货款付给买卖双方之外的第三方,第三方提供安全交易服务,其运作实质是在收付款人之间设立中间过渡账户,使汇转款项实现可控性停顿。第三方担当中介保管及监督的职能,并不承担相应的风险,属于支付托管行为,通过支付托管实现支付保证。

三、跨境电商支付原理

第三方支付系统的实现原理:第三方机构与各个主要银行之间签订有关协议,使得第三方机构与银行可以进行某种形式的数据交换和相关信息确认。这样第三方机构就能在持卡人(消费者)与各个银行及最终的收款人(商家)之间建立一个支付的流程。

第三方机构必须具有一定的诚信度。在实际的操作过程中,这个第三方支付机构可以是发行信用卡的银行本身。在进行网络支付时,信用卡卡号及密码的披露只在持卡人和银行之间转移,降低了通过商家转移而导致的风险。

同样当第三方是除了银行以外的具有良好信誉和技术支持能力的某个机构时,支付也通过第三方在持卡人(或者客户)和银行之间进行。持卡人首先和第三方以替代银行账号的某种电子数据的形式(例如邮件)传递账户信息,避免了持卡人将银行信息直接透露给商家,另外也不必登录不同的网上银行界面,取而代之的是每次登录时,都能看到相对熟悉和简单的第三方机构的界面。在第三方支付模式中,商家看不到客户的信用卡信息,同时又避免了信用卡信息在网络多次公开传输中导致的信用卡信息被窃事件。

目前,我国跨境电商企业在跨境商品交易中主要有5种不同的商业模式:传统跨境交易资讯平台模式、门户型B2B综合平台模式、综合型垂直跨境小额平台(B2C、C2C、B2B)模式、第三方服务平台(代运营)模式和垂直型跨境小额交易网站(独立B2C)模式。未来,随着跨境电商政策的完善和电商运营方式的创新,可能会出现新型的商业模式。随着我国进出口贸易在全球市场份额的提升和跨境电商的快速发展,跨境电商支付市场将获得极好的发展机遇。目前,我国个人用户跨境支付场景主要分布于跨境网络消费、跨境转账汇款等领域,其中用于跨境网络消费的跨境支付网民比例最高,在跨境消费群体中占比为65.7%。

第二节　跨境电商支付渠道和跨境移动支付

从目前支付业务发展情况看,我国跨境电子支付机构主要有境内外第三方支付机构、银联、银行。从我国跨境电商支付的影响力看,境内外第三方支付机构成为用户的首选。目前,PayPal作为全球最大的在线支付公司,在第三方支付机构中占据重要地位。当前,PayPal业务支持全球203个国家和地区的26种货币交易,尤其在欧美普及率极高。同时,PayPal还是在线支付行业标准的制定者,在全球支付市场中获得认可,拥有很高的知名度和品牌影响力。中国跨境交易的用户,也受此影响,更多地选择了PayPal,尤其是在个人海淘用户和跨境B2C商家中,使用率更高。不过,在跨境支付领域,PayPal在我国跨境支付的绝对领先地位已经开始受到挑战。支付宝凭其在境内第三方支付领域的良好基础,逐步进军跨境电商支付领域。2007年8月,支付宝与中国银行等机构合作,推出跨境支付服务。从2009年开始,支付宝先后和维萨(Visa)和万事达卡(Mastercard)进行合作,这两大全球发卡机构在港、澳、台地区的持卡用户都可通过支付宝在境内的淘宝网进行购物,从而完成双向的跨境支付服务。截至2019年,支付宝的跨境支付服务已覆盖54个国家和地区,支持美元、英镑、欧元、瑞士法郎等10多种外汇结算。

2013年9月,国家外汇管理局公布了支付宝等17家第三方支付机构获得跨境电子支付的试点资格。境内第三方支付机构开始广泛介入跨境电商在线交易及跨境电子支付业务。财付通与美国运通(American Express)合作,其网络支付服务能够借道美国运通,实现在美、英两国GlobalShop等热门购物网站跨境在线购物、支付。快钱则从2012年年初推出适合外贸电商用户的一揽子跨境支付、国际收汇服务方案,通过与西联汇款的合作,实现自动化的汇款支付处理,帮助外贸电商消除烦琐的结汇流程并规避风险。目前,快钱能够支持总量达15亿张信用卡的Visa、MasterCard、American Express、JCB等国际卡支付,为外贸电商提供一体化结汇服务和专业化的风控服务。汇付天下则专注小微企业市场,重点在航空产业链等B2B商务市场,特别是在航空机票支付领域,市场份额占比较大。

银联的跨境支付起步更早。银联卡2004年开通了香港、澳门地区服务。截至2021年,银联卡可在178个国家和地区实现跨境支付。在境内,其跨境支付优势明显。

一、跨境电商平台及主要支付方式

与当前跨境电商经营模式相对应，跨境电商支付结算方式也有所不同，主要模式如下。

（一）传统跨境 B2B 信息/交易服务平台（大宗 B2B）模式

主要为中国外贸领域规模以上 B2B 电子商务企业服务，如为境内外会员商户提供网络营销平台，传递供应商或采购商等合作伙伴的商品或服务信息，并最终帮助双方完成交易。传统跨境 B2B 信息平台的典型代表有环球资源网、Made-in-China、Directindustry.com 等。大宗交易平台仅提供买家和卖家信息，提供商家互相认识的渠道，不支持站内交易。外贸交易主要以线下支付为主，金额较大。因而，线下支付一般采用电汇（telegraphic transfer，T/T）、信用证（letter of credit，L/C）、西联汇款（Western Union）等方式。传统跨境 B2B 交易平台（门户型 B2B 综合平台模式）的典型代表有 eBay、阿里巴巴国际站、敦煌网、慧聪网等。主要提供交易、在线物流、纠纷处理、售后等服务。门户型平台的市场集中度较高，这种平台模式多采用线上支付，支付方式以 PayPal 等方式为主。

（二）综合型垂直跨境 B2C（含部分 B2B）小额平台模式

主要提供交易、在线支付、物流、纠纷处理、售后等服务，以小额批发零售为主。代表性平台有兰亭集势、米兰网、大龙网、Chinavasion、TOMTOP 等。这种模式普遍采用线上支付方式，如 PayPal、信用卡、借记卡等。

（三）第三方服务平台（代运营）模式

不参与电子商务的交易过程，专门为各类小额跨境电子商务公司提供整体解决方案，协助客户提供交易后台的支付、物流及客服服务，属于专业平台技术支持方和运营方。支付方式按客户需求，可有多种选择。

（四）垂直型跨境小额平台（独立 B2C）

一般通过自建 B2C 平台，将商品销往境外，其主要业务包括交易、物流、支付、客服等。这种模式与综合型垂直平台一样，普遍采用线上支付，如 PayPal、信用卡、借记卡等。

跨境电子商务的业务模式不同，采用的支付结算方式也存在着差异。跨境电子支付业务会涉及资金结售汇与收付汇。从支付资金的流向来看，跨境电商进口业务（包括个人消费者海淘）涉及跨境支付购汇，购汇途径一般有第三方购汇支付、境外电商接受人民币支付、通过境内银行购汇汇出等。跨境电商出口业务涉及跨境收入结汇，其结汇途径主要包括第三方收结汇、通过境内银行汇款、以结汇或个人名义拆分结汇流入等。

二、跨境电商支付渠道与工具

（一）境内用户跨境转账汇款主要渠道

境内用户跨境转账汇款渠道主要有第三方支付平台、商业银行和专业汇款公司。艾瑞调研数据显示，我国使用第三方支付平台和商业银行的用户比例较高，分别为 82.2% 和 81.4%；其中第三方支付平台使用率更高，占比 50.9%。相较于商业银行较高的费率和专业汇款公司有限覆盖网点,第三方支付平台能同时满足用户对跨境汇款便捷性和低费率的需求,因此,受到越来越多的用户的青睐。跨境转账汇款用户使用在线跨境支付方式较多。此外,"信用卡刷卡支付"在整体偏好中占比也较高。

境内外跨境电商网站支付渠道选择存在差异。中国网民在境内跨境电商网站和境外电商网站消费时选择使用的跨境支付方式有共性,第三方支付比例均较高。当然,两者也存在一定差异。境内跨境电商网站支付用户选择的前两位是第三方平台支付和网银在线支付,而境外电商网站支付用户选择的前两位是第三方平台支付和信用卡在线支付。相比较而言,除了在境内外都占首位的第三方支付方式以外,境外电商网站支付选用信用卡比例更高,这与其整体支付习惯有关,因为信用卡本身在境外使用就更为普遍。

因为每个支付工具优势各异,便捷性和实效性也不同,下面简单介绍几种跨境电商转账汇款的主流支付方式。

(二)跨境电商转账汇款主流支付方式

1. 电汇(telegraphic transfer,T/T)

电汇是实际外贸中运用最多的支付方式,大额的交易基本上都选择电汇方式,建议低于1万美元高于1000美元的订单也可以选择电汇方式。

(1)电汇银行手续费

电汇的银行手续费一般分为三部分:第一部分是付款人付款,银行产生手续费,可以由付款人单独支付,也可以在付款金额中扣去;第二部分为中转银行的手续费,一般在汇款金额中扣去;第三部分为收款人收款行的手续费,从汇款金额中扣去。

(2)电汇到账时间

电汇的到账时间根据各个银行不同区别很大,从三个工作日到一周不等。

2. 西联汇款

西联汇款是国际汇款公司 Western Union 的简称,是世界上领先的特快汇款公司,它拥有全球最大最先进的电子汇兑金融网络,代理点遍布全球近200个国家和地区。

(1)支付时间

使用西联汇款支付大概需要花费15分钟的时间。

(2)支付操作过程

只需告诉客户收款人的联系方式(名字、地址、电话),无须银行账号。客户汇款之后会给你如下信息:sender,即客户的名字;receiver,即收款人的名字;MTCN(money transfer control number,汇款监控号),即汇款人通过西联汇款方式把钱打到收款人账户提供给收款人的付讫凭证。汇款前收款人提供给客户的是收款人身份证上的名字(拼音);汇款后客户提供给你的信息有:汇款人的姓名、汇款人的国家、汇款的币种和金额。有了这些信息,收款人就可以持身份证去办理西联业务的银行取钱了。

(3)费用

西联汇款由付款方承担手续费,不同国家(地区)付款费用不一样,客户可到当地的西联付款银行咨询一下。

（三）线上支付工具

1. PayPal

小额支付建议首选 PayPal，PayPal 是一个国际（地区间）第三方在线支付工具，在线付款方便、快捷，另外可以消除买家付款后收不到货的隐忧，境外买家使用率在 80% 以上，买家覆盖面广，欧美地区尤其流行。另外，开通 PayPal 可以带来更多订单，只需用一个邮箱来注册，开户是免费的。作为一个第三方工具，PayPal 买家遇到问题可以向 PayPal 直接投诉。

关于 PayPal 还有一个问题需要注意，就是 PayPal 和贝宝的区别。它们类似于支付宝的国际版和国内版，PayPal 国际版允许在其在多个国家和地区发送和接受付款，贝宝是它的中国版，只能向中国用户发送和接受付款。

2. 信用卡收款

在欧洲和美国，主流的付款方式还是信用卡。信用卡是连接个人信用资料的，所以信用卡是非常安全的付款方式。现在跨境电子商务平台，通过与 Visa 和 MasterCard 合作，都可以使用信用卡支付。下面，就不同国家（地区）进行分类。

（1）北美地区（泛指美国和加拿大）

北美地区是全球最发达的网上购物市场，北美地区的消费者习惯并熟悉各种先进的电子支付方式。网上支付、电话支付、邮件支付等各种支付方式对于美国消费者来说并不陌生。在美国，信用卡是在线使用的常用支付方式之一。

一般的美国第三方支付服务公司可以处理支持 158 种货币的 Visa 和 MasterCard，支持 79 种货币的美国运通卡，支持 16 种货币的大莱卡（Diners Card）。同时，PayPal 也是美国人异常熟悉的电子支付方式。与美国做生意的中国商家必须熟悉这些电子支付方式，一定要习惯并善于利用各种各样的电子支付工具。美国是信用卡风险最小的地区，来自美国的订单，因为质量的原因引起纠纷的案例并不多。

（2）欧洲地区

欧洲人最习惯的电子支付方式除了 Visa 和 MasterCard 等国际卡之外，还很喜欢使用一些当地卡，例如，Maestro（英国）、Solo（英国）、Laser（爱尔兰）、Carte Bleue（法国）、Dankort（丹麦）、CartaSi（意大利）等。

欧洲和中国商户联系比较多的国家包括英国、法国、德国、西班牙。相比较而言，英国的网上购物市场比较发达，而且不少特点类似美国。PayPal 在英国的使用非常普遍，当然，使用英国的 PayPal 账号来收款更有利。一般来说，欧洲国家的消费者比较讲诚信，但也要注意，西班牙的网上零售具有比较大的风险。

（3）日本

日本本地的网上支付方式以信用卡付款和手机付款为主，日本人自己的信用卡组织为JCB，支持 20 种货币的 JCB 卡常用于网上支付。除此之外，一般日本人都会有一张 Visa 和 MasterCard。同其他发达国家相比，日本与中国的网上零售贸易没有那么发达，但线下日本人在中国的消费相当活跃，尤其针对日本的游客。目前，支付宝和日本软银电子支付公司已签订战略合作协议，面向日本企业提供支付宝的跨境在线支付服务。估计随着支付宝进入日本市场，境内习惯支付宝的用户也可使用支付宝直接收取日元。

在日本使用手机上网的人群数量已经超过使用个人电脑的人群数量,他们也很习惯使用手机进行网上购物。他们的手机可以用来做机场登机验证、大厦的门禁钥匙、交通一卡通、信用卡、支付卡等。在这些应用背后提供技术和软件方案的是索尼的子公司 FeliCa 公司。支付手机内置 FeliCa 支付芯片,芯片中植入用户身份信息和支付数据。这些芯片由索尼联合 Renesas(瑞萨电子株式会社)和 Toshiba(东芝集团)提供。

另外,由索尼、手机运营商 NTTdocomo、交通运营商 JR East 组成的联盟推进着手机支付生态系统的发展。运营商、商店、信用卡发行商及手机制造商达成统一协议,FeliCa 负责具体实施。在日本几个最大的城市里,有大约 110 万人使用 Suica(西瓜卡)手机购票或购买自动售卖机的商品。

(4)中国

在内地(大陆),最主流的支付方式由以支付宝和财付通为首的非独立的第三方支付平台提供,用户可以在平台进行充值的,由平台付款,这些平台都集成了大部分银行的网上银行功能。所以境内不论是信用卡还是借记卡,只要你的银行卡开通了网上银行功能,都可以用来进行网上购物。年轻的白领群体中,使用信用卡已经变成一个非常普遍的现象。

在香港、台湾和澳门地区,消费者最习惯的电子支付方式是 Visa 和 MasterCard,他们也习惯用 PayPal 电子账户支付款项。2007 年,台湾知名电子商务提供商、网易交易平台 eDynamic(网劲科技)正式宣布与支付宝合作。这意味着,支付宝用户可以在台湾的购物网站上进行购物,并通过支付宝解决支付问题。

(5)韩国

韩国网上购物市场非常发达,他们主流的购物平台多为 C2C 平台,如 Auction、Gmarket、11ST 等。另外,还有众多的 B2C 网上商店,如一些品牌企业的店铺和一些明星开设的店铺。韩国的在线支付方式较为封闭,一般只提供韩国国内银行的银行卡进行网上支付,Visa 和 MasterCard 的使用比较少,而且多列在海外付款中,以方便非韩国的外国客人购物。PayPal 在韩国也有不少人使用,但不是一种主流的支付方式。

(6)澳大利亚、新加坡、南非和南美地区

对于与澳大利亚、新加坡和南非等地区的商人做贸易的商户来说,最习惯的电子支付方式是 Visa 和 MasterCard,他们也习惯用 PayPal 电子账户支付款项。澳大利亚和南非的网上支付习惯类似于美国,使用信用卡较多,PayPal 也很普遍。在新加坡,银行界三巨头——华侨银行、大华银行和星展银行的互联网银行服务发展迅猛,直接信用卡和借记卡的网上支付也很方便。在南美的巴西也有不小的网上购物市场,人们虽然在网上购物比较谨慎,但网上购物市场也是一个非常有前景的市场。

(7)其他欠发达国家(地区)

在东南亚欠发达国家、南亚部分欠发达国家(地区),非洲的中北部等,这些地区一般也使用信用卡支付。在这些地区用电子收账的方式接收欠发达国家(地区)的跨境支付存在较大风险。这时候要充分利用第三方支付服务商提供的反欺诈服务,事先屏蔽掉恶意诈骗的有风险的订单。一旦接到这些地区的订单,需要三思而后行,多进行背景调查,尽量减小经营风险。

三、跨境移动支付方式

以下是一些境外移动支付的解决方案,包括许多电子钱包移动支付平台、附有读卡机的手机 APP 等。

（一）iPayment MobilePay

该支付系统是由 Flagship Merchant Services 和 ROAMpay 开发的。该系统可以接纳各种支付卡,同时可以记载现金交易记录。这款 APP 可以通过顾客地址框,帮助用户建立顾客资料数据库。2018 年被 Skrill 和 NETELLER 母公司收购后,更名为 Paysafe。

（二）Square

Square 是一种简易的信用卡支付系统。Square 提供免费的 APP,并为 iPhone 和 iPad 用户提供免费的信用卡读卡机。此外,Square 提供一系列的工具,帮助用户跟踪销售额、税金等数据,同时也可以显示顾客购买数据,从而让我们知悉哪些顾客买得最多。Square 的价格算是比较高的,不提供按月支付的服务。但是如果你使用移动支付的频率不那么高,那么 Square 算是一个不错的选择。

（三）PayPal Here

PayPal Here 可以接受多种多样的支付方式,包括信用卡、PayPal、支票和发票等。通过 PayPal Here 用户可以清晰地罗列出销售额,也可以计算税金,提供折扣,管理支付邮件通知单等。PayPal Here 可以兼容 iOS 和安卓系统。APP 和读卡机是免费的。

（四）谷歌钱包（Google Wallet）

谷歌钱包是一种虚拟钱包,可以帮助商家创立更具吸引力的购物体验。无论商家运营的是网店还是实体店,都可以使用谷歌钱包。谷歌钱包通过销售终端的近场通信(near field communication,NFC)读卡机,帮助实体店商家的顾客使用手机进行支付。谷歌钱包还可以帮商家展示优惠商品。如果使用谷歌钱包的 InstantBuy 功能(即时购买),顾客可以在商家的移动网站上快速地完成结算。

（五）Intuit GoPayment

Intuit GoPayment 是 Intuit 公司开发的 APP,接受信用卡、支票等支付工具。这款 APP 可与 QuickBook 和 Intuit 公司的其他销售终端产品同步使用。兼容安卓系统和 iOS 系统,读卡机免费。

（六）LevelUp

LevelUp 是一种使用 QR 代码的移动支付系统。使用时,扫描仪 LevelUp 与 POS 机相连,或者使用独立的扫描仪也可以操作。此外,通过 LevelUp Merchant APP,用户可以使用智能手机的摄像头读取 QR 代码,输入交易金额并完成支付。LevelUp 还提供了一系列的工具帮助用户利用顾客数据资源。

（七）ISIS

ISIS 支付可以帮助实体店通过近场通信终端,从顾客的手机中收取相关货款,以"非接触的传输方式"简化顾客支付的程序。

（八）Boku

在 Boku 系统的帮助下，顾客以手机号码为媒介，直接从手机账单中扣除他们购买商品的金额，而无须提供信用卡号码、银行账号等信息，也无须注册。Boku 上的支付选项也可以添加到手机网站里。

（九）PayAnywhere

通过读卡机，PayAnywhere 可以在智能手机和平板电脑上使用。根据你所处的具体位置，它还可以自动计算税费，提示折扣商品信息、商品图片、库存信息及其他数据。这一系统有英语和西班牙语两个版本。它的 APP 和信用卡读卡机是免费的，与安卓系统和 iOS 系统兼容。

（十）mPowa

通过 mPowa 这款 APP，顾客可以使用信用卡、借记卡和支票进行支付。mPowa 即将推出 PowaPIN 芯片和 PIN 读卡机，从而与 Europay、MasterCard 和 Visa（EMV）等支付卡标准接轨。在欧洲，EMV 在信用卡里嵌入芯片而不再使用磁条，以避免信用卡被仿冒造假。mPowa 支付系统为商家向全球扩张业务提供了良好的解决方案。

（十一）MCX

MCX 是由一大群零售公司创建并发展的一种移动 APP。该支付系统的解决方案目前还不明晰，但是 MCX 致力于提供一种可订制的个性化平台服务。MCX 的所有者团队的成员包括一系列的零售商，比如便利店、药店、食杂店、快餐厅、特色商品零售店和旅游行业的商家。

四、各个平台收款方式

（一）境外收款主要方式

境外收款方式主要有以下几种：信用证（L/C）、电汇（T/T）、现金支付、西联汇款、PayPal、MoneyGram（速汇金）、收汇卡及信用卡等。

（1）信用证和电汇适合大额的交易付款，对卖家来说也是最安全的。如果客户需要向卖家支付几十至几百美元，就会显得非常麻烦。

（2）现金支付要求交易双方面对面交易，阻碍了绝大多数交易的完成，同时也不适合现在电子商务的需求。

（3）西联和 MoneyGram 是全球最快的两种汇款方式，均能在几分钟内取到现金，而且对卖家来说手续简单。不过由于资金是瞬间到达，西联和 MoneyGram 也被一些国际欺诈团伙所利用。这两种方式应该说是非常快捷的汇款方式，不过从理论角度来看，确实非常不安全，假设卖家有欺诈行为，买家将拿卖家毫无办法。eBay 之所以杜绝西联汇款，也是想从制度上杜绝这种情况发生。

（4）PayPal 是一种非常成功的在线支付方式，目前可以在 203 个国家使用，全球有 4.03 亿用户，不过在中国始终有个软肋，就是在境内提现不方便，而且手续费昂贵。PayPal 对买家的保护是最有力的,也就是对卖家的要求是最严格的,只要有人投诉,卖家的账号就很有可能被封。美国人爱用 PayPal 还有另外的原因,虽然 PayPal 账号是与信用卡相关联的,但拒付和理赔都能做到与信用卡无关。这样做的好处是不会影响到个人在银行的信用记录,因为 PayPal 的信用体系是相对独立的。

（5）信用卡如 Visa、MasterCard 收款应该拥有更多的优点,具体表现在:第一,现在程序将支付接口连接在一起,可支付的场景更广泛了。第二,信用卡的拒付相对麻烦,需要用户向银行提出申请,并且会在用户的银行记录里留下一笔,这样不利于拒付者的信用度,所以用户一般情况下不会无理取闹。第三,卖家可以多做一些工作来防止恶意拒付的情况出现,比如留下双方通信的内容记录,金额较大时要求对方将信用卡正反两面传真过来,这样可有效地防止恶意拒付情况的出现,还可以有意地回避某些恶意拒付较严重地区的客户。这样做的好处是,当银行出示调查单的时候,你可以用这些东西来拒绝用户对你的拒付。

（6）收汇卡收款,只针对美国的收款方式及 PayPal 提现。美国的客户可以通过电汇、银行转账、moneygram、PayPal 等方式支付到你的收汇卡内。你也可以向美国境内的任意客户进行汇款转账。这张卡还可以用于你 PayPal 账户提现,可在境内 ATM 机提现,但需要支付一定的手续费。

需注意的是,中国的个人结汇账户每人每年有 5 万美元的限制。信用卡收款,收汇卡是不受这个限制的。

（二）亚马逊收款方式

目前市面上常见的几种亚马逊收款方式有银行账户（包括美国银行账户和中国香港银行账户）、World First（万里汇）、Payoneer（派安盈）、PingPong、SKYEE 收款等。

1. 开户方式

（1）美国银行账户:需要自己本人到美国或找中介公司代理注册美国公司然后开通美国银行账户,整个周期会需要 1 个月以上,且费用在 1 万~2 万美元。

（2）中国香港银行账户:目前个人开户已经比较难。公司开户需先注册香港公司,费用在几千元人民币,周期在 1 个月以上。

因为账户开户过于麻烦,加上汇率较高,现在除了一些需要用到境外公司和账户的大卖家外,用美国账户和中国香港账户的人越来越少。

（3）World First 卡:注册灵活,账户分为两种,个人账户和公司账户。个人账户持个人身份证即可开通,公司账户需提交公司营业执照,开通时间一般在 1~3 天。World First 支持开通美元、欧元、英镑、加元和日元 5 个币种,开户过程全免费。

（4）Payoneer 卡:注册灵活,可开个人账户和企业账户,提供美元、欧元、英镑和日元 4 种收款账户。一般情况,开通 Payoneer 账户时就默认开通美元、英镑、欧元和日元 4 个币种账户。

（5）PingPong:目前仅可开通美元账户。亚马逊商户在 Pingpong 现在暂时只能注册企业账户,Wish 商户可开个人账户和企业账户。

（6）SKYEE:目前开户仅支持内地公司与香港公司注册,暂不支持个人注册。SKYEE支持开通欧元账户,开户过程全免费。

2. 各收款方式介绍

（1）World First,简称 WF 卡,是一家在 2004 年于英国成立的外汇兑换公司,它的母公司 World First UK 有限公司是由英国金融行为监管局(Financial Conduct Authority,FCA)依据《2011 年电子货币条例》授权发行电子货币的(许可证号:900508)。FCA 是英国金融投资服务行业的中央监管机构,负责监管银行、保险及投资业务。

(2)Payoneer,简称 P 卡,是一家在 2005 年成立于美国纽约,是万事达卡组织授权的具有发卡资格的机构,也是亚马逊官方推荐的收款方式,提供全球支付解决方案,还可以像美国公司一样接收美国 B2B 资金。Payoneer Inc. 持有美国 Money Transmitter(货币转账)执照,并在 FinCEN(美国金融犯罪执法局)注册为 MSB(money service business,货币服务企业)及 MasterCard 组织授权的服务商。

(3)PingPong 金融是 2014 年成立的境内首家跨境收款平台,专注为中国跨境电商提供亚马逊收款服务。PingPong 金融拥有注册于纽约的金融服务子公司(PingPong Global Solutions),接受美国金融犯罪执法局的监管。

(4)SKYEE,又称收款易,由广州市高富信息科技有限公司于 2016 年成立,得到工商银行、中国银行和广发银行 3 家银行合计 28 亿元的授信,目前提供亚马逊欧元收款。SKYEE 旗下关联公司分别接受美国金融犯罪执法局监管及中国香港海关监管,资金安全有保障。

(三)Wish 收款方式

Wish 几种常见的收款方式对比如下。

1. Payoneer

优点:Payoneer 一直致力于为全球跨境电商中小企业提供创新的收款方式,积累了足够的电商收款经验;直接高效,中国卖家像欧美企业一样可以直接接收欧美企业的支付;破解了语言障碍,Payoneer 拥有专业的中文团队,如中文客服提供热线、邮件、QQ 等服务支持,可以为大小电商提供全方位服务;Payoneer 为中国卖家提供欧美收款银行账户和多种提现方式,支持银行电汇或人民币提现或通过万事达卡在 ATM 提现。

缺点:前期费用较高。

2. PayPal

优点:使用 PayPal 可以轻松拓展境外市场,因其覆盖境外 85% 的买家;使用 PayPal 可降低成本,比起电汇和西联汇款,PayPal 针对单笔交易在 1 万美元以下的小额交易更划算;使用 PayPal 可以加强买家对商家的信任度,因为很多境外买家都已非常习惯用 PayPal 付款;相比到银行汇款,PayPal 只需要一台电脑就可完成支付,省时省力很多,而且支持即时到账;商家因欺诈遭受的平均损失仅为其他信用卡支付方式的 1/6;支持包括国际信用卡在内的多种付款方式;只有交易才会产生手续费,没有任何开户费及年费,PayPal 成为跨境交易支付和接收款项最安全方便的方法之一。

缺点:因为 PayPal 是按交易金额百分比收取手续费的,所以适合单笔交易在 3000 美元以下的小额贸易;对冒牌、仿货等产品检查严格,一经发现马上冻结账号;账号操作不当很容易被冻结,为保障资金安全,PayPal 后台监控很严格,账号一有异常马上会冻结,比较麻烦。

3. 易联(payeco)

易联(payeco)提供跨境人民币支付业务,汇率采用银联国际的汇率。易联支付是跨境人民币支付通道,只需要绑定一张境内的银行卡即可收款。

优点:直接用人民币结账,钱直接划到境内账户;1～3个工作日就能到账。

缺点:Wish里面的美元会在10小时内转到香港监管账户,再实时转到广州监管账户,再在3小时内以人民币转到商户的银行账户,需要5～10个工作日,相对较慢,但适合大多数Wish卖家。

4. Bill.com

Bill.com的电子转账服务对象仅限于美国境内的个人。如果卖家选择了Bill.com,就必须输入姓名/企业名称、邮政地址、邮件、手机号码等。一旦从Wish平台收到款项,Bill.com会发邮件提醒。Bill.com可以提供电子转账也可以提供支票。

优点:手续费较低,且快捷。

缺点:仅限于有美国境内银行账户的卖家。

(四)速卖通收款方式

在速卖通平台,卖家需要设置两个收款账户:美元收款账户和人民币收款账户。

(1)买家通过信用卡支付时,根据国际支付渠道不同,款项会以美元或人民币的形式进入国际支付宝账户,然后分别以美元提现和人民币提现。

(2)买家通过T/T银行汇款支付时,款项将以美元的形式放款到客户的国际支付宝账户。也就是说,买家采用不同的支付方式,其货款将打入卖家不同的收款账户。

需要注意的是,速卖通绑定支付宝和银行卡就可以提现。提现人民币到支付宝是不收手续费用的,但提现美元是要收取15美元手续费用的。另外,可以提现美元的银行卡账户才可绑定。

(五)eBay收款方式

目前在eBay的收款方式主要是PayPal,分为电汇和支票提现两种。

1. 电汇提现

电汇提现具有速度快、安全性高的特点。从PayPal进行电汇提现,中国内地(大陆)用户可以选择提现至中国内地(大陆)银行账户、提现至中国香港银行账户,或者提现至美国银行账户。中国香港用户可以选择提现至中国香港银行账户,或者提现至美国银行账户。中国台湾用户可以选择提现至中国台湾银行账户,或者提现至美国银行账户。

电汇提现费用包括提现费、银行收费(具体咨询各银行)、退还费(如果款项到达银行,而银行拒绝入账,具体原因建议您咨询银行,则您需要支付一定的手续费)。另外不同币种有不同的最低提现金额。

2. 支票提现

可通过"Other Options"选项向PayPal申请支票。通过支票提现费用较低,但请充分考虑等待周期长及邮件可能在邮寄过程中丢失的风险。支票提现的费用分为提现费和退还费两部分,各币种的相关费用和最低提现金额也有所不同。

(六)敦煌网收款方式

敦煌网平台收款只需一张银行卡就可以了。卖家可根据自身经营的需要设置人民币银行账户和美元银行账户,或者只设置其中一个币种的账户,这并不影响提现的进行。并且,境内发行的储蓄卡(借记卡)一般都是默认多币种的,具体选择哪家银行,卖家可以自行查询手续费,或者向银行咨询。

需要注意的是,平台要求卖家在设置人民币账户时,输入的银行账号必须与平台身份认证的姓名一致。部分姓名中包含繁体字的卖家,需要跟开户银行确认银行的户名具体是怎么保存的。因为大部分银行系统是不支持户名为繁体字的,所以如果平台的身份认证姓名为繁体字,而银行为简体字,也会导致卖家提现时出现"户名与账号不符",导致提现失败的情况。

(七)Lazada 收款方式

Payoneer 和支付宝是目前 Lazada 为境内电商指定的两种较为常用的收款渠道。

1. Payoneer

只需一个 Payoneer 账户即可绑定所有 Lazada 站点收款。Lazada 每周打款一次,打款两小时内即可到账 Payoneer 账户,没有入账费。在提现方面,人民币结汇和外币电汇收取 1%～2%手续费,随着累计入账的金额增加而减少,最低可降到 1%(累计入账 300 万美元)。无论大小卖家都是 1～3 天提款即可到账银行账户。

2. 支付宝

入驻 Lazada 的卖家需注册一个企业支付宝账户,不仅能够快速进行企业认证,加快资料审核速度,还方便卖家进行收款方式绑定、解绑等一系列后续操作。不过 Lazada 越南站暂不支持这一收款方式。

支付宝针对中国商家给予了很多优惠政策,比如在使用人民币收款时,仅收取 0.3%的货币兑换费,并可以免费提现到银行账户等。

第三节　跨境电商收款账户设置与卖家提现

一、收款账户设置

(一)速卖通收款账户设置

在速卖通平台,需要设置两个收款账户:美元收款账户和人民币收款账户。为什么要设置两个账户呢?这是因为:第一,买家通过信用卡支付时,根据国际支付渠道不同,款项会以美元或人民币的形式进入国际支付宝账户,然后分别以美元提现和人民币提现。第二,买家通过电汇进行银行汇款支付时,款项将以美元的形式放款到收款方的国际支付宝账户。也就是说,买家采用不同的支付方式,其货款将打入收款方不同的收款账户。

了解了两个收款账户的基本情况之后,下一步就是对两个账户进行设置。

1. 美元收款账户绑定

第一步:登录速卖通,点击"交易"—"银行账户管理",进入"收款账户管理"界面,点击"创建美元收款账户"。

第二步:点击进入新建美元账户之后,可以选择"公司账户""个人账户"两种账户类型。

第三步:选择账户后,依次填写"开户名(中文)""开户名(英文)""开户行""SwiftCode""银行账号"等必填项。填写完毕后,点击"保存"按钮即可。

2.人民币收款账户绑定

第一步:登录速卖通网站,点击"交易"进入"收款账户管理"界面,选择"人民币收款账户"。

第二步:如果还没有支付宝账户,可以点击"创建支付宝账户";也可以使用已经有的支付宝,点击"登录支付宝账户"进行绑定。

第三步:创建或者登录成功支付宝账户后,即完成收款账户的绑定。

(二)亚马逊收款账户设置

World First 是亚马逊主要的收款方式之一,下面就以美国站为例看看如何设置 World First 作为亚马逊收款账户。

可以在开通 World First 账户时根据客户经理所发的"电子商务账户分配"邮件,找到 World First 美国银行账户信息(World First 美元账户),包括银行所在国家、银行账户持有人姓名(账户名)、9 位汇款路径号码、银行账号。也可以登录 World First Online 后台,在页面左下角找到这些信息,然后登录亚马逊美国站卖家平台(Amazon Seller Central)开始设置。

第一步:点击右上角的 Settings(设置)下的 Account Info(账户信息),如图 9-1 所示。

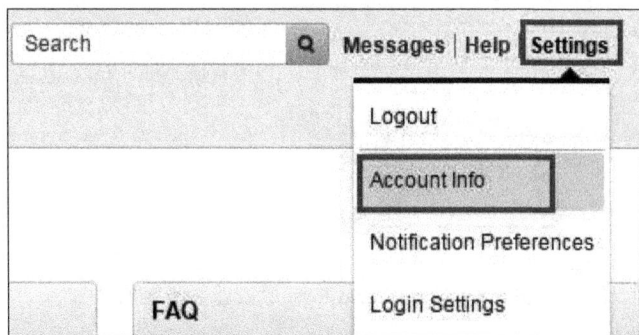

图 9-1　设置 World First 收款账户步骤一

接着点击 Deposit Methods(存款方式),如图 9-2 所示。

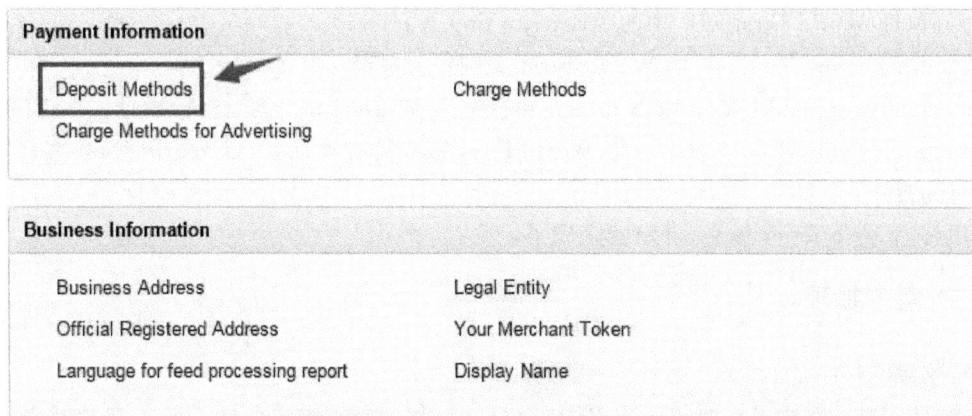

图 9-2　设置 World First 收款账户步骤二

第二步：选择要绑定的站点，点击右边 Add/Edit 按钮即可添加或修改收款方式，如图 9-3所示。

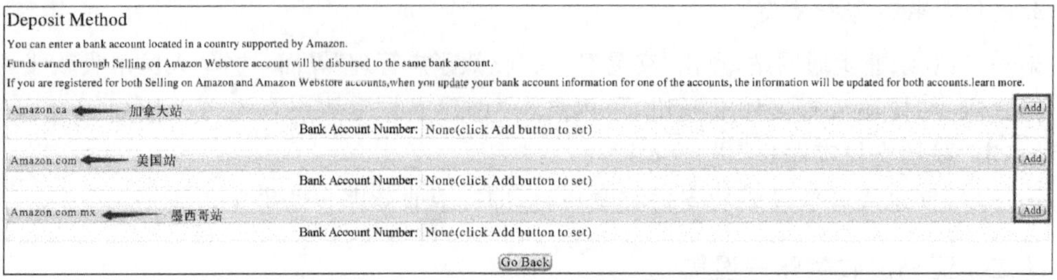

图 9-3　设置 World First 收款账户步骤三

第三步：将上面提到的 World First"电子商务账户分配"邮件中的信息对应着粘贴进来，如图 9-4 所示。

图 9-4　设置 World First 收款账户步骤四

Bank Location Country：即银行所在国家。美国选 United States，英国站选择 UK，欧洲站一般是选择 Germany。

9-Digit Routing Number：即 9 位汇款路径号码。填 World First 美元账户的 9 位汇款路径号码（即 World First 邮件中的 ABA Routing Number）。

Bank Account Number：填 World First 美国银行账号。

Retype your Bank Account Number：再次输入 World First 美国银行账号。

Bank Account Holder Name：填 World First 账户持有人姓名，以 World First 客户经理的邮件为准。

填好后，点 Submit 提交，绑定就完成了。

二、卖家提现

1. World First

World First 账户提现时 World First 会自动打款到卖家绑定的法人私人账户或者对公银行卡里。

收费标准如下。

(1)无年费,没有提款额度限制

①美国账户:一次性转款 1000 美元以下每笔 30 美元,1000 美元以上免手续费。

②英国账户:一次性转款 500 英镑以下每笔 10 英镑,500 英镑以上免手续费。

③欧元账户:一次性转款 500 欧元以下每笔 10 欧元,500 欧元以上免手续费。

④加元账户:一次性转款 1000 加元以下每笔 30 加元,1000 加元以上免手续费。

(2)汇损

每次转款汇损在 1%~2.5%,转款金额越大越优惠。

2. Payoneer

Payoneer 卡现在分有卡和无卡账户两种,有卡账户管理费每年 29.95 美元,无卡账户则不需要年费。Payoneer 转账无汇损,提现到境内 1~2 个工作日,结汇无限制。收费标准如下。

(1)入账

美元入账收 1% 手续费,累计入账 20 万美元则入账免费;欧元和英镑入账无须手续费,免费入账。

(2)提现

人民币结汇和外币电汇收取 1%~2% 手续费,1~2 天到账。新用户提现费为 2%,随着累计入账的金额增加而减少,最低可降到 1%(累计入账 300 万美元)。有卡用户也可以选择使用 Payoneer 卡在 ATM 取现或消费,但万事达国际组织会收取汇损,建议在急需资金或境外旅游时使用。

3. PayPal

PayPal 目前提现的方式比较繁杂,主要如下。

(1)提现到内地的银行卡

收取 35 美元的 PayPal 提现费加 12 美元的银行中转费。

(2)提现到中国香港离岸账户

收取 2.5% 的货币转换费。

(3)支票

提现支票是 5 美元的手续费,托收费由银行收取,通常费用在人民币 60 元左右,主要城市估计 10 天左右到,托收 1 个月左右,但存在寄丢的风险。

4. 连连支付

连连支付,利用"ERP+"的新模式开启跨境收款服务。有国际安全监管,由花旗银行保驾护航,收款提现更安全,每日下午 3 点之前提现可当天到账;"ERP+"的新模式使运营跟收款可以一站式达成,更便捷。

5. SKYEE

SKYEE 收款倡导公开、透明汇率报价,无任何隐性汇损或收费,且费率低,加上其"整合式"的结汇,可以减少电商企业的汇兑损失。

6. PingPong

PingPong 卡无年费,转款时手续费 1% 封顶,无其他附加费用。

第四节　跨境电商支付的发展前景

（一）第三方跨境支付市场份额将快速增长

从跨境电商出口看,随着全球电商市场的高速增长,我国外贸电商发展面临较好的机遇,跨境电商有望迎来高速发展期。国务院办公厅转发商务部等部门发布的《关于实施支持跨境电子商务零售出口有关政策意见的通知》中,提出 6 项具体措施解决跨境电商在海关、检验检疫、税务和收付汇等方面存在的问题,跨境电商甚至已经作为实现外贸转型升级的重要支点。跨境电商的高速发展,需要跨境支付的支撑,跨境支付市场无疑将成为支付领域新的增长点。受政策限制,在以往的跨境支付业务中,第三方支付公司所提供的外贸收单主要还是在香港用美元结算,之后客户再通过其他渠道将资金转移至境内。而外汇局的试点推行后,第三方支付公司即可直接在境内结汇给客户。跨境外汇支付的许可为中国第三方支付开辟了留学教育、航空机票及酒店住宿等服务贸易领域,使境内支付公司提供更大范围的跨境支付服务成为可能,从而为支付公司创造了更广阔的发展空间。

从跨境电商进口看,随着境内"海淘"需求日益强烈,跨境电商进口增长迅猛。虽然大部分境外网购网站都只支持 PayPal,但是使用 PayPal 账户进行支付也有其局限性,即境内消费者一旦把钱汇入 PayPal,便无法在境内取出,这导致消费者在跨境消费时出现对交易安全的担忧。国家外汇管理局积极推进支付机构跨境电子商务外汇支付业务试点工作,获得牌照的第三方支付公司即可通过银行为外贸电商提供外汇资金集中收付和结算的服务。此外,上海自贸区的东方支付等第三方支付机构,还将互联网支付产品由境内延伸至境外,打造跨境支付实时处理服务平台,全面实现客户通过第三方支付机构使用人民币进行境外购物的目标,极大地方便了境内客户境外购物的需求。这些便利措施,将使得境内第三方支付机构抢占更多的跨境电商支付业务市场份额。

（二）跨境支付一站式综合服务体系将受到零售电商青睐

2013 年,电子商务相关主管部门对跨境电商零售出口的结汇,开辟了两大通道:一是从 2013 年 9 月开始的跨境外汇支付业务试点;二是 2014 年 2 月在上海自贸区开放的跨境人民币支付业务。央行上海总部下发了《关于上海市支付机构开展跨境人民币支付业务的实施意见》,支付机构可依托互联网,为境内外收付款人之间,基于非自有贸易账户的真实交易需要转移人民币资金提供支付服务,跨境人民币支付业务为双向支付,包括境内对境外的支付和境外对境内的支付,不得轧差支付。但这两个支付通道实际上都存在不足,在跨境支付中业务量并未因获取牌照而出现井喷。在跨境外汇支付方面,境内机构在境外的影响力有限,境外用户还是习惯于使用认可度较高的信用卡和 PayPal,因而境内第三方支付机构能承接的业务量小。人民币跨境支付通道则因人民币境外存量不足,少有买家用人民币付款。此外,跨境电商零售模式下,卖家直接面对境外消费者,以销售个人消费品为主,物流方面主要采用航空小包、邮寄、快递等方式,其报关主体是邮政或快递公司,因而在检验检疫、结汇、出口退税等诸多环节都存在问题。

对于跨境电商,尤其是跨境 B2C 而言,一站式跨境支付综合服务是其迫切需要的。深受欧美客户欢迎的 PayPal,除了开展互联网支付、移动支付、信用支付、线下支付等核心业务外,它还为消费者提供便捷、安全的支付选择,同时为客户提供更多的延伸服务,比如提供跨境商业服务解决方案:代收代付、跨境电商、资金归集、咨询服务、O2O 服务等。甚至可以借助 eBay 在电商领域的资源积累,在支付、技术支撑及完善的金融服务体系方面,为电子商务行业及传统行业电商化提供综合解决方案,集合在线支付、移动支付、线下支付及信用支付等多元化支付解决方案,提供数据服务、营销服务、信贷金融服务等,通过对平台积累的庞大用户、商户交易信息进行数据挖掘和分析,为商户提供营销及供应链金融等增值服务。面对我国跨境电商零售企业的诸多不便,我国跨境支付机构,尤其是第三方支付机构,如果未来在政策支持下能加强与电子商务平台合作,全程参与商户商品展示、贸易撮合、在线签约、电子单证的拟定、资金托管,以及最终的支付结算、通关交付、出口退税等环节,提供一体化解决方案,实现全程无纸纯电子化交易,缩短交易周期,提升结算效率,其发展前景将十分广阔。这种一站式综合服务体系已逐步发展,如上海自贸区的东方支付与跨境通平台、哈尔滨中俄跨境电子商务在线支付平台等,集电子数据交换、身份认证、电子数据申报、数据整合汇总、数据控制管理、物流和通关状态信息查询为一体,实现网上支付、电话支付、便携终端支付(基于手机端和 PC 端)、电子钱包支付、手机支付等多种方式跨境支付。

跨境电商收款平台

【课后思考】

1. 跨境电商几种主流支付方式的对比。

2. 几种常见收款方式的对比。

3. 几种常见卖家提现方式的对比。

4. 亚马逊收款账户设置的步骤。

第九章课后练习

第十章

跨境电商法律问题与知识产权

【学习目标】

了解跨境电商相关的法律问题，了解知识产权对中国中小企业开展跨境电商业务的意义，列举跨境电商中知识产权侵权的常见形式，了解如何开展跨境电商知识产权保护。

【章节纲要】

本章主要分两节来阐述与探讨跨境电商运作过程中面临的法律问题及知识产权问题。第一节主要介绍跨境电商法律问题，第二节主要介绍跨境电商知识产权。

第一节　跨境电商法律问题

跨电
商法律问题

一、传统领域法律对跨境电商的影响

跨境电商是一种商业经济行为，涉及消费服务领域，也涉及知识产权领域。传统领域的法律法规对跨境电商活动会产生诸多影响，但是现有的传统领域的法律可能不一定适用于跨境电商活动，就目前的发展情况来看，这些传统领域的法律法规尚未建立、健全针对跨境电商行为的条款细则。

在消费领域，我国已制定《中华人民共和国消费者权益保护法》（以下简称《消法》）、《中华人民共和国产品质量法》、《中华人民共和国反垄断法》、《中华人民共和国反不正当竞争法》、《中华人民共和国价格法》和《中华人民共和国食品安全法》等来保护消费者权益。其中，又以《消法》与消费者最为贴近。2013 年，我国对《消法》进行了更新与修订，其中《消法》对网络交易加大了规范力度，甚至针对网络购物制定了七天无理由退货制度，而对跨境电商消费并未做出相关规定。在知识产权方面，我国制定了《中华人民共和国商标法》《中华人民共和国专利法》《中华人民共和国著作权法》等相关法律。各部法律之间的关系尚未理清，突出表现在《消法》第一条和第五十六条关于法律适用的问题上，前者是《消法》优先适用，而后者是其他法律法规优先适用。法律定位模糊不清，立法目的相互交叉，调整范围相互重叠，不仅无法形成法律保护的合力，还有碍于确定统一的规范跨境消费行为的指导思想。

在新《消法》中，网络购物七天无理由退货不等于无条件退货，消费者退货的商品务必保持完好。根据规定，消费者定做的、鲜活易腐的、在线下载或者消费者已拆封的音像制品、计算机软件等数字化商品，以及交付的报纸、期刊不能要求退货；此外，其他根据商品性质并经消费者在购买时确认不宜退货的商品，不适用无理由退货。目前，新《消法》对于这类商品并没有做出明确规定，这需要在实际案例中进行归纳。

近几年,支付环节安全事故频发,《消法》第二十九条规定经营者不得泄露、出售消费者个人信息,应采用技术措施防止消费者个人信息泄露或丢失,但尚未就发生信息泄露时双方的责任认定与补偿环节做出具体的规定,消费者也难以就数据泄露安全事故追究第三方支付机构关联责任。法律条款只是明确了警示作用,实际追责方面尚存在空白。当消费者与境外商户发生类似纠纷时,由于双方并未签订纸质合同,境外商户一般情况下无法受到境内法律法规约束,具体问题的举证与追责难以实现,不利于跨境电子商务消费者依法维权。

以《消法》为例,其自身尚存在一些法律真空地带,那么针对跨境电商这一新兴事物而言,现有的法律法规在涉及跨境电子商务活动时,肯定会存在一些条款不适用的情况,导致跨境电子商务活动出现类似法律诉求时,可能无法可依,或无适当的、合理的法律条款可以参考执行的现象。

二、电子商务相关法律对跨境电商的影响

电子商务在我国发展时间较长,发展模式业已相对成熟,相关环境较为完善,电子商务相关法律立法也提上日程。伴随着一些法律草案、管理办法、规定等相继出台,也会对跨境电商的法律环境造成影响。我国电子商务相关法律立法工作较国外落后,目前多集中在网络安全与支付方面。从法律层面,目前有《中华人民共和国电子签名法》,并于2015年进行了修订。《中华人民共和国网络安全法》自2017年6月1日起施行。其他关于网络、支付方面,多是一些政策与规章等。

针对电子商务的专门立法,即《中华人民共和国电子商务法》(以下简称《电子商务法》)于2013年12月7日经由全国人大常委会正式启动进入立法进程。《电子商务法》是政府、企业、个人以数据电文为交易手段通过信息网络所产生的,因交易所引起的各种商事交易关系,以及与这种商事交易关系密切关联的社会关系、政府管理关系的法律规范的总称。《电子商务法》立法工作启动后,根据第十二届全国人大常委会立法规划,被列入第二类立法项目。2014年11月24日,全国人大常委会召开了《电子商务法》起草组第二次全体会议,就电子商务重大问题和立法大纲进行了探讨。起草组明确提出,《电子商务法》要以促进发展、规范秩序、维护权益为立法的指导思想,在电子商务立法中,坚持问题导向,对电子商务经营的主体责任、交易与服务安全、数据信息的保护、维护消费者权益,以及市场秩序、公平竞争等方面的内容都进行规范。

2018年8月31日下午,第十三届全国人大常委会第五次会议表决通过了《中华人民共和国电子商务法》(以下简称《电子商务法》),并自2019年1月1日起施行。这是中国电子商务领域首部综合性法律,其出台也被评价为"关乎互联网电商行业格局"。其中,《电子商务法》在第二十六条、七十一条、七十二条、七十三条都提到了跨境电商。这些条款的规定,提高了跨境电商的监管效率,促进跨境电商的健康发展进入有法可依的阶段。

三、境外电子商务法律对跨境电商的影响

联合国国际贸易法委员会先后通过《电子商务示范法》《电子签名示范法》等,为各国及地区电子商务立法提供了一整套国际通行规则。作为电子商务及跨境电商法律体系较为健全的国家,美国制定了《统一电子交易法》和《电子签名法》,德国也颁发了《电子签名框架条件法》和《电子签名条例》。

欧盟在电子商务领域立法的目的在于确保电子商务在欧洲发展没有障碍,包括电子协议和新技术因缺乏法律依据而引发的发展障碍。起初,欧盟委员会提出了《欧盟电子商务行动方案》,并以此作为欧盟内部电子商务制定基本法律的框架。欧盟后续颁布了《电子商务指令》,该指令主要目的在于确保欧盟成员之间信息与服务的自由流动,促进内部市场的形成。《电子商务指令》协调了欧盟成员信息社会服务的国内相关法律,规定了服务提供者、电子合同、中间服务提供者的责任、纠纷解决机制及法律诉讼等内容。英国在跨境电子商务方面的立法借鉴了欧盟经验,同时又结合了英国自身情况与跨境电子商务发展的实际需要。与欧盟的立法相比,英国法律更加细致,更具有针对性。英国支持电子商务发展,降低了交易成本,提高了交易灵活性及收益,推动了跨境电商的发展。英国基于欧盟的《电子商务指令》颁发了《电子商务条例》,根据网络销售的发展制定的相关法律较为清晰。德国根据欧盟《电子商务指令》修订了新《民法典》,其中,以"特殊营销形式"模块对电子商务进行阐述,后续的《电信媒体法》是《电子商务交易统一法案》的第一章。

在跨境支付与金融监管方面,欧盟实施了《第一银行指令》与《第二银行指令》,界定了跨境支付环境下金融监管的责任归属与交易纠纷时的管辖归属问题。此外,欧盟还出台了《关于电子货币机构业务开办、经营与审慎监管的 2000/46/EC 指令》。在跨境物流方面,欧盟颁发了《欧洲电子商务发展统一包装配送市场绿皮书》,重申了对物流配送起约束作用的各项法令,包括《不公平消费者合同条款指令》《远程合同中消费者保护指令》《竞争法》等。此外,《鹿特丹规则》创设的电子运输记录制度,有利于推动跨境物流发展。

在信息安全与知识产权保护方面,欧盟的《远程销售指令》对消费者信息保护进行了详细的规定。欧盟还出台了《数据保护指令》,并以此对个人数据、数据主体和数据控制等方面做出规定。在知识产权方面,欧盟委员会正式公布数字单一市场战略,旨在数字时代改革欧盟单一市场。《版权法》改革包括 5 份提案,其中《数字化单一市场版权指令》、《内部市场中的在线内容服务跨境可携条例》和《电视与广播节目转播及广播组织在线播送条例》涉及欧盟版权法改革,另外两份提案是对《马拉喀什条约》的执行。此外,还有《关于在电子通信领域个人数据处理及保护隐私权的指令》《关于信息社会协调版权及相关权利某些方面的 2001/29/EC 号指令》。英国颁发了《数据保护法》《信息自由法》《隐私和电子通信条例》,德国颁发了《电信媒体法》《反不正当竞争法》等。

在税收方面,欧盟内部各成员反对对跨境电商交易免税。在跨境电商税务征收方面,欧盟认同国际合作模式,在渥太华会议与巴黎会议上,欧盟国家接受了经合组织跨境电商税收若干原则。英国在《电子商务条例》中规定,网络商店与实体商店都要征收增值税,网络销售商品都要缴纳税款,并向实体店看齐,采用无差别征收。德国网络销售的商品价格则为含税价,也与实体经济执行统一标准。

美国在电子商务及相关方面法律较为健全,除了早期的《电子资金划拨法》《金融服务现代化法》《统一货币服务法》外,还建立了《统一电子交易法》和《电子签名法》等法律。目前,美国的《全球电子商务政策框架》是跨境电商领域的重要文件。通过制定《互联网商务标准》《网上电子支付安全标准》,美国提出,安全可靠的支付系统有利于推动跨境电子商务发展。美国法律放宽物流行业准入,推动其向自由市场体系发展,相关法律包括《协议费率法》《汽车承运人规章制度改革和现代化法案》《斯泰格斯铁路法》《机场航空通道改善法》《卡车运输行业规章制度改革法案》等。在信息安全方面,美国提出《网络用户隐私权利法案》《国家网络空间可信身份国家战略》,并同欧盟签订了《隐私权保护安全港协议》。在交易纠纷处理方面,美国支持国内与全球形成统一的商务法律框架。美国各州采纳了统一的商务法规,支持在电子商务中使用国际合同,并确定电子合同的规则与范式、履行合同的标准、电子书写有效的条件,提出电子签名的可接受度。美国还牵头尝试构建跨境电商纠纷网上解决机制。在税收方面,美国发布了《全球化电子商务的几个税收政策问题》报告,对跨境电子商务全球关税设计进行了框架性构想。

亚太地区在电子商务及相关领域的法律条款,也值得参考与借鉴。韩国实行了《电子交易基本法》与《电子署名法》等电子商务基本法案,对电子商务行业进行了基础性的界定与约束。日本出台了《电子签名与认证服务法》,用于规范用户的认证和交易双方电子签名的使用。新加坡的第一部综合性电子商务法律,即《电子交易法》,为电子交易法律问题提供依据。马来西亚的《数字签名法》是亚洲较早的电子商务法。澳大利亚以联合国的《电子商务示范法》为蓝本,制定了《电子交易法》。在金融环境方面,韩国认为稳定的网络金融环境可以推动电子商务发展,由此颁发了《电子金融贸易基本法》。澳大利亚在支付领域颁发了《支付系统监管法》,并出台了《电子资金划拨指导法》,用于规范电子支付金融机构及其业务。在信息安全与知识产权保护方面,韩国有《个人信息保护法》《网络信息服务业促进法》《信息、通信网络、信息安全促进法》,为适应电子商务发展,韩国还修订了《促进使用信息通信网络及信息保护关联法》。日本有《电子签名与认证服务法》《电子商务与信息交易准则》,修订了《著作权法》《专利法》《外观设计法》《商标法》等一系列法律相关条款,将跨境电商产生的新类型知识产权纳入日本专利法律体系的保护中。新加坡有《互联网操作规则》《行业内容操作守则》,并修改了《版权法》,进一步强化了对数字领域版权的保护。

四、跨境电商关联环节的法律问题

跨境电商交易环节会遇到很多问题,这些问题或多或少都与法律有关,需要参考法律来解决,以推动跨境电子商务相关环节发展。

(一)跨境电商平台责任

电商平台作为跨境电子商务交易的核心环节,其责任与义务非常重大。电商平台是交易活动的第一责任人,需要承担起主体责任。电商平台作为商业交易主体,对平台经营者应开展经营资格审查、登记、公示等工作。电商平台还需与经营者签订合同或协议,明确双方在电商平台进入和退出、商品和服务质量安全保障、消费者权益保护等方面的权利、义务与责任。电商平台应建立与完善平台管理规章制度,包括但不限于交易规则、交易安全保障、消费者权益保护、不良信息处理等。平台还需强化对经营者发布的商品与服务信息的检查监控制度,对违反市场监督管理法律、法规、规章的行为,及时采取措施制止,必要时停止对其提供平台服务。不仅如此,电商平台还需承担其他责任,包括对注册商品专用权、企业名称权、经营者商业秘密与消费者个人信息、消费者权益的保护,制止违法行为,协助与配合查处违法行为,对交易信息进行保存,定期向市场监督管理部门报送网络商品交易及有关服务经营统计资料等。此外,交易平台还要考虑境外商家能否入驻、网站服务器和数据中心的选择等诸多问题。

（二）消费者权益保护

消费者权益主要包括安全保障权、知悉真情权、自主选择权、公平交易权、依法求偿权、求教获知权、依法结社权、维护尊严权、监督批评权等。在跨境电子商务活动中，有些消费者权益已得以体现，但是仍有一些权益受限于跨境电商的一些特征，在追诉与补偿方面难以实现。在跨境电商活动中，境内关于消费者权益保护的一些规定，如七天无理由退货就难以实现，跨境交易纠纷与处理也存在较大困难，这些都影响了消费者的购物体验。从事跨境电子商务交易时，应尽可能参照消费者所在国（地区）对消费者的服务标准，提供消费者权益保护。此外，消费者权益保护多采取司法救济途径，但在跨境电商交易中，消费者权益受损具有发生频率高、案件数量多、涉及面广、所涉标的额小、消费者弱势等显著特征，决定了消费者一般不会选择或者不会优先选择司法救济方式来维护自身权益。在跨境消费纠纷处理过程中，随着审判级别提高与审判期限延长，消费者维权成本倍增，降低了消费者维权的积极性与主动性。跨境电子商务尚处于发展初期，快速发展带来了诸多问题，商品标签、成分不符合标准，仿制商品等成为跨境电商的软肋，也成为消费者权益保护的重灾区。

（三）跨境物流

跨境物流因物流环节的复杂性，会产生诸多法律问题，如合同签订与履行时的纠纷，商品运输环节的安全、时效问题，退换货产生的纠纷，信息安全与保护等，跨境运输与退换货物流方面问题更加突出。我国虽然制定了一些法律法规，如《中华人民共和国铁路法》《中华人民共和国民用航空法》《中华人民共和国海商法》《中华人民共和国消费者权益保护法》《中华人民共和国反不正当竞争法》等，但仍无法满足跨境物流行业发展。现有法律法规仍存在规范不完整、可操作性不强等问题，制约着跨境物流行业进一步良性有序发展。跨境物流中的退换货流程比境内物流更复杂，物流时间久、物流痕迹无法查询、物流成本有时会超过商品价值，也成为消费者投诉的重点领域，建立与完善适合跨境电商退换货物流法律体系，也成为重点工作。

（四）跨境支付

跨境支付涉及跨境第三方支付与跨境人民币支付两种。跨境第三方支付依托中华人民共和国国家外汇管理局发布的《支付机构跨境电子商务外汇支付业务试点指导意见》，消费者使用本国货币在跨境电商平台购买商品，通过试点的支付机构转化成外币支付给商品卖家。跨境人民币支付依托中国人民银行的《关于金融支持中国（上海）自由贸易试验区建设的意见》和中国人民银行上海总部的《关于上海市支付机构开展跨境人民币支付业务的实施意见》，以人民币作为跨境电子商务商品交易的结算方式，省去了币种兑换环节，缩短了支付周期，避免了汇率差额损失。

为推动跨境电子商务发展，中国人民银行、国家外汇管理局积极响应国务院关于促进跨境电子商务健康快速发展有关文件，鼓励有条件的支付机构办理跨境支付业务，积极支持跨境支付市场发展。中央银行与外汇管理局依法对支付机构实行监管核查职责，防范跨境支付相关外汇风险。在外汇管理法律体系、反洗钱法律体系、监管政策协调性、跨境消费者权益保护与跨境支付国际法律制度等方面，现行法律、法规、规章等仍存在问题与风险隐患。

国内金融监管与境外金融监管之间是冲突与合作的法律关系并存的局面。各国家(地区)在电子支付法律(法规)体系与监管模式方面各不相同,从维护本国(地区)支付体系安全与消费者权益保护的角度,在发生跨境支付纠纷时难免产生利益冲突与出现法律适用性问题。就合作角度看,为解决国际(地区间)纠纷、打击跨国(地区)洗钱等违法行为,各国家(地区)都加强了跨境电子支付方面的合作监管力度,尝试建立跨境合作监管长效机制。当发生支付纠纷时,跨境维权专业性强、维权成本高,主要体现在境内消费者、第三方支付机构与境外商户存在语言差异与习惯差异,在跨境电子支付纠纷中难以进行有效的沟通。此外,各国家(地区)跨境法律的实用性问题也较显著,跨境消费者不熟悉交易方所在国家(地区)的法律(法规)政策与仲裁调解程序,维权时间久,维权成本高。

(五)通关与商检

在通关方面,主要有《中华人民共和国海关法》《中华人民共和国海关对进出境快件监管办法》等法律法规,此外,还探索建立了"负面清单"管理模式。所谓"负面清单",亦称"否定清单""负面列表""否定列表",在投资协定中通常是"不符措施"的代称,即在外资市场准入(设立)阶段不适用国民待遇原则的特别管理措施规定的总汇。"负面清单"制度属于黑名单,遵循的是"除非法律禁止的,否则就是允许的"解释逻辑,体现的是法无禁止即自由的法律理念。为了推动跨境电商发展,我国实施了一系列通关方面的政策。代表性政策主要有增列海关监管方式代码"1210",增列海关监管方式代码"9610",对电子商务出口经营主体分类,建立适应电子商务出口的新型海关监管模式并进行专项统计,建立相适应的检验监管模式,建立跨境电商清单管理制度,构建跨境电商风险监控和质量追溯体系,创新跨境电商检验检疫监管模式等。

我国在跨境电商检验检疫方面,主要依据"四法三条例",即《中华人民共和国进出口商品检验法》《中华人民共和国进出口商品检验法实施条例》《中华人民共和国进出境动植物检疫法》《中华人民共和国进出境动植物检疫法实施条例》《中华人民共和国国境卫生检疫法》《中华人民共和国国境卫生检疫法实施细则》《中华人民共和国食品卫生法》,此外还有《进出境邮寄物检疫管理办法》等。但这些法律条例过于陈旧,与跨境电商产生的检验检疫需求仍存在一定差距。

(六)税收

跨境电商在纳税主体、课税对象、归属关系、课税标准、缴纳程序等方面,都面临着新问题与挑战。其全球性、无国界性、高技术性、电子商务属性促使跨境电商成为企业避税的温床,也为国际避税提供了前所未有的土壤。跨境电商引发了国际税收管辖权冲突,产生重复征税,加剧了偷税、漏税与避税的行为。伴随着《关于跨境电子商务零售进口税收政策的通知》的发布,跨境电商行邮税终止,在税收上跨境电商已等同于普通贸易,但是普通贸易多为实体经济形式,而跨境电商属于网络虚拟经济形式,在一定程度上加剧了灰色清关,海关也将在征税方面迎来巨大的挑战。

(七)信息安全

信息安全伴随着网络发展,跨境电商依托于网络,因而无法回避信息安全问题。信息安全既包括跨境电商交易数据安全、网络安全,也包括消费者隐私安全、支付及金融安全等。每年跨境电商交易中出现的信用卡不安全事件层出不穷,信用卡安全问题也成为网络安全监管的重点。信息收集与使用也成为《消法》的重要条款。

第二节　跨境电商知识产权

一、知识产权在跨境电商中的作用

跨境电商作为利用电子数据处理技术进行贸易活动的电子化商务运作模式,其核心是数据信息,而这些数据信息的内容大多是一连串的文字、图形、声音、影像、计算机程序等形式,这些客体都涉及知识产权。

在跨境电子商务活动中,知识产权已成为传递品牌信赖的标识,买家主要通过专利、商标、版权识别消费产品的信息、可靠度,并进行比较。在无法目睹货物的情况下,绝大多数买家只能通过知识产权辨别在万里之外的商家的信誉和商品的品质。因此,知识产权(特别是商标)在跨境电子商务营销活动中就显得特别重要,知识产权的价值分量相应增加。在跨境电商平台上,知识产权的价值突显出来,知识产权价值高的产品,销售火爆,不含知识产权(如商标、专利技术)的产品,点击率低,售后维权成本高。

二、跨境电商知识产权侵权表征

从目前的情况来看,我国跨境电商行业的市场秩序比较混乱,侵犯知识产权、贩卖假冒伪劣产品等违法行为时有发生,境外消费投诉众多,劣币驱逐良币现象严重,境内卖家集体知识产权形象不佳,严重影响境外买家对中国产品的信任。一方面境内部分假冒伪劣产品及违反知识产权的产品通过快递出口这种方式逃避国家监管,进入国际市场,影响境内商品的国际形象;另一方面境内企业对知识产权,特别是国际知识产权及相关法律的重视及了解度不够,在知识产权纠纷中往往是失利方。在跨境电商活动中,境内中小卖家知识产权意识和能力不足,电子商务的知识产权风险往往成为其面临的主要风险因素。境内只有一些大公司有财力增强知识产权保护的投入,更多中小企业无意识、无动力、无能力做跨境电商知识产权能力沉淀和风险防范工作,纠纷及败诉越多,越影响境内卖家的集体形象,影响买家对中国产品的信赖和忠诚度。换言之,知识产权问题很可能影响平台和卖家在国际市场中的信誉和形象,成为跨境电商可持续发展的障碍。

(一)商标权侵权

跨境电商平台中,商标权保护的问题最为突出,也最需要解决。商标权遭遇侵权主要有以下几种情形:网络销售侵犯注册商标专用权的商品,在相同或类似商品上使用与他人注册商标相同或者近似的商标,商标被注册为域名,商标被使用于企业名称等。这几种情形有时候并不是单独出现的,可能会同时发生。随着电子商务的不断发展,商标侵权行为将越来越多地以综合化和新类型化的形式出现。这将给商标保护带来一定的困难。在电子商务平台上,既有网络店家销售假货的问题,也有使用侵权商标、标志、图案的问题,还有使用侵权网店名称、网店标志等问题。

（二）著作权侵权

在跨境电子商务中，通常要将享有著作权的作品进行数字化，如将文字、图像、音乐等转换为计算机可读的数字信息，以进行网络信息传输。将数字化的作品上传到网络后，由于网络的无国界性，任何人都可以在任何地点、任何时间通过网络下载得到该作品。除了自己下载以外，侵权行为人还可以通过电子公告板、电子邮件等传播、交换、转载有著作权的作品，并在网上赢利，这显然侵犯了著作权人的网络传播权，使著作权人的利益受到损失。具体表现如：网络店家在第三方电子商务平台中销售未经授权的出版物，在网店中使用未经授权的广告描述、广告语与原创性广告图片、产品图片等。

（三）专利权侵权和假冒专利

在跨境电子商务中，涉及专利侵权的行为类型主要是销售专利产品或者使用其专利方法。与版权和商标侵权的易判断性不同，专利权保护缺乏像著作权中信息网络传播权那样详细而清晰的规范，加上专利权权属的判定是非常专业的，而第三方电子商务平台仅仅掌握产品的信息，而无法掌握产品的实物，因此，交易平台与第三方电商很难对相关权属做出判断，也无法清晰界定自己的责任范围。

三、跨境电商知识产权保护面临的问题

（一）各方侵权认识不足

一是消费者辨别能力低，我们对境外产品信任度高，对境外高品质商品需求量大，但境外产品也存在侵犯知识产权问题，也有假冒伪劣商品，对此类风险，消费者普遍认识不足；二是商家知识产权保护观念淡薄，尊重他人知识产权、维护自身合法权益的意识和能力普遍缺乏，跨境电子商务多为邮件小包，价值较低，即使关境查货，侵权商品也只能予以收缴，无法适用罚款等其他制裁措施，商家侵权成本低廉，使得商家对侵权的重视不足，一再尝试。

（二）海关对侵权行为认定困难

跨境电商这种新型业务形态有别于传统的进口货物，呈现出境内境外两头复杂的特点。即商品境外来源复杂，进货渠道多，有些来源于境外品牌工厂，有些来源于境外折扣店，有些来源于境外买手等；境内收货渠道复杂，且多为个人消费，无规律可言。此外，商品进境时品牌众多，与其他进口渠道相比，其涉及的商品品牌将大幅增多，且商品种类也较丰富，而执法人员对相关品牌认识不足，难以确认是否有侵权行为。这些特点都会给知识产权确权带来一定困难，确权的数量、难度也会大大增加。

（三）侵权责任划分困难

跨境电商是指交易主体（企业或个人）以数据电文形式，通过互联网（含移动互联网）等电子技术，开展跨境交易的一种国际（地区间）商业活动。跨境电商涉及境内外电商平台、商家、支付、报关、仓储、物流等一系列企业，而电商平台又可分为自营型电子商务平台、第三方电子商务平台，主体多元，形式多样，结构复杂。在所有类型的平台中，第三方平台涵盖的知

识产权客体极为广泛,成为知识产权侵权纠纷的重灾区。而在第三方商务平台纠纷案件中,争议最大、最缺乏法律规范规制的就是第三方电子商务平台的责任问题,如审查义务、归责原则等。从一般的电子商务到跨境电子商务的知识产权保护责任划分问题争议不断,责任难以划分。

(四)国际(地区间)争端解决困难

一是司法管辖权认定困难。跨境电子商务的支撑载体是互联网,就网络空间中的活动者来说,他们处于不同的国家或地区,几乎任何一次网上活动都是跨国家(地区)的,很难判断侵权行为发生的具体地点和确切范围,司法管辖区域的界限变得模糊、难以确定。二是立法差异较大。在跨境电子商务中,还没有国际组织统一的立法指导,各国(地区)根据实际需要,制定了不同的标准,我国有关立法在知识产权的保护方面还存在很多分歧。三是维权困难。跨境电子商务涉及大量的中小电商企业甚至是个人卖家,部分商家缺少对境外法律法规的认知,且跨国家(地区)诉讼费用高昂,在出现涉及侵权问题时,维权困难。如2015年年初,第三方支付平台PayPal被爆出有大量中国跨境电商商家的账户因为侵权诉讼遭到冻结。一批来自美国的买家,以高价购买仿冒品为由与中国商户聊天,获取其PayPal账户,随后相关品牌商凭借聊天记录在美国提起诉讼。由于不了解美国相关法律且在美国打官司费用高昂,大部分商户没有积极应诉,但随之而来的是其PayPal账户及资金被冻结甚至清零,此次账户遭冻结或清零的中国商家超过5000家,保守估计金额超过5000万美元。

四、跨境电商知识产权保护的建议

(一)完善我国现有跨境电商知识产权法律体系

将跨境电子商务活动纳入法律管制的范畴,制定专门的电子商务操作规范性准则,强调电子商务中知识产权的法律保护,使合法与非法行为有一个明确的界限,减少新形势下新种类知识产权权利不稳定或处于游离状态的情形。

(二)建立健全跨境电商行业自律机制和信用体系

在跨境电商知识产权保护相关法律法规不健全的情况下,海关、市场监督管理等政府机关可以协助建立起适应时代要求的跨境电子商务行业协会,制定跨境电子商务知识产权保护自律规范和内部监督机制。同时,依托海关监管和行业协会自律,通过建立电子商务认证中心、社会信用评价体系等,建立和健全跨境电子商务信用体系和信用管理机制。通过行业自律和信用管理打击侵犯知识产权和销售假冒伪劣产品等行为。

(三)完善海关监管体系

一是尽快出台海关跨境电商知识产权保护监管制度和标准作业程序,尽量减少需要一线关员主观认定的操作程序,降低执法难度和执法风险。二是探索跨境电子商务知识产权保护监管的风险分析和后续稽查制度。一方面要加强前期信息收集工作,将跨境电商平台上的商品种类、品牌、价格等纳入情报搜集范围。对重点商品的来源地、商标、包装图案进行风险分析比对,确认监管重点。另一方面,将后续稽查制度纳入监管工作,尽快出台跨境电

商的稽查办法,加强对跨境网购商品后续流向的监管,弥补查验放行阶段的监管漏洞。

(四)借助电商平台进行数据监控和管理

一是海关执法单位加强与电商平台沟通和数据对接,对商品信息流进行合理监控管理,要求跨境电商运营者提供相关授权证明或采购单据等内容,切实加强货物来源渠道的管理,保留必要的货物来源证明材料。二是发挥跨境电商平台的管理职责,强化事前审查、事中监控、事后处理等一系列控制制度。

(五)加强国际(地区间)合作

一是我国商务、海关等部门积极参与跨境电子商务知识产权保护规则、条约的研究和制定,包括跨境电子商务侵犯知识产权行为的认定、产生纠纷的解决办法、产品的监管和溯源机制等,建立跨境电子商务国际(地区间)合作机制,为境内企业开展跨境电子商务创造必要条件。二是积极利用 WTO 等相关组织的标准和协商体系,帮助境内企业处理如 PayPal 冻结中国商家账户等跨境电商贸易纠纷。

(六)强化人才培养

知识产权保护问题涉及贸易、法律等方面的专业问题,特别是涉外的知识产权的纠纷和诉讼都有很强的专业性。国家和企业应共同努力,大力培养知识产权专业人才,并给他们充足的空间与资源,发挥其在知识产权战略中的核心作用,造就一支包括各类专业人才和管理人才在内的知识产权队伍。相关监管部门更要加大培养既精通知识产权保护管理,又了解跨境电子商务特性的业务专家,以更好地为跨境电子商务知识产权保护做出贡献。

法律及知识产权是跨境电商活动中无法回避的重要问题,在实践活动中对跨境电商交易产生了非常重要的影响。就目前的发展情况看,在从事跨境电商交易时,境内企业都遭遇到了法律及知识产权风险,这些风险成为制约其良性发展的突出障碍。跨境电商仍属于新兴事物,其在发展上存在诸多不完善的地方,专用的跨境电商法律体系仍不健全,现行法律、法规、制度也存在诸多无法适用跨境电商的条款。

从全球市场看,跨境电商法律体系也有待进一步完善,但是一些国家或地区的法律法规体系值得我国培育与发展跨境电商市场时总结、吸收与借鉴。从跨境电商交易环节看,各交易环节都与法律息息相关,包括跨境电商平台责任、消费者权益保护、跨境物流、跨境支付、通关与商检、税收、信息安全等。

在涉及跨境电商活动的法律问题中,知识产权侵权及保护问题更为突出。我国跨境电商市场中侵犯知识产权、贩卖假冒伪劣产品等违法行为时有发生,境外消费投诉众多,劣币驱逐良币现象严重,中国卖家集体知识产权形象不佳,严重影响境外买家对中国产品的消费信赖。在知识产权侵权表征方面,主要有商标权侵权、著作权侵权、专利权侵权和假冒专利等。在知识产权保护方面,现阶段我国市场主要面临如下问题:各方对侵权认识不足、海关对侵权行为认定困难、侵权责任划分困难、国际(地区间)争端解决困难。在知识产权保护方面,应该完善我国现有的跨境电商知识产权法律体系、建立健全跨境电商行业自律机制和信用体系、完善海关监管体系、借助电商平台进行数据监测和管理,加强国际(地区间)合作,强化人才培养。

跨境电商企业不可忽视知识产权侵权风险

【课后思考】

1.简述与我国跨境电商业务相关的法律法规。

2.从跨境电商各环节的角度,简述跨境电商关联的法律问题。

3.阐述知识产权对中国中小企业开展跨境电商业务的意义。

4.简述跨境电商中知识产权侵权的常见形式。

5.论述跨境电商活动中知识产权保护存在的问题。

6.如何开展跨境电商知识产权保护?

第十章课后练习

参考文献

阿里巴巴(中国)网络技术有限公司.挡不住的跨境电商时代[M].北京:中国海关出版社,2015.

董兴林.电子商务环境下现代物流发展模式研究[J].山东社会科学,2004(06):114-117.

葛岩.跨境物流海外仓存在问题及对策建议[J].山东财政学院学报,2016,28(3):77-82.

胡英华.跨境电商背景下的国际结算方式研究[J].中国市场,2017(12):273-274.

柯丽敏,洪方仁.跨境电商理论与实务[M].中国海关出版社,2016.

李鹏博.揭秘跨境电商[M].北京:电子工业出版社,2015.

潘意志.海外仓建设与跨境电商物流新模式探索[J].物流技术与应用,2015,20(9):130-133.

庞燕.跨境电商环境下国际物流模式研究[J].中国流通经济,2015(10):15-20.

速卖通大学.跨境电商:阿里巴巴速卖通宝典[M].2版.北京:电子工业出版社,2015.

孙蕾,王芳.中国跨境电子商务发展现状及对策[J].中国流通经济,2015(03):38-41.

孙韬.跨境电商与国际物流:机遇、模式及运作[M].北京:电子工业出版社,2017.

王秋霞,杨莇.我国跨境电商主要支付方式初探[J].商场现代化,2017(12):90-91.

王杏平.跨境电子商务与第三方支付管理研究[J].南方金融,2013(12):54-56.

肖旭.跨境电商实务[M].北京:中国人民大学出版社,2015.

闫贤贤,杨岚.中国跨境专线物流发展的现状、障碍与升级策略[J].对外经贸实务,2017(4):85-88.

严美姬.跨境电商零售背景下小额在线支付方式比较及风险研究[J].国际商务财会,2017(02):62-68.

严圣阳.我国跨境电商支付现状与发展前景[J].经营与管理,2014(5):31-33.

杨桂琴,杨金,康彦丛.邮政跨境电子商务风险防范研究[J].经济论坛,2016(12):246.

于立新.跨境电子商务理论与实务[M].北京:首都经济贸易大学出版社,2017.

张夏恒.跨境电商物流协同模型构建与实现路径研究[D].西安:长安大学,2016.

张夏恒.跨境电子商务支付表征、模式与影响因素[J].企业经济,2017(7):53-58.

图书在版编目(CIP)数据

跨境电商理论与实务 / 蒋长兵主编. — 杭州 ：浙江
大学出版社，2021.8(2023.8 重印)
ISBN 978-7-308-21055-3

Ⅰ. ①跨… Ⅱ. ①蒋… Ⅲ. ①电子商务－商业经营－
高等学校－教材 Ⅳ. ①F713.365.2

中国版本图书馆 CIP 数据核字(2021)第 025698 号

跨境电商理论与实务

蒋长兵　主编

策划编辑	曾　熙	
责任编辑	曾　熙	
责任校对	高士吟	
封面设计	春天书装	
出版发行	浙江大学出版社	
	（杭州市天目山路 148 号　邮政编码 310007）	
	（网址：http://www.zjupress.com）	
排　　版	杭州朝曦图文设计有限公司	
印　　刷	广东虎彩云印刷有限公司绍兴分公司	
开　　本	787mm×1092mm　1/16	
印　　张	16	
字　　数	400 千	
版 印 次	2021 年 8 月第 1 版　2023 年 8 月第 3 次印刷	
书　　号	ISBN 978-7-308-21055-3	
定　　价	49.80 元	